545.
6.7.

Ⓒ

Yf 4304

COLLECTION

DES

MEILLEURS OUVRAGES

DE LA LANGUE FRANÇAISE

EN PROSE ET EN VERS.

THÉATRE
DE
VOLTAIRE.

PARIS. — DE L'IMPRIMERIE DE RIGNOUX,
rue des Francs-Bourgeois-S.-Michel, n° 8.

THÉATRE
DE
VOLTAIRE,

PRÉCÉDÉ

D'UNE NOTICE HISTORIQUE

PAR M. BERVILLE.

TOME VII.

PARIS.

BAUDOUIN FRÈRES, ÉDITEURS,
RUE DE VAUGIRARD, N° 17.

M DCCC XXIX.

LE DÉPOSITAIRE,

COMÉDIE DE SOCIÉTÉ, EN CINQ ACTES,

Jouée à la campagne en 1767.

AVERTISSEMENT.

Le fond de cette comédie est tiré des Mémoires du temps. L'histoire des deux dépôts est assez connue. Le dépositaire infidèle était grand-pénitencier de Notre-Dame : le poëte, soit par respect des convenances, soit pour la commodité du théâtre, en fit un marguillier cagot et fripon qui cherche même à s'emparer de l'autre dépôt, en se proposant pour époux à Ninon : celle-ci paraît se prêter à cette idée, et démasque le fourbe.

La pièce avait été envoyée depuis quelque temps à la Comédie française, et l'on se préparait à la jouer ; mais les hypocrites intriguèrent, et des ordres supérieurs en interdirent la représentation. M. de Voltaire, obligé de retirer sa pièce, la fit imprimer en 1772.

Nous avons puisé dans cette première édition un assez grand nombre de variantes dont les éditeurs de Kehl avaient omis de tirer parti. (*Édition en 41 vol. in-8º.*)

PRÉFACE.

L'abbé de Châteauneuf, auteur du *Dialogue sur la musique des anciens*, ouvrage savant et agréable, rapporte à la page 116 l'anecdote suivante :

« Molière nous cita mademoiselle Ninon de Lenclos « comme la personne qu'il connaissait sur qui le ri- « dicule fesait une plus prompte impression, et nous « apprit qu'ayant été la veille lui lire son *Tartufe* (selon « sa coutume de la consulter sur tout ce qu'il fesait), « elle l'avait payé en même monnaie par le récit d'une « aventure qui lui était arrivée avec un scélérat à peu « près de cette espèce, dont elle lui fit le portrait avec « des couleurs si vives et si naturelles, que si sa pièce « n'eût pas été faite, nous disait-il, il ne l'aurait jamais « entreprise, tant il se serait cru incapable de rien mettre « sur le théâtre d'aussi parfait que le *Tartufe* de made- « moiselle Lenclos. »

Supposé que Molière ait parlé ainsi, je ne sais à quoi il pensait. Cette peinture d'un faux dévot, si vive et si brillante dans la bouche de Ninon, aurait dû au contraire exciter Molière à composer sa comédie du *Tartufe*, s'il ne l'avait pas déja faite. Un génie tel que le sien eût vu tout d'un coup dans le simple récit de Ninon de quoi construire son inimitable pièce, le chef-d'œuvre du bon comique, de la saine morale, et le tableau le plus vrai de la fourberie la plus dangereuse. D'ailleurs il y a, comme on sait, une prodigieuse différence entre raconter plaisamment et intriguer une comédie supérieurement.

PRÉFACE.

L'aventure dont parlait Ninon pouvait fournir un bon conte, sans être la matière d'une bonne comédie.

Je me souviens qu'étant un jour dans la nécessité d'emprunter de l'argent d'un usurier, je trouvai deux crucifix sur sa table. Je lui demandai si c'étaient des gages de ses débiteurs ; il me répondit que non, mais qu'il ne fesait jamais de marché qu'en présence du crucifix. Je lui repartis qu'en ce cas un seul suffisait, et que je lui conseillais de le placer entre les deux larrons. Il me traita d'impie, et me déclara qu'il ne me prêterait point d'argent. Je pris congé de lui ; il courut après moi sur l'escalier, et me dit, en fesant le signe de la croix, que si je pouvais l'assurer que je n'avais point eu de mauvaises intentions en lui parlant, il pourrait conclure mon affaire en conscience. Je lui répondis que je n'avais eu que de très bonnes intentions. Il se résolut donc à me prêter sur gage à dix pour cent pour six mois, retint les intérêts par devers lui, et au bout de six mois il disparut avec mes gages, qui valaient quatre ou cinq fois l'argent qu'il m'avait prêté. La figure de ce galant homme, son ton de voix, toutes ses allures étaient si comiques, qu'en les imitant j'ai fait rire quelquefois des convives à qui je racontais cette petite historiette. Mais certainement si j'en avais voulu faire une comédie, elle aurait été des plus insipides.

Il en est peut-être ainsi de la comédie du *Dépositaire*. Le fond de cette pièce est ce même conte que mademoiselle Lenclos fit à Molière. Tout le monde sait que Gourville, ayant confié une partie de son bien à cette fille si galante et si philosophe, et une autre à un homme qui passait pour très dévot, le grand-pénitencier de Notre-Dame, le dévot garda le dépôt pour lui, et celle qu'on regardait comme peu scrupuleuse le rendit fidèlement sans y avoir touché.

Il y avait quelque chose de vrai dans l'aventure des deux frères. Mademoiselle Lenclos racontait souvent qu'elle avait fait un honnête homme d'un jeune fanatique à qui un fripon avait tourné la tête, et qui, ayant été volé par des hypocrites, avait renoncé à eux pour jamais.

De tout cela on s'est avisé de faire une comédie, qu'on n'a jamais osé montrer qu'à quelques intimes amis. Nous ne la donnons pas comme un ouvrage bien théâtral; nous pensons même qu'elle n'est pas faite pour être jouée. Les usages, le goût, sont trop changés depuis ce temps-là. Les mœurs bourgeoises semblent bannies du théâtre. Il n'y a plus d'ivrognes : c'est une mode qui était trop commune du temps de Ninon. On sait que Chapelle s'enivrait presque tous les jours. Boileau même, dans ses premières satires, le sobre Boileau parle toujours de bouteilles de vin, et de trois ou quatre cabaretiers, ce qui serait aujourd'hui insupportable.

Nous donnons seulement cette pièce comme un monument très singulier, dans lequel on retrouve mot pour mot ce que pensait Ninon sur la probité et sur l'amour. Voici ce qu'en dit l'abbé de Châteauneuf, page 121 :

« Comme le premier usage qu'elle a fait de sa raison
« a été de s'affranchir des erreurs vulgaires, elle a com-
« pris de bonne heure qu'il ne peut y avoir qu'une même
« morale pour les hommes et pour les femmes. Suivant
« cette maxime, qui a toujours fait la règle de sa con-
« duite, il n'y a ni exemple ni coutume qui pût lui faire
« excuser en elle la fausseté, l'indiscrétion, la malignité,

PRÉFACE.

« l'envie, et tous les autres défauts, qui, pour être ordi-
« naires aux femmes, ne blessent pas moins les premiers
« devoirs de la société.

« Mais ce principe, qui lui fait ainsi juger des pas-
« sions selon ce qu'elles sont en elles-mêmes, l'engage
« aussi, par une suite nécessaire, à ne les pas condamner
« plus sévèrement dans l'un que dans l'autre sexe. C'est
« pour cela, par exemple, qu'elle n'a jamais pu respec-
« ter l'autorité de l'opinion dans l'injustice qu'ont les
« hommes de tirer vanité de la même passion à laquelle
« ils attachent la honte des femmes, jusqu'à en faire
« leur plus grand, ou plutôt leur unique crime, de la
« même manière qu'on réduit aussi leurs vertus à une
« seule, et que la probité, qui comprend toutes les
« autres, est une qualification aussi inusitée à leur égard
« que si elles n'avaient aucun droit d'y prétendre. »

Ce caractère est précisément le même qu'on retrouve dans la pièce, et ces traits nous ont paru suffire pour rendre l'ouvrage précieux à tous les amateurs des singularités de notre littérature, et surtout à ceux qui cherchent avec avidité tout ce qui concerne une personne aussi singulière que mademoiselle Ninon Lenclos. Le lecteur est seulement prié de faire attention que ce n'est pas la Ninon de vingt ans, mais la Ninon de quarante.

PERSONNAGES.

NINON, femme de trente-cinq à quarante ans, très bien mise; grand caractère du haut comique.

GOURVILLE l'aîné, grand nigaud, habillé de noir, mal boutonné, une mauvaise perruque de travers, l'air très gauche.

GOURVILLE le jeune, petit-maître du bon ton.

M. GARANT, marguillier, en manteau noir, large rabat, large perruque, pesant ses paroles, et l'air recueilli.

L'avocat PLACET, en rabat et en robe, l'air empesé, et déclamant tout.

M. AGNANT, bon bourgeois, buveur, et non pas ivrogne de comédie[a].

Mme AGNANT, habillée et coiffée à l'antique, bourgeoise acariâtre.

LISETTE,
PICARD, } valets de comédie dans l'ancien goût.

La scène est chez mademoiselle Ninon de Lenclos, au Marais.

LE DÉPOSITAIRE,

COMÉDIE.

ACTE PREMIER.

SCÈNE I.

NINON, LE JEUNE GOURVILLE.

LE JEUNE GOURVILLE.
Ainsi, belle Ninon, votre philosophie [b]
Pardonne à mes défauts et souffre ma folie.
De ce jeune étourdi vous daignez prendre soin.
Vous êtes tolérante, et j'en ai grand besoin.

NINON.
J'aime assez, cher Gourville, à former la jeunesse.
Le fils de mon ami vivement m'intéresse;
Je touche à mon hiver, et c'est mon passe-temps
De cultiver en vous les fleurs d'un beau printemps.
N'étant plus bonne à rien désormais pour moi-même,
Je suis pour le conseil; voilà tout ce que j'aime :
Mais la sévérité ne me va point du tout.
Hélas! on sait assez que ce n'est point mon goût.
L'indulgence à jamais doit être mon partage;
J'en eus un peu besoin quand j'étais à votre âge.
Eh bien, vous aimez donc cette petite Agnant?

LE DÉPOSITAIRE,

LE JEUNE GOURVILLE.

Oui, ma belle Ninon.

NINON.

C'est une aimable enfant;
Sa mère quelquefois dans la maison l'amène.
J'ai l'œil bon; j'ai prévu de loin votre fredaine.
Mais est-ce un simple goût, une inclination?

LE JEUNE GOURVILLE.

Du moins pour le présent c'est une passion.
Un certain avocat pour mari se propose;
Mais auprès de la fille il a perdu sa cause.

NINON.

Je crois que mieux que lui vous avez su plaider.

LE JEUNE GOURVILLE.

Je suis assez heureux pour la persuader.

NINON.

Sans doute vous flattez et le père et la mère,
Et jusqu'à l'avocat; c'est le grand art de plaire.

LE JEUNE GOURVILLE.

J'y mets comme je puis tous mes petits talens.
Le père aime le vin.

NINON.

C'est un vice du temps*c*,
La mode en passera. Ces buveurs me déplaisent;
Leur gaîté m'assourdit, leurs vains discours me pèsent;
J'aime peu leurs chansons et je hais leur fracas;
La bonne compagnie en fait très peu de cas.

LE JEUNE GOURVILLE.

La mère Agnant est brusque, emportée et revêche,
Sotte, un oison bridé devenu pigrièche,
Bonne diablesse au fond.

ACTE I, SCÈNE I.

NINON.

Oui, voilà trait pour trait
De nos très sots voisins le fidèle portrait.
Mais on doit se plier à souffrir tout le monde,
Les plats et lourds bourgeois dont cette ville abonde,
Les grands airs de la cour, les faux airs de Paris,
Nos étourdis seigneurs, nos pincés beaux esprits :
C'est un mal nécessaire, et que souvent j'essuie :
Pour ne pas trop déplaire il faut bien qu'on s'ennuie.

LE JEUNE GOURVILLE.

Mais Sophie est charmante et ne m'ennuiera pas.

NINON.

Ah ! je vous avouerai qu'elle est pleine d'appas *d*.
Aimez-la, quittez-la, mon amitié tranquille
A vos goûts, quels qu'ils soient, sera toujours facile.
A la droite raison dans le reste soumis,
Changez de voluptés, ne changez point d'amis ;
Soyez homme d'honneur, d'esprit et de courage,
Et livrez-vous sans crainte aux erreurs du bel âge.
Quoi qu'en disent l'Astrée, et Clélie, et Cyrus,
L'amour ne fut jamais dans le rang des vertus ;
L'amour n'exige point de raison, de mérite* :
J'ai vu des sots qu'on prend, des gens de bien qu'on
Je fus, et tout Paris l'a souvent publié,   [quitte.
Infidèle en amour, fidèle en amitié.
Je vous chéris, Gourville, et pour toute ma vie.
Votre père n'eut pas de plus constante amie :
Dans des temps malheureux il arrangea mon bien,

---

* Ce sont les propres paroles de Ninon, dans le petit livre de l'abbé de Châteauneuf.

Je dois tout à ses soins; sans lui je n'aurais rien.
Vous savez à quel point j'avais sa confiance *e* :
C'est un plaisir pour moi que la reconnaissance;
Elle occupe le cœur : je n'ai point de parens;
Et votre frère et vous me tenez lieu d'enfans.

LE JEUNE GOURVILLE.

Votre exemple m'instruit, votre bonté m'accable.
Ninon dans tous les temps fut un homme estimable.

NINON.

Parlons donc, je vous prie, un peu solidement.
Vous n'êtes pas, je crois, fort en argent comptant?

LE JEUNE GOURVILLE.

Pas trop.

NINON.

Voici le temps où de votre fortune
Le nœud très délicat, l'intrigue peu commune,
Grace à monsieur Garant, pourra se débrouiller.

LE JEUNE GOURVILLE.

Ce bon monsieur Garant me fait toujours bâiller.
Il est si compassé, si grave, si sévère !
Je rougis devant lui d'être fils de mon père.
Il me fait trop sentir que, par un sort fâcheux,
Il manque à mon baptême un paragraphe ou deux.

NINON.

On omit, il est vrai, le mot de légitime.
Gourville, votre père, eut la publique estime;
Il eut mille vertus; mais il eut, entre nous,
Pour les beaux nœuds d'hymen de merveilleux dégoûts.
La rigueur de la loi (peut-être un peu trop sage)
A votre frère, à vous, ravit tout héritage.

Vous ne possédez rien ; mais ce monsieur Garant,
Son banquier autrefois et son correspondant,
Pour deux cent mille francs étant son légataire,
N'en est, vous le savez, que le dépositaire.
Il fera son devoir ; il l'a dit devant moi :
L'honneur est plus puissant, plus sacré que la loi.

LE JEUNE GOURVILLE.

Je voudrais que l'honneur fût un peu plus honnête.
Cet homme de sermons me rompt toujours la tête :
Directeur d'hôpitaux, syndic et marguillier,
Il n'a daigné jamais avec moi s'égayer.
Il prétend que je suis une tête légère,
Un jeune dissolu, sans mœurs, sans caractère,
Jouant, courant le bal, les filles, les buveurs :
Oui, je suis débauché ; mais, parbleu, j'ai des mœurs ;
Je ne dois rien ; je suis fidèle à mes promesses ;
Je n'ai jamais trompé, pas même mes maîtresses ;
Je bois sans m'enivrer ; j'ai tout payé comptant ;
Je ne vais point jouer quand je n'ai point d'argent.
Tout marguillier qu'il est, ma foi, je le défie
De mener dans Paris une meilleure vie.

NINON.

Il est un temps pour tout.

LE JEUNE GOURVILLE.

                Monsieur mon frère aîné,
Je l'avoue, a l'esprit tout autrement tourné.
Il est sage et profond ; sa conduite est austère ;
Il lit les vieux auteurs et ne les entend guère ;
Il méprise le monde : eh bien, qu'il soit un jour,
Pour prix de ses vertus, marguillier à son tour :

Et que monsieur Garant, qui dans tout le gouverne,
Lui donne plus qu'à moi. Ce qui seul me concerne,
C'est le plaisir : l'argent, voyez-vous, ne m'est rien ;
Je suis assez content d'un honnête entretien.
L'avarice est un monstre ; et, pourvu que je puisse
Supplanter l'avocat, mon sort est trop propice.

NINON.

Tout réussit aux gens qui sont doux et joyeux.
Pour monsieur votre aîné, c'est un fou sérieux :
Un précepteur maudit, maîtrisant sa jeunesse,
Chargea d'un joug pesant sa docile faiblesse,
De sombres visions tourmenta son esprit,
Et l'âge a conservé ce que l'enfance y mit.
Il s'est fait à lui-même un bien triste esclavage.
Malheur à tout esprit qui veut être trop sage !
J'ai bonne opinion, je vous l'ai déja dit,
D'un jeune écervelé, quand il a de l'esprit.
Mais un jeune pédant, fût-il très estimable,
Deviendra, s'il persiste, un être insupportable.
Je ris lorsque je vois que votre frère a fait
L'extravagant dessein d'être un homme parfait.

LE JEUNE GOURVILLE.

Un pédant chez Ninon est un plaisant prodige !

NINON.

Le parti qu'il a pris n'est pas ce qui m'afflige :
J'aime les gens de bien, mais je hais les cagots ;
Et je crains les fripons qui gouvernent les sots.

LE JEUNE GOURVILLE.

Voilà le marguillier.

SCÈNE II.

NINON, LE JEUNE GOURVILLE; M. GARANT, *en manteau noir, grand rabat, gants blancs, large perruque.*

M. GARANT.

Je me suis fait attendre.
Le temps, vous le savez, est difficile à prendre.
Mes emplois sont bien lourds...

NINON.

Je le sais.

M. GARANT.

Bien pesans.

NINON.

C'est ajouter beaucoup.

M. GARANT.

Sans mes soins vigilans,
Sans mon activité...

NINON.

Fort bien.

M. GARANT.

Sans ma prudence,
Sans mon crédit...

NINON.

Encor !

M. GARANT.

L'œuvre aurait pu, je pense,
Souffrir un grand déchet ; mais j'ai tout réparé.

LE JEUNE GOURVILLE.

Ah! tout Paris en parle, et vous en sait bon gré.

M. GARANT.

Les pauvres sont d'ailleurs si pauvres! leurs souffrances
Me percent tant le cœur, que de leurs doléances
Je m'afflige toujours.

NINON.

Il faut les secourir;
C'est un devoir sacré.

M. GARANT.

Leurs maux me font souffrir!

LE JEUNE GOURVILLE.

Vous régissez si bien leur petite finance,
Que les pauvres bientôt seront dans l'opulence ʃ.

NINON.

Çà, monsieur l'aumônier, vous savez que céans
Il est, ainsi qu'ailleurs, de jeunes indigens;
Ils sont recommandés à vos nobles largesses.
Vous n'avez pas sans doute oublié vos promesses.

M. GARANT.

Vous savez que mon cœur est toujours pénétré
Des extrêmes bontés dont je fus honoré
Par ce parfait ami, ce cher monsieur Gourville,
Si bon pour ses amis... qui fut toujours utile
A tous ceux qu'il aima... qui fut si bon pour moi,
Si généreux... je sais tout ce que je lui doi.
L'honneur, la probité, l'équité, la justice,
Ordonnent qu'un ami sans réserve accomplisse
Ce qu'un ami voulait.

ACTE I, SCÈNE II.

NINON.

Ah, que c'est parler bien !

LE JEUNE GOURVILLE.

Il est fort éloquent.

M. GARANT.

Que dites-vous là ?

LE JEUNE GOURVILLE.

Rien.

NINON, *le contrefesant.*

Je me flatte, je crois, je suis persuadée,
Je me sens convaincue, et surtout j'ai l'idée
Que vous rendrez bientôt les deux cent mille francs
A votre ami si cher, ès mains de ses enfans.

M. GARANT.

Madame, il faut payer ses dettes légitimes ;
Et les moindres délais en ce cas sont des crimes ;
L'honneur, la probité, le sens et la raison,
Demandent qu'on s'applique avec attention
A remplir ses devoirs, à ne nuire à personne,
A voir quand et comment, à qui, pourquoi l'on donne,
A bien considérer si le droit est lésé,
Si tout est bien en ordre.

NINON.

Eh ! rien n'est plus aisé...
Des deux cent mille francs n'êtes-vous pas le maître ?

M. GARANT.

Oh ! oui, son testament le fait assez connaître.
Je les dois recevoir en louis trébuchans.

NINON.

Eh bien ! à chacun d'eux donnez cent mille francs.

LE JEUNE GOURVILLE.

Le compte est clair et net.

M. GARANT.

Oui, cette arithmétique
Est parfaite en son genre, et n'a point de réplique;
Égales portions.

NINON.

Par cette égalité
Vous assurez la paix de leur société.

M. GARANT.

Soyez sûre que l'un n'aura pas plus que l'autre,
Quand j'aurai tout réglé.

NINON.

Quelle idée est la vôtre !
Tout est réglé, monsieur...

M. GARANT.

Il faudra mûrement
Consulter sur ce cas quelque avocat savant,
Quelque bon procureur, quelque habile notaire
Qui puisse prévenir toute fâcheuse affaire.
Il faut fermer la bouche aux malins héritiers,
Qui pourraient méchamment répéter les deniers.

LE JEUNE GOURVILLE.

Mon père n'en a point.

M. GARANT.

Hélas! dès qu'on enterre
Un vieillard un peu riche, il sort de dessous terre
Mille collatéraux qu'on ne connaissait pas.
Voyez que de chagrins, de peines, d'embarras,
Si jamais il fallait que par quelque artifice

J'éludasse les lois de la sainte justice!
L'honneur, vous le savez, qui doit conduire tout...
NINON.
Le véritable honneur est très fort de mon goût,
Mais il sait écarter ces craintes ridicules.
Il est de certains cas où j'ai peu de scrupules.
M. GARANT.
J'en suis persuadé, madame, je le crois;
C'est mon opinion... mais la rigueur des lois,
De ces collatéraux les plaintes, les murmures,
Et les prétentions avec les procédures...
NINON.
Ayez des procédés; je réponds du succès.
LE JEUNE GOURVILLE.
Ce n'est point là du tout une affaire à procès.
M. GARANT.
Vous ne connaissez pas, madame, les affaires,
Leurs détours, leurs dangers, les lois et leurs mystères.
NINON.
Toujours cent mots pour un. Moi, je vais à l'instant
Répondre à vos discours en un mot comme en cent.
Mon cher petit Gourville, allez dire à Lisette
Qu'elle m'apporte ici cette grande cassette...
Elle sait ce que c'est.
LE JEUNE GOURVILLE.
J'y cours.

SCÈNE III.

NINON, M. GARANT.

M. GARANT.
      Avec chagrin
Je vois que ce jeune homme a pris un mauvais train,
De mauvais sentimens... une allure mauvaise.
Je crains que s'il était un jour trop à son aise...
Il ne se confirmât dans le mal...

NINON.
      Mais vraiment
Vous me touchez le cœur par un soin si prudent.

M. GARANT.
Il est fort libertin : une trop grande aisance...
Trop d'argent dans les mains, trop d'or, trop d'opulence...
Donne aux vices du cœur trop de facilité.

NINON.
On ne peut parler mieux; mais trop de pauvreté
Dans des dangers plus grands peut plonger la jeunesse :
Je ne voudrais pour lui pauvreté ni richesse,
Point d'excès ; mais son bien lui doit appartenir.

M. GARANT.
D'accord, c'est à cela que je veux parvenir.

NINON.
Et son frère?

M. GARANT.
    Ah! pour lui ce sont d'autres affaires,
Vous avez des bontés qu'il ne mérite guères.

ACTE I, SCÈNE III.

NINON.

Comment donc...

M. GARANT.

Vous avez acheté sous son nom,
Quand son père vivait, votre propre maison.

NINON.

Oui...

M. GARANT.

Vous avez mal fait.

NINON.

C'était un avantage
Que son père lui fit.

M. GARANT.

Mais cela n'est pas sage :
Nous y remédierons; je vous en parlerai :
J'ai d'honnêtes desseins que je vous confierais...
Vous êtes belle encore.

NINON.

Ah!

M. GARANT.

Vous savez, le monde...

NINON.

Ah, monsieur !

M. GARANT.

Vous avez la science profonde
Des secrètes façons dont on peut se pousser,
Être considéré, s'intriguer, s'avancer;
Vous êtes éclairée, avisée et discrète.

NINON.

Et surtout patiente.

SCÈNE IV.

NINON, M. GARANT, LE JEUNE GOURVILLE ;
LISETTE, UN LAQUAIS.

LISETTE.
Ah, la lourde cassette !
Comment voulez-vous donc que j'apporte cela ?
Picard la traîne à peine.

NINON.
Allons, vite, ouvrons-la.

LISETTE.
C'est un vrai coffre-fort.

NINON.
C'est le très faible reste
De l'argent qu'autrefois dans un péril funeste
Étant contraint de fuir Gourville me laissa ;
Long-temps à son retour dans ce coffre il puisa ;
Le compte est de sa main. Allez tous deux sur l'heure
Donner à ses enfans le peu qu'il en demeure :
Ce sera pour chacun, je crois, deux mille écus.
Par un partage égal il faut qu'ils soient reçus.
Pour leurs menus plaisirs ils en feront usage,
Attendant que monsieur fasse un plus grand partage.
(On remporte le coffre.)

LISETTE.
J'y cours ; je sais compter.

LE JEUNE GOURVILLE.
L'adorable Ninon !

ACTE I, SCÈNE IV.

NINON, *à M. Garant.*

Pour remplir son devoir il faut peu de façon :
Vous le voyez, monsieur.

M. GARANT.

Cela n'est pas dans l'ordre,
Dans l'exacte équité : la justice y peut mordre.
Cette caisse au défunt appartint autrefois,
Et les collatéraux réclameront leurs droits :
Il faut pour préalable en faire un inventaire.
Je suis exécuteur qu'on dit testamentaire.

LE JEUNE GOURVILLE.

Eh bien, exécutez les généreux desseins
D'un ami qui remit sa fortune en vos mains.

M. GARANT.

Allez, j'en suis chargé ; n'en soyez point en peine.

NINON.

Quand apporterez-vous cette petite aubaine
Des deux cent mille francs en contrats bien dressés ?
Et quand remplirez-vous ces devoirs si pressés ?

M. GARANT.

Bientôt. L'œuvre m'attend, et les pauvres gémissent ;
Lorsque je suis absent tous les secours languissent.
Adieu...
  (Il fait deux pas et revient.)
       Vous devriez employer prudemment
Ces quatre mille écus donnés légèrement.

NINON.

Eh! fi donc!

M. GARANT, *revenant encore, la tirant à l'écart.*

La débauche, hélas! de toute espèce

A la perdition conduira sa jeunesse.
Il dissipera tout, je vous en avertis.

LE JEUNE GOURVILLE.

Hem, que dit-il de moi ?

M. GARANT.

Pour votre bien, mon fils,
Avec discrétion je m'explique à madame...

(bas à Ninon.)

Il est très inconstant.

NINON.

Ah ! cela perce l'ame.

M. GARANT.

Il a déja séduit notre voisine Agnant :
Cela fera du bruit.

NINON.

Ah, mon Dieu ! le méchant !
Courtiser une fille ! ô ciel ! est-il possible ?

M. GARANT.

C'est comme je le dis.

NINON.

Quel crime irrémissible !

M. GARANT, *à Ninon.*

Un mot dans votre oreille.

LE JEUNE GOURVILLE.

Il lui parle tout bas ;
C'est mauvais signe...

NINON, *à M. Garant qui sort.*

Allez, je ne l'oublierai pas.

SCÈNE V.

NINON, LE JEUNE GOURVILLE.

LE JEUNE GOURVILLE.
Que vous disait-il donc?
NINON.
Il voulait, ce me semble,
Par pure probité, nous mettre mal ensemble.
LE JEUNE GOURVILLE.
Entre nous, je commence à penser à la fin
Que cet original est un maître Gonin.
NINON.
Vous pouvez, croyez-moi, le penser sans scrupule :
On peut être à la fois fripon et ridicule.
Avec son verbiage et ses fades propos,
Ce fat dans le quartier séduit les idiots.
Sous un amas confus de paroles oiseuses
Il pense déguiser ses trames ténébreuses.
J'aime fort la vertu; mais, pour les gens sensés,
Quiconque en parle trop n'en eut jamais assez.
Plus il veut se cacher, plus on lit dans son ame;
Et que ceci soit dit et pour homme et pour femme.
Enfin, je ne veux point, par un zèle imprudent,
Garantir la vertu de ce monsieur Garant.
LE JEUNE GOURVILLE.
Ma foi, ni moi non plus.

SCÈNE VI.

NINON, LE JEUNE GOURVILLE, LISETTE.

NINON.

Eh bien, chère Lisette,
Ma petite ambassade a-t-elle été bien faite?
Son frère a-t-il de vous reçu son contingent?

LISETTE.

Oui, madame, à la fin il a reçu l'argent.

NINON.

Est-il bien satisfait?

LISETTE.

Point du tout, je vous jure.

NINON.

Comment?

LISETTE.

Oh! les savans sont d'étrange nature.
Quel étonnant jeune homme, et qu'il est triste et sec!
Vous l'eussiez vu courbé sur un vieux livre grec;
Un bonnet sale et gras qui cachait sa figure,
De l'encre au bout des doigts, composaient sa parure;
Dans un tas de papiers il était enterré;
Il se parlait tout bas comme un homme égaré;
De lui dire deux mots je me suis hasardée;
Madame, il ne m'a pas seulement regardée.

(en élevant la voix.)

« J'apporte de l'argent, monsieur, qui vous est dû;
« Monsieur, c'est de l'argent. » Il n'a rien répondu;
Il a continué de feuilleter, d'écrire.

ACTE I, SCÈNE VI.

J'ai fait avec Picard un grand éclat de rire :
Ce bruit l'a réveillé. « Voilà deux mille écus,
« Monsieur, que ma maîtresse avait pour vous reçus. »
« Hem ! qui ? quoi ? m'a-t-il dit ; allez chez les notaires ;
« Je n'ai jamais, ma bonne, entendu les affaires :
« Je ne me mêle point de ces pauvretés-là. »
— « Monsieur, ils sont à vous, prenez-les, les voilà. »
Il a repris soudain papier, plume, écritoire.
Picard l'interrompant a demandé pour boire.
« Pourquoi boire ? a-t-il dit, fi ! rien n'est si vilain
« Que de s'accoutumer à boire si matin ! »
Enfin, il a compris ce qu'il devait entendre :
« Voilà les sacs, dit-il, et vous pouvez y prendre
« Tout ce qu'il vous plaira pour la commission. »
Nous avons pris, madame, avec discrétion.
Il n'a pas un moment daigné tourner la tête,
Pour voir de nos cinq doigts la modestie honnête ;
Et nous sommes partis avec étonnement,
Sans recevoir pour vous le moindre compliment.
Avez-vous vu jamais un mortel plus bizarre ?

NINON.

Il en faut convenir, son caractère est rare.
La nature a conçu des desseins différens,
Alors que son caprice a formé ces enfans.
Un contraste parfait est dans leurs caractères ;
Et le jour et la nuit ne sont pas plus contraires.

LE JEUNE GOURVILLE.

Je l'aime cependant du meilleur de mon cœur.

LISETTE.

Moi, de tout mon pouvoir je l'aime aussi, monsieur ;

J'ai toujours remarqué, sans trop oser le dire,
Que vous aimez assez les gens qui vous font rire.
NINON.
Je ne ris point de lui, Lisette, je le plains :
Il a le cœur très bon, je le sais ; mais je crains
Que cette aversion des plaisirs et du monde,
Des usages, des mœurs l'ignorance profonde,
Ce goût pour la retraite, et cette austérité,
Ne produisent bientôt quelque calamité.
Pour ce monsieur Garant sa pleine confiance
Alarme ma tendresse, accroît ma défiance :
Souvent un esprit gauche en sa simplicité,
Croyant faire le bien, fait le mal par bonté.
LE JEUNE GOURVILLE.
Oh ! je vais de ce pas laver sa tête aînée ;
De sa sotte raison la mienne est étonnée ;
Je lui parlerai net, et je veux à la fin,
Pour le débarbouiller, en faire un libertin.
NINON.
Puissiez-vous tous les deux être plus raisonnables !
Mais le monde aime mieux des erreurs agréables,
Et d'un esprit trop vif la piquante gaîté,
Qu'un précoce Caton, de sagesse hébété,
Occupé tristement de mystiques systèmes,
Inutile aux humains, et dupe des sots mêmes.
LE JEUNE GOURVILLE.
Il faut vous avouer qu'avec discrétion
Dans mes amours nouveaux je me sers de son nom,
Afin que si la mère a jamais connaissance
Des mystères secrets de notre intelligence,

ACTE I, SCÈNE VI.

Aux mots de syndérèse et de componction,
La lettre lui paraisse une exhortation,
Un essai de morale envoyé par mon frère.
Nous écrivons tous deux d'un même caractère;
En un mot, sous son nom j'écris tous mes billets;
En son nom, prudemment, les messages sont faits.
C'est un fort grand plaisir que ce petit mystère.

NINON.

Il est un peu scabreux, et je crains cette mère.
Prenez bien garde, au moins, vous vous y méprendrez.
Vos discours de vertu seront peu mesurés;
Tout sera reconnu.

LE JEUNE GOURVILLE.
   Le tour est assez drôle.

NINON.

Mais c'est du loup-berger que vous jouez le rôle.

LE JEUNE GOURVILLE.

D'ailleurs, je suis très bien déja dans la maison :
A la mère toujours je dis qu'elle a raison;
Je bois avec le père, et chante avec la fille;
Je deviens nécessaire à toute la famille.
Vous ne me blâmez pas?

NINON.
   Pour ce dernier point, non.

LISETTE.

Ma foi, les jeunes gens ont souvent bien du bon.

FIN DU PREMIER ACTE.

ACTE SECOND.

SCÈNE I.

GOURVILLE L'AÎNÉ, *tenant un livre;* LE JEUNE GOURVILLE. *Tous deux arrivent et continuent la conversation : l'aîné est vêtu de noir, la perruque de travers, l'habit mal boutonné.*

LE JEUNE GOURVILLE.

N'es-tu donc pas honteux, en effet, à ton âge,
De vouloir devenir un grave personnage?
Tu forces ton instinct par pure vanité,
Pour parvenir un jour à la stupidité.
Qui peut donc contre toi t'inspirer tant de haine?
Pour être malheureux tu prends bien de la peine.
Que dirais-tu d'un fou, qui des pieds et des mains
Se plairait d'écraser les fleurs de ses jardins,
De peur d'en savourer le parfum délectable?
Le ciel a formé l'homme animal sociable.
Pourquoi nous fuir? pourquoi se refuser à tout?
Être sans amitié, sans plaisirs, et sans goût,
C'est être un homme mort. Oh! la plaisante gloire
Que de gâter son vin de crainte de trop boire!
Comme te voilà fait! le teint jaune et l'œil creux!
Penses-tu plaire au ciel en te rendant hideux?
Au monde, en attendant, sois très sûr de déplaire.

ACTE II, SCÈNE I.

La charmante Ninon, qui nous tient lieu de mère,
Voit avec grand chagrin qu'en ta propre maison,
Loin d'elle, et loin de moi, tu languis en prison.
Est-ce monsieur Garant qui, par son éloquence,
Nourrit de tes travers la lourde extravagance?
Allons, imite-moi, songe à te réjouir;
Je prétends, malgré toi, te donner du plaisir.

GOURVILLE L'AÎNÉ.

De si vilains propos, une telle conduite[a],
Me font pitié, monsieur; j'en prévois trop la suite.
Vous ferez à coup sûr une mauvaise fin.
Je ne puis plus souffrir un si grand libertin.
De cette maison-ci je connais les scandales;
Il en peut arriver des choses bien fatales :
Déja monsieur Garant m'en a trop averti.
Je n'y veux plus rester, et j'ai pris mon parti.

LE JEUNE GOURVILLE.

Son accès le reprend.

GOURVILLE L'AÎNÉ.

              Monsieur Garant, mon frère,
Que vous calomniez, est d'un tel caractère
De probité, d'honneur... de vertu... de...

LE JEUNE GOURVILLE.

                      Je voi
Que déja son beau style a passé jusqu'à toi.

GOURVILLE L'AÎNÉ.

Il met discrètement la paix dans les familles;
Il garde la vertu des garçons et des filles :
Je voudrais jusqu'à lui, s'il se peut, m'exalter.
Allez dans le beau monde; allez vous y jeter;

LE DÉPOSITAIRE,

Plongez-vous jusqu'au cou dans l'ordure brillante
De ce monde effréné dont l'éclat vous enchante;
Moquez-vous plaisamment des hommes vertueux;
Nagez dans les plaisirs, dans ces plaisirs honteux*,
Ces plaisirs dans lesquels tout le jour se consume,
Et la douceur desquels produit tant d'amertume.

LE JEUNE GOURVILLE.

Pas tant.

GOURVILLE L'AÎNÉ.

Allez, je sais tout ce qu'il faut savoir.
J'ai bien lu.

LE JEUNE GOURVILLE.

Va, lis moins, mais apprends à mieux voir.
Tu pourras tout au plus quelque jour faire un livre.
Mais dis-moi, mon pauvre homme, avec qui peux-tu

GOURVILLE L'AÎNÉ. [vivre?

Avec personne.

LE JEUNE GOURVILLE.

Quoi! tout seul dans un désert?

GOURVILLE L'AÎNÉ.

Oh! je fréquenterai souvent madame Aubert.

LE JEUNE GOURVILLE, *riant*.

Madame Aubert!

GOURVILLE L'AÎNÉ.

Eh oui! madame Aubert.

LE JEUNE GOURVILLE.

Parente
Du marguillier Garant?

GOURVILLE L'AÎNÉ.

Oui, pieuse et savante,

ACTE II, SCÈNE I.

D'un esprit transcendant, d'un mérite accompli.

LE JEUNE GOURVILLE.

La connais-tu?

GOURVILLE L'AÎNÉ.

Non; mais son logis est rempli
Des gens les plus versés dans les vertus pratiques.
Elle connaît à fond tous les auteurs mystiques;
Elle reçoit souvent les plus graves docteurs,
Et force gens de bien qu'on ne voit point ailleurs.

LE JEUNE GOURVILLE.

Madame Aubert t'attend?

GOURVILLE L'AÎNÉ.

Oui, mon tuteur fidèle,
Monsieur Garant me mène enfin dîner chez elle.

LE JEUNE GOURVILLE.

Chez sa cousine?

GOURVILLE L'AÎNÉ.

Eh! oui.

LE JEUNE GOURVILLE.

Cette femme de bien?

GOURVILLE L'AÎNÉ.

Elle-même; et je veux, après cet entretien,
Ne hanter désormais que de tels caractères,
Des dévots éprouvés, secs, durs, atrabilaires.
Je ne veux plus vous voir; et je préfère un trou,
Un ermitage, un antre...

LE JEUNE GOURVILLE, *en l'embrassant.*

Adieu, mon pauvre fou.

SCÈNE II.

GOURVILLE L'AÎNÉ.

Je pleure sur ton sort; le voilà qui s'abîme;
Il va de femme en fille, il court de crime en crime.
(Il s'assied et ouvre un livre.)
Que Garasse a raison! qu'il peint bien à mon sens
Les travers odieux de tous nos jeunes gens!
Qu'il enflamme mon cœur, et qu'il le fortifie
Contre les passions qui tourmentent la vie!
(Il lit encore.)
C'est bien dit : oui, voilà le plan que je suivrai.
Du sentier des méchans je me retirerai.
J'éviterai le jeu, la table, les querelles,
Les vains amusemens, les spectacles, les belles.
(Il se lève.)
Quel plaisir noble et doux de haïr les plaisirs;
De se dire en secret : Me voilà sans désirs;
Je suis maître de moi, juste, insensible, sage;
Et mon ame est un roc au milieu de l'orage!
Je rougis quand je vois dans ce maudit logis
Ces conversations, ces soupers, ces amis.
Je souris de pitié de voir qu'on me préfère,
Sans nul ménagement, mon étourdi de frère.
Il plaît à tout le monde, il est tout fait pour lui.
C'en est trop : pour jamais j'y renonce aujourd'hui.
Je conserve à Ninon de la reconnaissance;
Elle eut soin de nous deux au sortir de l'enfance;

Et, malgré ses écarts, elle a des sentimens
Qu'on eût pris pour vertu peut-être en d'autres temps :
Mais...

(Il se mord le doigt, et fait une grimace effroyable.)

SCÈNE III.

GOURVILLE l'aîné, M. GARANT.

M. GARANT.

Eh bien, mon très cher, mon vertueux Gourville,
De tant d'iniquités allez-vous fuir l'asile ?

GOURVILLE L'AÎNÉ.

J'y suis très résolu.

M. GARANT.

Ce logis infecté
N'était point convenable à votre piété.
Sortez-en promptement... Mais que voulez-vous faire
De ces deux mille écus de monsieur votre père ?

GOURVILLE L'AÎNÉ.

Tout ce qu'il vous plaira ; vous en disposerez.

M. GARANT.

L'argent est inutile aux cœurs bien pénétrés
D'un vrai détachement des vanités du monde,
Et votre indifférence en ce point est profonde :
Je veux bien m'en charger ; je les ferai valoir...
Pour les pauvres s'entend... Vous aurez le pouvoir
D'en répéter chez moi le tout ou bien partie,
Dès que vous en aurez la plus légère envie.

GOURVILLE L'AÎNÉ.

Ah, que vous m'obligez ! Je ne pourrai jamais

Vous payer dignement le prix de vos bienfaits.

M. GARANT.

Je puis avoir à vous d'autres sommes en caisse.
Eh, Eh !

GOURVILLE L'AÎNÉ.

L'on me l'a dit... Mon Dieu, je vous les laisse.
Vous voulez bien encore en être embarrassé ?

M. GARANT.

Je mettrai tout ensemble.

GOURVILLE L'AÎNÉ.

Oui, c'est fort bien pensé.

M. GARANT.

Or çà, votre dessein de chercher domicile
Est très juste et très bon ; mais il est inutile :
La maison est à vous ; gardez-vous d'en sortir,
Et priez seulement Ninon d'en déguerpir.
Par mille éclats fâcheux la maison polluée,
Quand vous y vivrez seul, sera purifiée,
Et je pourrais bien même y loger avec vous.

GOURVILLE L'AÎNÉ.

Cet honneur me serait bien utile et bien doux ;
Mais je ne me sens pas l'ame encore assez forte
Pour chasser une femme et la mettre à la porte.
C'est un acte pieux : mais l'honneur a ses droits ;
Et vous savez, monsieur, tout ce que je lui dois.
Pourrais-je, sans rougir, dire à ma bienfaitrice :
« Sortez de la maison, et rendez-vous justice. »
Cela n'est-il pas dur ?

M. GARANT.

Un tel ménagement

ACTE II, SCÈNE III.

Est bien louable en vous, et m'émeut puissamment.
Ce scrupule d'abord a barré mes idées;
Mais j'ai considéré qu'elles sont bien fondées.
Le désordre est trop grand. Votre propre danger
A la faire sortir devrait vous engager [k].
Sachez que votre frère entretient avec elle
Une intrigue odieuse, indigne, criminelle,
Un scandaleux commerce... un... je n'ose parler
De tout ce qui s'est fait... tant je m'en sens troubler.

GOURVILLE L'AÎNÉ.

Voilà donc la raison de cette préférence
Qu'on lui donnait sur moi!

M. GARANT.

      Sentez la conséquence.

GOURVILLE L'AÎNÉ.

Je n'aurais pu jamais la deviner sans vous.
Les vilains... Grace au ciel, je n'en suis point jaloux.
Je n'imaginais pas qu'un si grand fou dût plaire.

M. GARANT.

Les fous plaisent parfois.

GOURVILLE L'AÎNÉ.

      Ah! j'en suis en colère
Pour l'honneur du Marais [l].

M. GARANT.

      Il faut premièrement
Détourner loin de nous ce scandale impudent,
Mais avec l'air honnête, avec toute décence,
Avec tous les dehors que veut la bienséance [m].
Nous avons concerté que de cette maison
Vous feriez pour un tiers une donation,

Un acte bien secret que je pourrais vous rendre.
Armé de cet écrit, je puis tout entreprendre.
Je ne m'emparerai que de votre logis,
Et vous aurez vos droits sans être compromis.

GOURVILLE L'AÎNÉ.

Oui, l'idée est profonde; oui, les dévots, les sages[n],
Sur le reste du monde ont de grands avantages.
Je signerai demain.

M. GARANT.

Ce soir, votre cadet
Reviendra vous braver comme il a toujours fait.
Tout se moque de vous, laquais, cocher, servante·
Ils traitent la vertu de chose impertinente.

GOURVILLE L'AÎNÉ.

La vertu!

M. GARANT.

Vraiment oui. Toujours un marguillier
A soin d'avoir en poche encre, plume, papier.
Venez, l'acte est dressé. Cet honnête artifice
Est, comme vous voyez, dans l'exacte justice.
Signez sur mon genou.

(Il lève son genou.)

GOURVILLE L'AÎNÉ, *en signant*.

Je signe aveuglément,
Et crois n'avoir jamais rien fait de si prudent

M. GARANT.

Je rédigerai tout dès ce soir par notaire.

GOURVILLE L'AÎNÉ.

Vous êtes, je le vois, très actif en affaire.

ACTE II, SCÈNE III.

M. GARANT.

Vous pouvez du logis sortir dès à présent.

GOURVILLE L'AÎNÉ.

Oui !

M. GARANT.

Donnez-moi la clef de votre appartement.

GOURVILLE L'AÎNÉ.

La voilà.

M. GARANT.

Tout est bien ; et puis chez ma cousine,
Chez la savante Aubert, notre illustre voisine...
Nous irons faire ensemble un dîner familier.

GOURVILLE L'AÎNÉ.

Vous m'enchantez !

M. GARANT.

Elle est la perle du quartier.
Il est dans sa maison de doctes assemblées,
Des conversations utiles et réglées ;
Il y doit aujourd'hui venir quelques docteurs,
Des savans pleins de grec, de brillans orateurs,
Avec quelques abbés, gens de l'académie,
Tous pétris du vrai suc de la philosophie.

GOURVILLE L'AÎNÉ.

Et c'est là justement tout ce qu'il me fallait ;
Vous m'avez découvert ce que mon cœur voulait.
Vous me faites penser, vous êtes mon Socrate ;
Je suis Alcibiade : ah ! que cela me flatte° !
Me voilà dans mon centre.

M. GARANT.

On n'est jamais heureux

Qu'avec des gens de bien, savans et vertueux.
Chez ma cousine Aubert, mon fils, allez vous rendre :
Je ne me ferai pas, je crois, long-temps attendre.

GOURVILLE L'AÎNÉ.

J'y vais.

SCÈNE IV.

NINON, M. GARANT, GOURVILLE L'AÎNÉ.

NINON, *à Gourville l'aîné.*

Ah, ah! monsieur, vous sortez donc enfin!
Vous vous humanisez, et votre noir chagrin
Cède au besoin qu'on a de vivre en compagnie.
Le plaisir sied très bien à la philosophie;
La solitude accable et cause trop d'ennui.
Eh bien! où comptez-vous de dîner aujourd'hui?

GOURVILLE L'AÎNÉ.

Avec des gens de bien, madame.

NINON.

Eh mais... j'espère...
Que ce n'est pas avec des fripons.

GOURVILLE L'AÎNÉ.

Au contraire.

NINON

Et vos convives sont?

GOURVILLE L'AÎNÉ.

Des docteurs très savans.

NINON.

On en trouve, en effet, de très honnêtes gens,
Et chez qui la vertu n'offre rien que d'aimable.

GOURVILLE L'AÎNÉ.
L'heure presse, avec eux je vais me mettre à table.
NINON.
Allez; c'est fort bien fait.

SCÈNE V.

NINON, M. GARANT.

NINON.
Quelle mauvaise humeur !
Il semble en me parlant qu'il soit rempli d'aigreur !
En savez-vous la cause ?
M. GARANT.
Eh oui, je suis sincère ;
La cause est en effet son méchant caractère.
NINON.
Je savais qu'il était et bizarre et pédant,
Mais je ne croyais pas qu'il eût le cœur méchant.
M. GARANT.
Allez, je m'y connais ; vous pouvez être sûre
Qu'il n'est point d'ame au fond plus ingrate et plus dure.
NINON.
Il est vrai qu'en effet de mon petit présent
Il n'a pas daigné faire un seul remercîment;
Mais c'est distraction, manque de savoir-vivre,
Et pour l'instruire mieux le monde est un grand livre.
M. GARANT.
Je vous dis que son cœur est pour jamais gâté,
Endurci, gangrené, méchant... au mal porté;

Faux... avec fausseté; ses allures secrètes,
Sombres...

NINON, *riant.*

Vous prodiguez assez les épithètes.

M. GARANT.

Il ne peut vous souffrir. Il vient de s'engager
A vendre sa maison pour vous en déloger...
Vous en riez?

NINON.

La chose est-elle bien certaine?

M. GARANT.

J'en suis témoin; j'ai vu cet effet de sa haine;
J'en ai vu l'acte en forme au notaire porté:
C'est l'usage qu'il fait de sa majorité.
Quel homme!

NINON.

Ce n'est rien, n'en soyez point en peine;
Cela s'ajustera.

M. GARANT.

Craignez tout de sa haine.

NINON.

Ce mauvais procédé ne lui peut réussir.

M. GARANT.

De cette ingratitude il faut le bien punir,
Qu'il sorte de chez vous.

NINON.

Peut-être il le mérite.

M. GARANT.

Pour moi, je l'abandonne et je le déshérite;
De ses cent mille francs il n'aura, ma foi, rien.

ACTE II, SCÈNE V.

NINON.
S'ils dépendent de vous, monsieur, je le crois bien.

M. GARANT.
Que nous sommes à plaindre! un bon ami nous laisse
De ses deux chers enfans à guider la jeunesse :
L'un est un garnement, turbulent, effronté,
A la perdition par le vice emporté*p*;
L'autre est fourbe, perfide, ingrat, atrabilaire,
Dur, méchant... De tous deux il nous faudra défaire.

NINON.
Me le conseillez-vous?

M. GARANT.
    Ce doit être l'avis
De tous les gens d'honneur et de vos vrais amis.
Prenez un parti sage... Écoutez... cette caisse
Dont vous avez tantôt fait si prompte largesse,
Était-elle bien pleine autrefois?

NINON.
     Jusqu'au bord :
De notre ami défunt c'était le coffre-fort;
Vous le savez assez.

M. GARANT.
   Selon que je calcule *q*,
Vous avez amassé loyaument, sans scrupule,
Un bien considérable, une fortune?

NINON.
     Non;
Mais mon bien me suffit pour tenir ma maison.

M. GARANT.
Vous avez du crédit : la dame qui régente *r*,

Madame Esther, vous garde une amitié constante;
Et, si vous le vouliez, vous pourriez quelque jour
Faire beaucoup de bien vous produisant en cour.

NINON.

A la cour! moi, monsieur! que le ciel m'en préserve!
Si j'ai quelques amis, il faut avec réserve
Ménager leurs bontés, craindre d'importuner,
Ne les inviter point à nous abandonner.
Pour garder son crédit, monsieur, n'en usons guères.

M. GARANT.

Il le faut réserver pour les grandes affaires,
Pour les grands coups, madame; oui, vous avez raison;
Et votre sentiment est ici ma leçon.
(Il s'approche un peu d'elle, et après un moment de silence.)
Je dois avec candeur vous faire une ouverture
Pleine de confiance et d'une amitié pure:
Je suis riche, il est vrai, mais avec plus d'argent
Je ferai plus de bien.

NINON.

Je le crois bonnement.

M. GARANT.

Il vous faut un état; vous êtes de mon âge,
Je suis aussi du vôtre.

NINON.

Oh! oui.

M. GARANT.

Quel bon ménage
Se formerait bientôt de nos biens rassemblés,
Loin de ces deux marmots du logis exilés!
Les deux cent mille francs, croissant notre fortune,

Entreraient de plein saut dans la masse commune ;
Vous pourriez employer votre art persuasif
A nous faire obtenir un poste lucratif.
Vous seriez dans le monde avec plus d'importance :
Il faut que le crédit augmente votre aisance ;
Que des prudes surtout la noble faction,
Célébrant de vos mœurs la réputation,
Et s'enorgueillissant d'une telle conquête,
A vous bien épauler se tienne toujours prête.
Avec un pot de vin j'aurais par ce canal
Un fortuné brevet de fermier général.
Nous pourrions sourdement, sans bruit, sans peine
Placer à cent pour cent ma petite fortune ; [aucune,
Et votre rare esprit tout bas se moquerait
De tout le genre humain qui vous respecterait.
Vous ne répondez rien ?

NINON.

C'est que je considère
Avec maturité cette sublime affaire.
Vous voulez m'épouser ?

M. GARANT.

Sans doute, je voudrais
Payer de tout mon bien tant d'esprit, tant d'attraits :
C'est à quoi j'ai pensé dès que mon sort prospère
De deux cent mille francs me nomma légataire.

NINON.

Vous m'aimez donc un peu ?

M. GARANT.

J'ai combattu long-temps
Les inspirations de ces désirs puissans ;

Mais en les combinant avec justesse extrême,
En m'examinant bien, comptant avec moi-même,
Calculant, rabattant, j'ai vu pour résultat
Qu'il est temps en effet que vous changiez d'état,
Que nous nous convenons, et qu'un amour sincère,
Soutenu par le bien, ne doit pas vous déplaire.

NINON.

Je ne m'attendais pas à cet excès d'honneur.
Peut-être on vous a dit quelle était mon humeur.
J'eus long-temps pour l'hymen un peu de répugnance;
Son joug effarouchait ma libre indépendance :
C'est un frein respectable; et, si je l'avais pris,
Croyez que ses devoirs auraient été remplis.
Je fus dans ma jeunesse un tant soit peu légère;
Je n'avais pas alors le bonheur de vous plaire.

M. GARANT.

Madame, croyez-moi, tout ce qui s'est passé
Fait peu d'impression sur un esprit sensé;
Ces bagatelles-là n'ont rien qui m'intimide :
Je vais droit à mon but, et je pense au solide.

NINON.

Eh bien, j'y pense aussi : vos offres à mes yeux
Présentent des objets qui sont bien spécieux.
Il est vrai qu'on pourrait m'imputer par envie
Je ne sais quoi d'injuste et quelque hypocrisie.

M. GARANT.

Eh, mon Dieu! c'est par là qu'on réussit toujours.

NINON.

Oui; la monnaie est fausse, elle a pourtant du cours.
Que me sont, après tout, les enfans de Gourville?

ACTE II, SCÈNE V.

Rien que des étrangers à qui je fus utile.

M. GARANT.

Il faut l'être à nous seuls, et songer en effet
Que pour ces étrangers nous en avons trop fait.

NINON.

J'admire vos raisons, et j'en suis pénétrée.

M. GARANT.

Ah! je me doutais bien que votre ame éclairée
En sentirait la force et le vrai fondement,
Le poids...

NINON.

Oui, tout cela me pèse infiniment.

M. GARANT.

Vous vous rendez?

NINON.

Ce soir vous aurez ma réponse;
Et devant tout le monde il faut que je l'annonce.

M. GARANT.

Ah! vous me ravissez : je n'ai parlé d'abord
Que de vos intérêts qui me touchent si fort;
Mais si vous connaissiez quel effet font vos charmes,
Vos beaux yeux, votre esprit... quelles puissantes armes
M'ont ôté pour jamais ma chère liberté...
De quel excès d'amour je me sens tourmenté...

NINON.

Mon Dieu! finissez donc; vous me tournez la tête :
Sortez... n'abusez point de ma faible conquête...
Mais revenez bientôt.

M. GARANT.

Vous n'en pouvez douter.

NINON.

J'y compte.

M. GARANT.

Sur mon cœur daignez toujours compter.
Ne trouvez-vous pas bon que j'amène un notaire
Pour coucher par contrat cette divine affaire?

NINON.

Par contrat! eh! mais oui... vos desseins concertés
Ne sauraient, à mon sens, être trop constatés.

M. GARANT.

Nos faits sont convenus?

NINON.

Oui-dà.

M. GARANT.

Notre fortune
Sera par la coutume entre nous deux commune?

NINON.

Plus vous parlez et plus mon cœur se sent lier.

M. GARANT.

A ce soir, ma Ninon.

NINON, *le contrefesant.*

Ce soir, mon marguillier.

SCÈNE VI.

NINON.

Quel indigne animal! et quelle ame de boue!
Il ne s'aperçoit pas seulement qu'on le joue;
Tout absorbé qu'il est dans ses desseins honteux,

Il n'en peut discerner le ridicule affreux.
J'ai vu de ces gens-là, qui se croyaient habiles
Pour avoir quelque temps trompé des imbécilles,
Dans leurs propres filets bientôt enveloppés :
Le monde avec plaisir voit les dupeurs dupés.
On peint l'Amour aveugle, il peut l'être, sans doute;
Mais l'Intérêt l'est plus, et souvent ne voit goutte.
Vouloir toujours tromper, c'est un malheureux lot :
Bien souvent, quoi qu'on dise, un fripon n'est qu'un sot.

FIN DU SECOND ACTE.

ACTE TROISIÈME.

SCÈNE I.

LISETTE, PICARD.

LISETTE.

Eh bien, Picard, sais-tu la plaisante nouvelle?

PICARD.

Je n'ai jamais rien su le premier : quelle est-elle?

LISETTE.

Notre maîtresse enfin s'en va prendre un mari.

PICARD.

Ma foi, j'en ai le cœur tout-à-fait réjoui.
Ah! c'est donc pour cela que madame est sortie!
C'est pour se marier... J'ai souvent même envie,
Tu le sais; et je crois que nous devons tous deux
Suivre un si digne exemple.

LISETTE.

Ah! Picard, ces beaux nœuds
Sont faits pour les messieurs qui sont dans l'opulence;
Peu de chose avec rien ne fait pas de l'aisance;
Et nous sommes trop gueux, Picard, pour être unis.
Le mari de madame aujourd'hui m'a promis
De faire ma fortune.

PICARD.

Est-il bien vrai, Lisette?

ACTE III, SCÈNE I.

LISETTE.

Et je t'épouserai dès qu'elle sera faite.

PICARD.

Bon ! attendons-nous-y ! Quand le bien te viendra,
D'autres amans viendront ; tu me planteras là :
Des filles de Paris je connais trop l'allure ;
Elles n'épousent point Picard.

LISETTE.

Va, je te jure
Que les honneurs chez moi ne changent point les mœurs !
Je t'aime, et je ne puis être contente ailleurs.

PICARD.

Allons, il faudra donc se résoudre d'attendre.
Et quel est ce monsieur que madame va prendre ?

LISETTE.

La peste ! c'est un homme extrêmement puissant,
Marguillier de paroisse, ayant beaucoup d'argent ;
Sur son large visage on voit tout son mérite ;
Homme de bon conseil, et qui souvent hérite
De gens qui ne sont pas seulement ses parens.
Il a toujours, dit-on, vécu de ses talens ;
Il est le directeur de plus de vingt familles :
Il peut faire aisément beaucoup de bien aux filles.
C'est ce monsieur Garant qui vient dans la maison.

PICARD.

Bon ! l'on m'a dit à moi qu'il est gueux et fripon.

LISETTE.

Eh bien, que fait cela ? cette friponnerie
N'empêche pas, je crois, qu'un homme se marie.
Il m'a promis beaucoup.

PICARD.

Plus qu'il ne te tiendra...
Quoi! c'est lui qu'aujourd'hui madame épousera?

LISETTE.

Rien n'est plus vrai, Picard.

PICARD.

C'est lui que madame aime?

LISETTE.

Je n'en saurais douter.

PICARD.

Qui te l'a dit?

LISETTE,

Lui-même.
J'ai de plus entendu des mots de leurs discours;
Picard, ils se juraient d'éternelles amours.
Pour revenir bientôt ce monsieur l'a quittée;
Et madame aussitôt en carrosse est montée.

PICARD.

Mon Dieu, comme en amour on va vite à présent!
Je ne l'aurais pas cru : car, vois-tu, j'ai souvent
Entendu ma maîtresse avec un beau langage
Se moquer, en riant, des lois du mariage.

LISETTE.

Tout change avec le temps : on ne rit pas toujours;
On devient sérieux au déclin des beaux jours.
La femme est un roseau que le moindre vent plie;
Et bientôt il lui faut un soutien qui l'appuie.

PICARD.

Quand t'appuierai-je donc?

ACTE III, SCENE I.

LISETTE.

Va, nous attendrons bien
Que madame ait choisi monsieur pour son soutien.

PICARD.

Mais que va devenir Gourville avec son frère?

LISETTE.

Je pense que l'aîné va dans un monastère;
L'autre sera, je crois, cornette ou lieutenant.
Chacun suit son instinct; tout s'arrange aisément.

PICARD.

Je ne sais, mon instinct me dit que ces affaires
Ne s'arrangeront pas ainsi que tu l'espères.

LISETTE.

Pourquoi? pour en douter quelles raisons as-tu?

PICARD.

Je n'ai point de raisons, moi; j'ai des yeux, j'ai vu
Que, lorsqu'on veut aux gens assurer quelque chose,
On se trompe toujours; je n'en sais point la cause:
J'ai vu tant de messieurs qui pour tes doux appas
Disaient qu'ils reviendraient, et ne revenaient pas!

LISETTE.

Quoi! maroufle, insolent!

PICARD.

A ton tour, ma mignonne,
Jamais, en promettant, n'as-tu trompé personne?

LISETTE.

Hem!

PICARD.

Ne te fâche point. Allons, rendons bien net
De notre cher savant le sale cabinet;

Tenons la chambre propre : allons, la nuit approche.
####### LISETTE.
Bon! ce monsieur Garant a la clef dans sa poche.
####### PICARD.
Diable! il est donc déja maître de la maison ;
Et ce grand mariage est donc fait tout de bon ?
####### LISETTE.
Ne te l'ai-je pas dit ? Madame, avec mystère,
A dit à son cocher : « Cocher, chez le notaire. »
Ils sont allés signer.
####### PICARD.
Oui, je comprends très bien
Que l'affaire est conclue, et je n'en savais rien.
####### LISETTE.
Un excellent souper, qu'un grand traiteur apprête,
Ce soir de ces beaux nœuds doit célébrer la fête ;
Les amis du logis y sont tous invités.
####### PICARD.
Tant mieux ; nous danserons : plaisir de tous côtés.
Mais que va devenir notre aîné de Gourville ?
Il était si posé, si sage, si tranquille,
Lui-même se servant, n'exigeant rien de nous ;
Fort dévot, cependant d'un naturel très doux.
Où donc est-il allé?
####### LISETTE.
C'est chez notre voisine,
Comme lui très pieuse, et de Garant cousine ;
On m'a dit qu'il y dîne avec quelques docteurs.
####### PICARD.
Oh! c'est un grand savant ; il lit tous les auteurs.

SCÈNE II.

LISETTE, PICARD, GOURVILLE L'AÎNÉ.

LISETTE.

Le voici qui revient.

PICARD.

Pour la noce peut-être.

LISETTE.

Ah ! comme il a l'air triste !

PICARD.

Oui, je crois reconnaître
Qu'il est bien affligé.

LISETTE.

Quelles contorsions !

GOURVILLE L'AÎNÉ, *dans le fond*.

O ciel ! ô juste ciel !

PICARD.

C'est des convulsions.

GOURVILLE L'AÎNÉ.

Je voudrais être mort.

LISETTE.

Il a des yeux funestes.

PICARD.

C'est d'un vrai possédé les regards et les gestes.
(Gourville s'avance.)

LISETTE.

Qu'avez-vous donc, monsieur ?

PICARD.

Vous avez l'œil poché,

Bosse au front, nez sanglant, et l'habit tout taché.

LISETTE.

Êtes-vous ici près, monsieur, tombé par terre ?

GOURVILLE L'AÎNÉ

Que son sein m'engloutisse !

PICARD.

Eh ! quoi donc ?

GOURVILLE L'AÎNÉ.

Qu'on m'enterre ;
Je ne mérite pas de voir le jour.

PICARD.

Monsieur !

LISETTE.

Qu'est-il donc arrivé ?

GOURVILLE L'AÎNÉ.

Je me meurs de douleur,
De honte, de dépit...

PICARD.

Et de vos meurtrissures.

LISETTE.

Hélas ! n'auriez-vous point reçu quelques blessures ?

GOURVILLE L'AÎNÉ *s'assied.*

Je ne puis me tenir : ah, Lisette ! écoutez
Mes fautes, mes malheurs et mes indignités.

PICARD.

Écoutons bien.

(Ils se mettent à ses côtés et allongent le cou.)

LISETTE.

Mon Dieu, que ce début m'étonne !

ACTE III, SCÈNE II.

GOURVILLE L'AÎNÉ.

Voulant rester chez moi, monsieur Garant me donne
Rendez-vous à dîner chez sa cousine Aubert [z].

PICARD.

C'est une brave dame.

GOURVILLE L'AÎNÉ.

Ah! diablesse d'enfer!
Il y devait venir de savans personnages,
Parfaits chez les parfaits, sages entre les sages :
J'y vais; madame Aubert était encore au lit.
Monsieur Aubert tout seul près de moi s'établit,
Me propose un trictrac en attendant la table :
J'avais pour tous les jeux une haine effroyable;
Et cependant je joue.

LISETTE.

Eh bien! jusqu'à présent
La chose est très commune, et le mal n'est pas grand.

GOURVILLE L'AÎNÉ.

J'y gagne, j'y prends goût; de partie en partie
Je ne vois point venir la docte compagnie :
Le jeu se continue; enfin le sort fait tant,
Qu'ayant bientôt perdu tout mon argent comptant,
Je redois mille écus encor sur ma parole.

LISETTE.

De ces petits chagrins un sage se console.

GOURVILLE L'AÎNÉ.

Ah! ce n'est rien encor. Garant à son cousin
Écrit que les docteurs ne viendront que demain,
Et qu'il l'attend chez lui pour affaire pressante.
Aubert me fait excuse, Aubert me complimente :

Il sort, je reste seul; je n'osais demeurer,
Et dans notre maison j'étais prêt à rentrer.
Madame Aubert paraît avec un air modeste,
Bien coiffée en cheveux, un déshabillé leste,
Un négligé brillant, mais qui paraît sans art.
« On a dîné partout, me dit-elle; il est tard :
« Je vous proposerais de dîner tête à tête;
« Mais je vous ennuierais... » J'accepte cette fête
Le repas était propre et très bien ordonné;
Elle avait d'un vin grec dont je me suis donné.

LISETTE.

Vous avez oublié votre théologie ?

GOURVILLE L'AÎNÉ.

Hélas! oui, ce vin grec la rendait plus jolie;
Madame Aubert tenait des propos enchanteurs
Que j'ai rarement vus chez nos plus vieux auteurs :
Je l'entendais parler, je la voyais sourire [aa]
Avec cet agrément que Sapho sut décrire.
Vous connaissez Sapho?

PICARD.
Non.
GOURVILLE L'AÎNÉ.
Le plus doux poison
Par l'oreille et les yeux surprenait ma raison.
Nous nous attendrissons : monsieur Aubert arrive;
Madame Aubert s'enfuit éplorée et craintive,
En criant que je suis un homme dangereux.

LISETTE.

Vous, dangereux, monsieur!

ACTE III, SCÈNE II.

GOURVILLE L'AÎNÉ.

L'époux est très fâcheux :
Il m'applique un soufflet; je suis assez colère,
J'en rends deux sur-le-champ : nous nous roulons par terre;
L'un sur l'autre acharnés, je frappais, il frappait;
Et j'entendais de loin madame qui riait...
Vous avez lu tous deux de ces combats d'athlète?

PICARD.

Je n'ai jamais rien lu.

GOURVILLE L'AÎNÉ.

Ni toi non plus, Lisette?

LISETTE.

Très peu.

GOURVILLE L'AÎNÉ.

Quoi qu'il en soit, meurtrissans et meurtris,
Nous heurtions de nos fronts les carreaux, les lambris;
Des oisifs du quartier une foule accourue
Remplissait la maison, l'escalier et la rue :
On crie, on nous sépare; un procureur du coin
D'accommoder l'affaire a pris sur lui le soin :
Pour empêcher les gens d'aller chercher main-forte,
Pour prévenir, dit-il, une amende plus forte,
Pour payer le scandale avec les coups reçus,
Je lui signe un billet encor de mille écus.
Ah, Lisette! ah, Picard! le sage est peu de chose!

PICARD.

Oui, je le croirais bien.

LISETTE.

Quelle métamorphose!

LE DÉPOSITAIRE,

GOURVILLE L'AÎNÉ.

Après ce que je viens de faire et d'essuyer,
Comment revoir jamais monsieur le marguillier?
Comment revoir madame?

PICARD.

Oh! madame est très bonne.

LISETTE.

Toujours aux jeunes gens, monsieur, elle pardonne.

GOURVILLE L'AÎNÉ.

Comment revoir mon frère, après l'avoir traité
Avec tant de hauteur et de sévérité?

SCÈNE III.

GOURVILLE L'AÎNÉ, GOURVILLE LE JEUNE;
LISETTE, PICARD.

LE JEUNE GOURVILLE, *tout essouflé.*

Ah, mon frère! ah, Lisette!

LISETTE.

Eh bien?

LE JEUNE GOURVILLE, *à Lisette, à part.*

Ma chère amie,
Dans ce danger terrible aide-moi, je te prie.

GOURVILLE L'AÎNÉ.

Mon frère, je rougis et je pleure à vos yeux.

LE JEUNE GOURVILLE.

Mon frère, pardonnez ce petit tour joyeux.
(prenant Lisette à part.)
Lisette, prends bien garde au moins qu'on ne la voie [bb];
Pour la faire sortir nous aurons une voie.

ACTE III, SCÈNE III.

GOURVILLE L'AÎNÉ.

O ciel! madame Aubert serait dans la maison?
Elle a donc pris pour moi bien de la passion!
Ah! de grace, oubliez ma sottise effroyable.

LE JEUNE GOURVILLE.

Ah! passez-moi ma faute, elle est très excusable.
(allant à Lisette.)
Lisette, à mon secours!

PICARD.

Eh, mon Dieu! ces gens-ci
Sont tous devenus fous: qu'a-t-on donc fait ici?
(Lisette s'entretient avec le jeune Gourville.)

GOURVILLE L'AÎNÉ, *sur le devant.*

Est-ce une illusion? est-ce un tour qu'on me joue?
Quels docteurs j'ai trouvés! je me tâte et j'avoue
Que je suis confondu, que je n'y comprends rien.

LE JEUNE GOURVILLE.

(à Lisette; il lui parle à l'oreille.)
Picard, garde la porte... Et toi... tu m'entends bien.

LISETTE.

J'y vais; comptez sur moi.

LE JEUNE GOURVILLE, *à Lisette.*

Par ton seul savoir-faire
Tu sauras amuser et le père et la mère.

GOURVILLE L'AÎNÉ.

Quoi! son père et sa mère ont l'obstination
De me poursuivre ici pour réparation?

LE JEUNE GOURVILLE.

Hélas! j'en suis honteux.

GOURVILLE L'AÎNÉ.

C'est moi qui meurs de honte.

LE JEUNE GOURVILLE.

Sophie échappera par une fuite prompte ;
Et Lisette saura la mettre en sûreté.

(revenant à Gourville l'aîné.)

De grace, mon cher frère, ayez tant de bonté
Que de lui pardonner ce petit artifice.

GOURVILLE L'AÎNÉ.

Quel galimatias!

LE JEUNE GOURVILLE.

Ce n'était pas malice ;
C'est un trait de jeunesse, et peut-être il la perd.

GOURVILLE L'AÎNÉ.

Vous voulez excuser ici madame Aubert?

LE JEUNE GOURVILLE.

Laissons madame Aubert ; mon frère, je vous jure
Que nul dans ce quartier n'a su cette aventure.

GOURVILLE L'AÎNÉ.

Que dites-vous? après un bruit si violent !

LE JEUNE GOURVILLE.

Il ne s'est rien passé qui ne fût très décent.

GOURVILLE L'AÎNÉ.

Ah! vous êtes trop bon.

LE JEUNE GOURVILLE.

Toujours tendre et fidèle,
Je cours la consoler, et je vous réponds d'elle.

(Il sort.)

GOURVILLE L'AÎNÉ.

Mon frère est un bon cœur, il oublie aisément ;
Mais de ce qu'il me dit pas un mot ne s'entend.
Quel est cet homme en robe?

SCÈNE IV.

GOURVILLE L'AÎNÉ; L'AVOCAT PLACET, *en robe.*

L'AVOCAT PLACET, *toujours d'un ton empesé,
et se rengorgeant.*

On m'a dit par la ville
Que je dois m'adresser à monsieur de Gourville,
Des Gourvilles l'aîné.

GOURVILLE L'AÎNÉ.

Très humble serviteur.

L'AVOCAT PLACET.

Tout prêt à vous servir.

GOURVILLE L'AÎNÉ.

C'est sans doute un docteur
Que, pour me consoler, monsieur Garant m'envoie.

L'AVOCAT PLACET.

Je suis docteur en droit.

GOURVILLE L'AÎNÉ.

J'en ai bien de la joie;
Je les révère tous.

L'AVOCAT PLACET.

Au barreau du palais
Depuis deux ans je plaide avec quelque succès.

GOURVILLE L'AÎNÉ.

Contre madame Aubert, plaidez donc, je vous prie,
Et vengez-moi, monsieur, de sa friponnerie.

L'AVOCAT PLACET.

Je ferai tout pour vous. Vous pouvez, au parquet,

LE DÉPOSITAIRE,

Vous informer du nom de l'avocat Placet.

GOURVILLE L'AÎNÉ.

Si vous voulez, monsieur, vous charger de ma cause...

L'AVOCAT PLACET.

Vous devez être instruit...

GOURVILLE L'AÎNÉ.

En deux mots je l'expose.

L'AVOCAT PLACET.

J'ai dès long-temps en vue un établissement,
Et j'avais pourchassé Claire-Sophie Agnant;
Pour elle vous savez, monsieur, quelle est ma flamme.

GOURVILLE L'AÎNÉ.

Non, mais un avocat fait bien de prendre femme
Pour se désennuyer quand il a travaillé.

L'AVOCAT PLACET.

Vous me privez d'icelle; et vous m'avez baillé
Par vos productions bien de la tablature.

GOURVILLE L'AÎNÉ.

Qui? moi, monsieur?

L'AVOCAT PLACET.

Vous-même; et votre procédure
Par madame sa mère est remise en mes mains :
On a surpris, monsieur, vos papiers clandestins,
Vos missives d'amour et tous vos beaux mystères,
Colorés d'un vernis de maximes austères;
A nos yeux clairvoyans le poison s'est montré.

GOURVILLE L'AÎNÉ.

Je veux être pendu, je veux être enterré,
Si j'ai jamais écrit à cette demoiselle,
Et si j'ai pu sentir le moindre goût pour elle!

ACTE III, SCÈNE IV.

L'AVOCAT PLACET.

On renia toujours, monsieur, les vilains cas;
Mademoiselle Agnant ne vous ressemble pas,
Elle a tout avoué.

GOURVILLE L'AÎNÉ.

Quoi?

L'AVOCAT PLACET.

Que votre éloquence
Avait voulu tromper sa timide innocence.

GOURVILLE L'AÎNÉ.

Ah! c'est une coquine; et je ferai serment
Que rien n'est plus menteur que cette fille Agnant.

L'AVOCAT PLACET.

Les sermens coûtent peu, monsieur, aux hypocrites;
Et chez madame Aubert vos infames visites,
Le viol dont partout vous êtes accuse,
Un mari trop benin par vous de coups brise,
Ont fait connaître assez votre affreux caractère.

GOURVILLE L'AÎNÉ.

Juste ciel!

L'AVOCAT PLACET.

Poursuivons... vous connaissez la mère?

GOURVILLE L'AÎNÉ.

Qui donc?

L'AVOCAT PLACET

Madame Agnant.

GOURVILLE L'AÎNÉ.

Je sais qu'en ce logis
On la souffre parfois; mais je vous avertis
Que je n'ai jamais eu la plus légère envie

D'elle ni de sa fille, et très peu me soucie
De la famille Agnant.

L'AVOCAT PLACET.

Vous savez sur l'honneur
Combien elle est terrible et quelle est son humeur.

GOURVILLE L'AÎNÉ.

Je n'en sais rien du tout.

L'AVOCAT PLACET.

Pour venger son injure[dd],
Sa main de deux soufflets a doué ma future
Devant monsieur Agnant et devant les valets.

GOURVILLE L'AÎNÉ.

Ma foi, cette journée est féconde en soufflets.

L'AVOCAT PLACET.

D'une telle leçon ma future excédée,
Du logis maternel soudain s'est évadée :
On sait qu'elle est chez vous, et je m'en doutais bien ;
Monsieur, il faut la rendre, et ma femme est mon bien.
Je vous rapporte ici vos lettres ridicules
Où vous parlez toujours de péchés, de scrupules :
Rendez-moi sur-le-champ ses petits billets doux ;
Que tout ceci se passe en secret entre nous,
Et ne me forcez point d'aller à l'audience
Faire rougir messieurs de votre extravagance.

GOURVILLE L'AÎNÉ.

Le diable vous emporte et vous et vos billets !
Vous me feriez jurer. Non, je ne vis jamais
Une si détestable et si lourde imposture.

L'AVOCAT PLACET.

Vous êtes donc, monsieur, ravisseur et parjure !

ACTE III, SCÈNE V.

GOURVILLE L'AÎNÉ.

Allez, vous êtes fou.

L'AVOCAT PLACET.

J'avais l'attention
De ménager céans la réputation
De l'objet que mon cœur destinait à ma couche ;
Mais, puisque vous niez, puisque rien ne vous touche,
Que dans le crime enfin vous êtes endurci,
Adieu, monsieur. Bientôt vous me verrez ici ;
Je viendrai vous y prendre en bonne compagnie ;
Les lois sauront punir cet excès d'infamie ;
Et vous verrez s'il est un plus énorme cas
Que d'oser se jouer aux femmes d'avocats.

(Il sort.)

SCÈNE V.

GOURVILLE L'AÎNÉ.

Que voilà pour m'instruire une bonne journée !
J'étais charmé de moi ; ma sagesse obstinée
Se complaisait en elle, et j'admirais mon vœu
De fuir l'amour, le vin, les querelles, le jeu :
Je joue et je perds tout ; certaine Aubert maudite[ee]
M'enlace en ses filets par sa mine hypocrite ;
Je bois, on m'assassine : en tout point confondu,
Je paie encor l'amende ayant été battu.
Un bavard d'avocat, dans cette conjoncture,
Veut me persuader que j'ai pris sa future,
Et me vient menacer d'un procès criminel.

Garant peut me tirer de cet état cruel;
Garant ne paraît point, il me laisse; il emporte
Jusqu'aux clefs de ma chambre, et je reste à la porte,
N'osant, dans mes terreurs, ni fuir ni demeurer.
O sagesse! à quel sort as-tu pu me livrer!
Voilà donc le beau fruit d'une étude profonde!
Ah! si j'avais appris à connaître le monde,
Je ne me verrais pas au point où je me voi :
Mon libertin de frère est plus sage que moi.

SCÈNE VI.

GOURVILLE L'AÎNÉ, PICARD.

GOURVILLE L'AÎNÉ.

Qui frappe à coups pressés? quel bruit! quel tintamarre!
Que fait-on donc là-bas? est-ce une autre bagarre?
Est-ce madame Aubert qui me vient harceler,
Pour mille écus comptant qu'on m'a fait stipuler?

PICARD, *accourant*.

Ah! cachez-vous.

GOURVILLE L'AÎNÉ.

Quoi donc?

PICARD.

Une mère affligée
Qui vient redemander une fille outragée...

GOURVILLE L'AÎNÉ.

Madame Aubert la mère?

PICARD.

Un mari pris de vin

ACTE III, SCÈNE VI.

Qui prétend boire ici du soir jusqu'au matin...

GOURVILLE L'AÎNÉ.

Monsieur Aubert lui-même?

PICARD.

Et qui veut qu'on lui rende
Sa belle et chère enfant que sa femme demande:
Tout retentit des cris de la dame en fureur;
Ses regards seulement m'ont fait trembler de peur;
Et pour son premier mot elle m'a fait entendre
Quelle venait céans pour nous faire tous pendre.

GOURVILLE L'AÎNÉ.

Ah! cela me manquait.

PICARD.

Quelques bonnets carrés,
Pour y mieux parvenir, sont avec elle entrés:
Déja l'on verbalise.

GOURVILLE L'AÎNÉ.

Eh bien, que faut-il faire?
Où fuir? où me fourrer?

PICARD.

Venez, j'ai votre affaire;
Je m'en vais vous tapir au fond du galetas.

GOURVILLE L'AÎNÉ.

Ah! j'y cours me jeter de la fenêtre en bas.

PICARD.

Oui, oui, dépêchez-vous.

GOURVILLE L'AÎNÉ.

Allons, si j'en réchappe,
Sera bien fin, je crois, qui jamais m'y rattrape.

Monsieur, madame Aubert, et tous leurs grands doc-
Ces dévots du quartier et ces prédicateurs,   [teurs,
Ne tourmenteront plus ma simple bonhomie;
Je renonce à jamais à la théologie:
Je vois que j'en étais sottement entiché,
Et j'aurais moins mal fait d'être un franc débauché.

FIN DU TROISIÈME ACTE.

ACTE QUATRIÈME.

SCÈNE I.

LE JEUNE GOURVILLE, LISETTE.

LE JEUNE GOURVILLE.
J'y songe, j'y resonge, et tout cela, Lisette,
Me paraît impossible.

LISETTE.
Oui, mais la chose est faite.

LE JEUNE GOURVILLE.
N'importe, mon enfant, qu'elle soit faite ou non,
Ta maîtresse à ce point ne perd pas la raison.

LISETTE.
Bon! je la perds bien moi, monsieur, moi qui raisonne,
Pour ce petit Picard.

LE JEUNE GOURVILLE.
Picard passe, ma bonne;
Mais pour Garant, l'objet de son aversion,
Un fat, un plat bourgeois, un ennuyeux fripon...

LISETTE.
Ah! la femme est si faible!

LE JEUNE GOURVILLE.
Il est très vrai, ma reine,
Vous passez volontiers de l'amour à la haine;
Des exemples frappans le montrent chaque jour;

Mais vous ne passez point du mépris à l'amour.
LISETTE.
Tout ce qu'il vous plaira; mais j'ai quelques lumières;
J'en sais autant que vous sur ces grandes matières:
Un abbé, grand ami de madame Ninon,
Qui, dans mon jeune temps, fréquentait la maison,
Et qui même, entre nous, eut du goût pour Lisette,
Me disait que la femme est comme la girouette;
Quand elle est neuve encore, à toute heure on l'entend,
Elle brille aux regards, elle tourne à tout vent;
Elle se fixe enfin quand le temps l'a rouillée.
LE JEUNE GOURVILLE.
De ta comparaison j'ai l'ame émerveillée;
Fixe-toi pour Picard, rouille-toi, mon enfant:
Ninon n'en fera rien pour notre ami Garant.
LISETTE.
La chose est pourtant sûre.
LE JEUNE GOURVILLE.
Ouais! Ninon marguillière!
LISETTE
Croyez-le.
LE JEUNE GOURVILLE.
Je le crois, et je ne le crois guère;
Mais on voit des marchés non moins extravagans,
Et Paris est rempli de ces événemens.
Aujourd'hui l'on en rit, demain on les oublie:
Tout passe et tout renaît; chaque jour sa folie.
Mais quel train, quel fracas, quel trouble elle verra
Dans sa propre maison lorsqu'elle y reviendra!
Comment sauver Agnant, cette fille si chère?

Que ferons-nous ici de mon benêt de frère,
De l'avocat Placet, et de madame Agnant?

LISETTE.

Ils ont déja cherché dans chaque appartement,
Ils n'ont pu déterrer la petite Sophie.

LE JEUNE GOURVILLE.

Au fond je suis fâché que mon espièglerie
Ait à mon frère aîné causé tant de tourment;
Mais il faut bien un peu décrasser un pédant :
Ce sont là des leçons pour un grand philosophe.

LISETTE.

Oui, mais madame Agnant paraît d'une autre étoffe;
Elle est à craindre ici.

LE JEUNE GOURVILLE.

    Bon! tout s'apaisera;
Car enfin tout s'apaise : un quartaut suffira
Pour faire oublier tout au bon homme de père;
Et plus en ce moment sa femme est en colère,
Plus nous verrons bientôt s'adoucir son humeur.

SCENE II.

GOURVILLE L'AÎNÉ, *poursuivi par* Mme AGNANT;
M. AGNANT, L'AVOCAT PLACET, LE JEUNE
GOURVILLE, LISETTE, PICARD.

GOURVILLE L'AÎNÉ, *courant.*

Au secours!

Mme AGNANT, *courant après lui.*

Au méchant!

M. AGNANT, *courant après Mme Agnant.*
Qu'on l'arrête !
L'AVOCAT PLACET, *courant après M. Agnant.*
Au voleur !
(Ils font le tour du théâtre en poursuivant Gourville l'aîné.)
GOURVILLE L'AÎNÉ.
Ah ! j'ai le nez cassé !
Mme AGNANT.
Je suis morte !
M. AGNANT.
Ah ! ma femme,
Es-tu morte en effet ?
Mme AGNANT.
(à Gourville l'aîné.)
Non... Séducteur infame,
Tu m'enlèves ma fille, impudent loup-garou,
Et de la mère encor tu viens casser le cou !
GOURVILLE L'AÎNÉ.
Eh, madame, pardon !
Mme AGNANT.
Détestable hypocrite !
L'AVOCAT PLACET.
Race de débauchés !
Mme AGNANT.
Cœur faux ! plume maudite !
Tu me rendras ma fille, ou je t'étranglerai.
GOURVILLE L'AÎNÉ.
Hélas ! je la rendrai sitôt que je l'aurai.
Mme AGNANT.
(au jeune Gourville.)
Tu m'insultes encore... Et toi qui fus si sage,

ACTE IV, SCÈNE II.

Parle, as-tu pu souffrir un pareil brigandage?
LE JEUNE GOURVILLE.
Madame, calmez-vous... Monsieur, écoutez-moi.
M. AGNANT.
Volontiers : tu parais un très bon vivant, toi;
Je t'ai toujours aimé.
LE JEUNE GOURVILLE.
     Rassurez-vous, mon frère;
Vous, monsieur l'avocat, éclaircissons l'affaire;
Entendons-nous.
M. AGNANT.
    Parbleu, l'on ne peut mieux parler;
Il faut toujours s'entendre, et non se quereller.
LE JEUNE GOURVILLE.
Picard, apportez-nous ici sur cette table
De ce bon vin muscat.
M. AGNANT.
     Il est fort agréable;
J'en boirai volontiers, en ayant bu déja :
Asseyons-nous, ma femme, et pesons tout cela.
(Il s'assied auprès de la table.)
Mme AGNANT.
Je n'ai rien à peser; il faut que l'on commence
Par me rendre ma fille.
L'AVOCAT PLACET.
    Oui, c'est la conséquence.
(Ils se rangent autour de M. Agnant, qui reste assis.)
GOURVILLE L'AÎNÉ.
Reprenez-la partout où vous la trouverez,
Et que d'elle et de vous nous soyons délivrés.

LE DÉPOSITAIRE,

Mme AGNANT.

Eh bien! vous le voyez, encore il m'injurie,
L'effronté dissolu!

LE JEUNE GOURVILLE, *à part, à son frère.*

Mon frère, je vous prie,
Gardons-nous de heurter ses préjugés de front.

GOURVILLE L'AÎNÉ.

Non, je n'y puis tenir; tout ceci me confond.

LE JEUNE GOURVILLE, *prenant Mme Agnant à part.*

Madame, vous savez combien je suis sincère.

M. AGNANT.

Il n'est point frelaté.

LE JEUNE GOURVILLE.

Je ne saurais vous taire
Que depuis quelque temps mon cher frère en effet
Eut avec votre fille un commerce secret.

GOURVILLE L'AÎNÉ.

Ça n'est pas vrai.

LE JEUNE GOURVILLE, *à son frère.*

Paix donc; c'est un commerce honnête,
Pur, moral, instructif, pour bien régler sa tête,
Pour éloigner son cœur d'un monde décevant,
Et pour la disposer à se mettre en couvent.

M. AGNANT.

Mettre en couvent ma fille! oh, le plaisant visage!

Mme AGNANT.

C'est un impertinent.

GOURVILLE L'AÎNÉ.

Je vous dis...

ACTE IV, SCÈNE II.

LE JEUNE GOURVILLE, *fesant signe à son frère.*
Chut !
GOURVILLE L'AÎNÉ.
J'enrage !
L'AVOCAT PLACET.
Cette excuse louable est d'un cœur fraternel ;
Mais, monsieur, votre aîné n'est pas moins criminel.
Tenez, monsieur, voilà ses missives infames,
Et ses instructions pour diriger les ames.
(Il tire des lettres de dessous sa robe.)
LE JEUNE GOURVILLE, *prenant les lettres.*
Prêtez-moi.
L'AVOCAT PLACET.
Les voilà.
LE JEUNE GOURVILLE.
D'un esprit attentif
J'en veux voir la teneur et le dispositif.
L'AVOCAT PLACET.
Mais il faut me les rendre.
LE JEUNE GOURVILLE.
Oui, mais je dois vous dire
Qu'avant de vous les rendre il me faudra les lire.
(Il met les lettres dans sa poche ; madame Agnant se jette dessus
et en prend une.)
GOURVILLE L'AÎNÉ.
Allez, ces lettres sont d'un faussaire.
Mme AGNANT, *à Gourville l'aîné.*
Fripon,
Nieras-tu tes écrits ? tiens, voici tout du long
Tes beaux enseignemens dont ma fille se coiffe ;
Les voici.

L'AVOCAT PLACET.

Nous devons les déposer au greffe.

Mme AGNANT, *prenant des lunettes.*

Écoute... « La vertu que je veux vous montrer
« Doit plaire à votre cœur, l'échauffer, l'éclairer.
« Votre vertu m'enchante, et la mienne me guide... »
Ah! je te donnerai de la vertu, perfide!

GOURVILLE L'AÎNÉ.

Je n'ai jamais écrit ces sottises.

LE JEUNE GOURVILLE, *versant à boire à M. Agnant.*

Voisin?

M. AGNANT.

De la vertu!

LE JEUNE GOURVILLE.

Voyons celle de ce bon vin.
(à madame Agnant.)
Madame, goûtez-en.

Mme AGNANT, *ayant bu.*

Peste! il est admirable!

LE JEUNE GOURVILLE, *à M. Agnant.*

Vous en aurez ce soir, mon cher, sur votre table;
On vous porte un quartaut dont vous serez content.

M. AGNANT.

Non, je n'ai jamais vu de plus honnête enfant.

LE JEUNE GOURVILLE, *à l'avocat Placet.*

Et vous?

L'AVOCAT PLACET *boit un coup.*

Il est fort bon; mais vous ne pouvez croire
Qu'en l'état où je suis je vienne ici pour boire.

ACTE IV, SCÈNE II.

LE JEUNE GOURVILLE *en présente à son frère.*

Vous, mon frère?

GOURVILLE L'AÎNÉ.

Ah! cessez vos ébats ennuyeux;
Plus vous paraissez gai, plus je suis sérieux;
Après tant de chagrins et de tracasserie,
C'est une cruauté que la plaisanterie;
Dans ce jour de malheur tout le quartier, je croi,
S'était donné le mot pour se moquer de moi.
(à madame Agnant.)
Ma voisine, à la fin, vous voilà bien instruite
Que si votre Sophie est par malheur en fuite,
Ce n'était pas pour moi qu'elle a fait ce beau tour;
Ni vos yeux ni les siens ne m'ont donné d'amour.

Mme AGNANT.

Mes yeux, méchant!

GOURVILLE L'AÎNÉ.

Vos yeux. C'est une calomnie,
Un mensonge effroyable inventé par l'envie.
Vous en rapportez-vous au bon monsieur Garant?
Nous l'attendons ici de moment en moment :
Il connaît assez bien quelle est mon écriture;
Et dans sa poche même il a ma signature;
Il a jusqu'à la clef de mon appartement,
Où lui-même a laissé tout mon argent comptant :
Il me rendra justice.

Mme AGNANT.

Oh! c'est un honnête homme.

L'AVOCAT PLACET.

Un grand homme de bien.

LE JEUNE GOURVILLE.

Chacun ainsi le nomme.

Mme AGNANT.

Un homme franc, tout rond.

M. AGNANT.

L'oracle du quartier.

LE JEUNE GOURVILLE.

Madame, entre nous tous, je veux vous confier
Quelle est à ce sujet ma pensée.

M. AGNANT, *en buvant, et le regardant ensuite fixement.*

Oui, confie.

LE JEUNE GOURVILLE.

Je crois que c'est chez lui que la belle Sophie
A couru se cacher pour fuir votre courroux,
Et pour qu'il la remît en grace auprès de vous :
Dans toute la paroisse il prend soin des affaires,
Très charitablement, des filles et des mères.

Mme AGNANT.

Vraiment, l'avis est bon.

LE JEUNE GOURVILLE.

Mademoiselle Agnant
A du cœur; elle pense, et n'est plus une enfant;
Vous l'avez souffletée, elle s'en est sentie
Un peu trop vivement, et puis elle est partie.

M. AGNANT, *toujours assis, et le verre à la main.*

C'est votre faute aussi, ma femme; et franchement
Vous deviez avec elle agir moins durement:
Vous avez la main prompte, et vous êtes la cause
De tout notre malheur.

ACTE IV, SCÈNE II.

LE JEUNE GOURVILLE.

Mon Dieu, c'est peu de chose.
Allez, tout ira bien... J'entends monsieur Garant;
Il revient; parlez-lui, mon frère, et promptement:
Sur tous les marguilliers on sait votre influence;
Déployez avec lui votre rare éloquence.

GOURVILLE L'AÎNÉ.

Que lui dire?

LE JEUNE GOURVILLE.

Vous seul pouvez persuader.

GOURVILLE L'AÎNÉ.

Persuader! et quoi?

LE JEUNE GOURVILLE.

Tout va s'accommoder.

GOURVILLE L'AÎNÉ.

Comment?

LE JEUNE GOURVILLE.

Vous seul pouvez manier cette affaire,
Vous seul rendrez Sophie à sa charmante mère.

GOURVILLE L'AÎNÉ.

Moi?

Mme AGNANT.

Va, si tu la rends, je te pardonne tout.

GOURVILLE L'AÎNÉ.

Je n'entends rien...

LE JEUNE GOURVILLE.

D'un mot vous en viendrez à bout.

GOURVILLE L'AÎNÉ.

Allons donc.

(Il sort.)

LE JEUNE GOURVILLE.
Vous mettrez la paix dans le ménage.
M. AGNANT, *montrant le jeune Gourville.*
Ma femme, ce jeune homme est un esprit bien sage.

SCÈNE III.

LES PRÉCÉDENS; LE JEUNE GOURVILLE, *prenant par la main* M. ET Mme AGNANT, *et se mettant entre eux.*

LE JEUNE GOURVILLE.
Puisqu'il n'est plus ici, je puis avec candeur,
Madame, en liberté vous ouvrir tout mon cœur.
J'ai traité devant lui cette importante affaire
Comme peu dangereuse, et j'excusais mon frère;
Mais je dois avec vous faire réflexion
Que nous hasardons tous la réputation
D'une fille nubile, et sous vos yeux instruite,
Au chemin de l'honneur par vos leçons conduite :
Ce chemin de l'honneur est tout-à-fait glissant;
Ceci fera du bruit, le monde est médisant.
Mme AGNANT.
Et c'est ce que je crains.
LE JEUNE GOURVILLE.
       Une fille enlevée,
Avec procès verbal chez un homme trouvée :
Vous sentez bien, madame, et vous comprenez bien
Que de tout le Marais ce sera l'entretien,
Qu'il en faut prévenir la triste conséquence.

M. AGNANT.

Par ma foi ce jeune homme est rempli de prudence.

LE JEUNE GOURVILLE.

J'ai fort à cœur aussi, dans ce fâcheux éclat,
Le propre honneur lésé de monsieur l'avocat.
Que pensera tout l'ordre en voyant un confrère
Qui prend, sans respecter son grave caractère,
Une fille à ses yeux enlevée aujourd'hui,
Dont un autre est aimé.. Fi! j'en rougis pour lui.

L'AVOCAT PLACET.

Mais, monsieur, c'est moi seul que cette affaire touche:
On me donne une dot qui doit fermer la bouche
Aux malins envieux, prêts à tout censurer;
Dix mille écus comptant sont à considérer.

M. AGNANT, *toujours bien fixe et l'air un peu hébété d'un buveur honnête, mais non pas d'un vilain ivrogne de comédie à hoquets.*

Vous avez de gros biens?

L'AVOCAT PLACET.

                    Oui, j'ai mon éloquence,
Mon étude, ma voix, les plaideurs, l'audience.

LE JEUNE GOURVILLE.

Madame, je vous plains : j'avoue ingénument
Qu'on devait respecter un tel engagement.
Mon frère a fait sans doute une grande sottise
D'enlever la future à ce futur promise ;
Il n'en peut résulter qu'une triste union,
Pleine de jalousie et de dissension,
Les deux futurs ensemble à peine pourraient vivre,

LE DÉPOSITAIRE,

MME AGNANT.

J'en ai peur en effet.

M. AGNANT.

Il parle comme un livre,
Il a toujours raison.

LE JEUNE GOURVILLE.

Par un destin fatal
Vous voyez que mon frère a seul fait tout le mal ;
C'est votre propre sang, c'est l'honneur qu'il vous ôte :
Madame, c'est à moi de réparer sa faute ;
Pour Sophie, il est vrai, je n'eus aucun désir,
Mais je l'épouserai pour vous faire plaisir.

M. AGNANT.

Parbleu, je le voudrais.

L'AVOCAT PLACET.

Moi, non.

MME AGNANT.

Quelle folie !
Tu n'as rien ; un cadet de Basse-Normandie
Est plus riche que toi.

LE JEUNE GOURVILLE.

D'aujourd'hui seulement
Notre belle Ninon m'a fait voir clairement
Que j'ai cent mille francs que m'a laissés mon père ;
Monsieur Garant lui-même en est dépositaire.

MME AGNANT.

Cent mille francs ! grand Dieu !

M. AGNANT.

Ma foi, j'en suis charmé

ACTE IV, SCÈNE III.

LE JEUNE GOURVILLE.

De Sophie, il est vrai, je ne suis point aimé;
Mais je suis à sa mère attaché pour ma vie,
Et ce n'est que pour vous que je me sacrifie.

Mme AGNANT.

Et la somme, mon fils, est chez monsieur Garant?

LE JEUNE GOURVILLE.

Sans doute; il en convient.

L'AVOCAT PLACET.

     J'en doute fortement.

Mme AGNANT, *à M. Agnant.*

Cent mille francs, mon cher!

M. AGNANT.

     Cent mille francs, ma femme!
Ah! ça me plaît.

Mme AGNANT.

    Ça va jusqu'au fond de mon ame.
Cent mille francs, mon fils!

LE JEUNE GOURVILLE.

     J'ai quelque chose avec.

M. AGNANT.

Il est plein de mérite, et d'ailleurs il boit sec.

L'AVOCAT PLACET.

Mais songez s'il vous plaît...

M. AGNANT.

     Tais-toi; je vais le prendre
Dès ce même moment à ton nez pour mon gendre.

L'AVOCAT PLACET.

Comment, madame, après des articles conclus,
Stipulés par vous-même!

Mme AGNANT.
Ils ne le seront plus.
(Elle le pousse.)
Cent mille francs... Allez.

M. AGNANT, *le poussant d'un autre côté.*
Dénichez au plus vite.

Mme AGNANT, *lui fesant faire la pirouette à droite.*
Allez plaider ailleurs.

M. AGNANT, *lui fesant faire la pirouette à gauche.*
Cherchez un autre gîte.
Cent mille francs !

L'AVOCAT PLACET.
Je vais vous faire assigner tous.

LE JEUNE GOURVILLE, *en le retournant.*
N'y manquez pas.

M. AGNANT.
Bonsoir.

Mme AGNANT.
Allons, arrangeons-nous.
(L'avocat Placet sort.)

SCÈNE IV.

LE JEUNE GOURVILLE, M. AGNANT, Mme AGNANT.

M. AGNANT.
Mais que n'as-tu plus tôt expliqué ton affaire?
Pourquoi de ta fortune as-tu fait un mystère?

LE JEUNE GOURVILLE.
Ce n'est que d'aujourd'hui que j'en suis assuré.

Monsieur Garant m'a dit que ce dépôt sacré
Était entre ses mains.

M. AGNANT.

C'est comme dans les tiennes.

Mme AGNANT.

Tout de même : et ma fille ? afin que tu la tiennes,
Il faut que je la trouve.

LE JEUNE GOURVILLE.

Oh ! l'on vous la rendra.

M. AGNANT.

Elle ne revient point, donc elle reviendra.

LE JEUNE GOURVILLE.

Mais ne lui donnez plus de soufflets, je vous prie ;
Cela cabre un esprit.

M. AGNANT.

Ça peut l'avoir aigrie.

Mme AGNANT.

Ça n'arrivera plus... C'est chez l'ami Garant
Que tu la crois cachée ?

LE JEUNE GOURVILLE.

Oui très certainement,
Et je vais de ce pas tout préparer, ma mère,
Pour remettre en vos bras une fille si chère.

(Il fait un pas pour sortir.)

Mme AGNANT, *l'embrassant.*

Il faut que je t'embrasse.

M. AGNANT.

Oui, j'en veux faire autant.

Mme AGNANT.

Reviens bien vite au moins.

LE JEUNE GOURVILLE.

Je revole à l'instant.

Mme AGNANT, *l'arrêtant encore.*

Écoute encore un peu, mon cher ami, mon gendre ;
En famille avec toi quels plaisirs je vais prendre !
Je ne puis te quitter... va, mon fils... sois certain
Que ma fille est ta femme.

LE JEUNE GOURVILLE.

Oui, tel fut mon dessein.

Mme AGNANT.

Tu réponds d'elle !

LE JEUNE GOURVILLE, *en s'en allant.*

Oh ! oui, tout comme de moi-même.

Mme AGNANT.

Quel bon ami j'ai là ! mon Dieu, comme je l'aime !

SCÈNE V.

M. AGNANT, Mme AGNANT.

M. AGNANT.

Par ma foi, notre gendre est un charmant garçon.

Mme AGNANT.

Oh ! c'est bien élevé. La voisine Ninon
Vous a formé cela ; c'est une dégourdie
Qui sait bien mieux que nous ce que c'est que la vie,
Un grand esprit.

M. AGNANT.

Ah, ah !

Mme AGNANT.

Je voudrais l'égaler ;

Mais sitôt qu'elle parle on n'ose plus parler.

M. AGNANT.

On dit qu'elle entend tout, et même les affaires;
Une bonne caboche!

MME AGNANT.

On dit que les deux frères
Lui doivent ce qu'ils sont: comment? cent mille francs!
L'avocat n'aurait pu les gagner en trente ans;
Ce n'est rien qu'un bavard.

M. AGNANT.

Un pédant imbécille,
Fait pour rincer au plus les verres de Gourville.

SCÈNE VI.

M. AGNANT, MME AGNANT, M. GARANT.

MME AGNANT.

Eh bien, monsieur Garant, enfin tout est conclu.

M. GARANT.

Oui, ma chère voisine, et le ciel l'a voulu.

MME AGNANT.

Quel bonheur!

M. GARANT.

Il est vrai qu'on a sur sa conduite
Glosé bien fortement; mais l'hymen par la suite
Vous passe un beau vernis sur ces péchés mignons.

MME AGNANT.

L'escapade, monsieur, que nous lui reprochons
Ne peut se mettre au rang des fautes criminelles.

M. GARANT.

La réputation revient d'ailleurs aux belles
Ainsi que les cheveux : et puis considérons
Qu'elle a bien du crédit, des amis, des patrons,
Et qu'outre sa richesse à tous les deux commune,
Elle pourra me faire une grande fortune.

MME AGNANT.

Une fortune, à vous!

M. AGNANT.

    Je suis tout interdit.
Ma fille, de grands biens, des patrons, du crédit!
Quels discours!

MME AGNANT.

    Il est vrai qu'elle est assez gentille;
Mais du crédit!

M. GARANT.

    Qui parle ici de votre fille?

MME AGNANT.

De qui donc parlez-vous?

M. GARANT.

    De la belle Ninon
Que j'épouse ce soir, ici, dans sa maison;
Je vous prie à la noce, et vous devez en être.

MME AGNANT.

Comment! vous épousez notre Ninon?

M. AGNANT.

      Mon maître,
Est-il bien vrai?

M. GARANT.

Très vrai.

ACTE IV, SCÈNE VI.

M. AGNANT.

J'en suis parbleu touché.
Vous ne pourriez jamais faire un meilleur marché.

Mme AGNANT.

Et moi je vous disais que je donne Sophie
A mon petit Gourville, et qu'elle s'est blottie
Chez vous, en votre absence, et qu'elle en va sortir
Pour serrer ces doux nœuds que je viens d'assortir,
Et qu'il nous faut donner, pour aider leur tendresse,
Cent mille francs comptant que vous avez en caisse.

M. AGNANT.

Oui, tant qu'il vous plaira, mariez-vous ici;
Mais parbleu permettez qu'on se marie aussi.

M. GARANT.

Rêvez-vous, mes voisins? et ce petit délire
Vous prend-il quelquefois? qui diable a pu vous dire
Que Sophie est chez moi, que Gourville aujourd'hui
Aura cent mille francs, qui sont tout prêts pour lui?

Mme AGNANT.

Je le tiens de sa bouche.

M. AGNANT.

Il nous l'a dit lui-même.

M. GARANT.

De ce jeune étourdi la folie est extrême;
Il séduit tour à tour les filles du Marais;
Il leur fait des sermens d'épouser leurs attraits;
Et pour les mieux tromper, il fait accroire aux mères
Qu'il a cent mille francs placés dans mes affaires.
Il n'en est pas un mot, et je ne lui dois rien.

Monsieur son frère et lui sont tous les deux sans bien,
Et tous deux au logis cesseront de paraître
Dès le premier moment que j'en serai le maître.

MME AGNANT.

Vous n'avez pas à lui le moindre argent comptant?

M. GARANT.

Pas un denier.

MME AGNANT.

Mon Dieu, le méchant garnement!

M. AGNANT, *en buvant un coup.*

C'est dommage.

MME AGNANT.

Ma fille, à mes bras enlevée,
Après dîné chez vous ne s'était pas sauvée?

M. GARANT.

Il n'en est pas un mot.

MME AGNANT.

Les deux frères, je voi,
D'accord pour m'outrager, s'entendent contre moi.

M. AGNANT.

Les fripons que voilà!

M. GARANT.

Toujours de ces deux frères
J'ai craint, je l'avouerai, les méchans caractères.

MME AGNANT.

Tous deux m'ont pris ma fille! ah! j'en aurai raison;
Et je mettrai plutôt le feu dans la maison.

M. GARANT.

La maison m'appartient; gardez-vous-en, ma bonne.

ACTE IV, SCÈNE VI.

MME AGNANT.

Quoi donc! pour épouser nous n'aurons plus personne?
Allons, courons bien vite après notre avocat;
Il vaudra mieux que rien.

M. AGNANT, *avec le geste d'un homme ivre.*

Ma femme, il est bien plat.

FIN DU QUATRIÈME ACTE.

ACTE CINQUIÈME.

SCÈNE I.

NINON, LISETTE.

LISETTE.

Ah, madame, quel train ! quel bruit dans votre absence !
Quel tumulte effroyable, et quelle extravagance !

NINON.

Je sais ce qu'on a fait; je prétends calmer tout,
Et j'ai pris les devans pour en venir à bout.

LISETTE.

Madame, contre moi ne soyez point fâchée
Que la petite Agnant se soit ici cachée ;
Hélas ! j'en aurais fait de bon cœur tout autant
Si j'avais eu pour mère une madame Agnant :
Comment ! battre sa fille ! ah, c'est une infamie !

NINON.

Oui, ce trait ne sent pas la bonne compagnie :
Notre pauvre Gourville en est encore ému.

LISETTE.

Il l'adore en effet.

NINON.

Lisette, que veux-tu !
Il faut pour la jeunesse être un peu complaisante.

ACTE V, SCÈNE I.

Ninon aurait grand tort de faire la méchante.
La jeune Agnant me touche.

LISETTE.

A peine je conçois
Comment nos plats voisins, avec leur air bourgeois,
Ont trouvé le secret de nous faire une fille
Si pleine d'agrémens, si douce, si gentille.

NINON.

Dès la première fois son maintien me surprit,
Sa grace me charma, j'aimai son tour d'esprit.
Des femmes quelquefois assez extravagantes,
Ayant de sots maris, font des filles charmantes.
Il fallut bien souffrir de ses très sots parens
La visite importune et les plats complimens;
Sa mère m'excéda par droit de voisinage :
Sa fille était toute autre; elle obtint mon suffrage.
Elle aura quelque bien : Gourville, en l'épousant,
N'est point forcé de vivre avec madame Agnant;
On respecte beaucoup sa chère belle-mère,
On la voit rarement, encor moins le beau-père.
Je me trompe, ou Sophie est bonne par le cœur;
Point de coquetterie, elle aime avec candeur.
Je veux aux deux amans faire des avantages.

LISETTE.

Vous allez donc ce soir bâcler trois mariages;
Celui de ces enfans, le vôtre, et puis le mien.
Madame, en un seul jour, c'est faire assez de bien :
Il faudrait tout d'un temps, dans votre zèle extrême,
Pour notre aîné Gourville en faire un quatrième;
Le mariage forme et dégourdit les gens.

NINON.

Il en a grand besoin : tout vient avec le temps.
Dans la rage qu'il eut d'être trop raisonnable,
Il ne lui manqua rien que d'être supportable;
Mais les fortes leçons qu'il vient de recevoir
Sur cet esprit flexible ont eu quelque pouvoir :
Pour toi ton tour approche, et ton affaire est prête.
Mon cher ami Garant s'était mis dans la tête
De t'engager, Lisette, à me parler pour lui :
Il t'a promis beaucoup, est-il vrai ?

LISETTE.
Madame, oui.

NINON.

Un peu de différence est entre sa personne
Et la mienne peut-être, il promet et je donne :
Prends cinquante louis pour subvenir aux frais
De ton nouveau ménage.

SCÈNE II.

NINON, LISETTE, PICARD.

LISETTE.
Ah, Picard, quels bienfaits!
(en montrant la bourse.)
Vois-tu cela ?

PICARD.
Madame, il faut d'abord vous dire
Que mon bonheur est grand... et que je ne désire
Rien plus... sinon qu'il dure... et que Lisette et moi
Nous sommes obligés... Mais aide-moi donc, toi;
Je ne sais point parler.

ACTE V, SCÈNE II.

NINON.

J'aime ton éloquence,
Picard, et je me plais à ta reconnaissance.

PICARD.

Ah, madame ! à vos pieds ici nous devons tous...

NINON.

Nous devons rendre heureux quiconque est près de nous.
Pour ceux qui sont trop loin, ce n'est pas notre affaire.
Çà, notre ami Picard, il faut ne me rien taire
De ce qu'on fait chez moi tandis qu'en liberté
J'ai choisi, loin du bruit, cet endroit écarté.

PICARD.

D'abord un homme noir raisonne et gesticule
Avec monsieur Garant; et les mots de scrupule,
De probité, d'honneur, de raison, de devoirs,
M'ont saisi de respect pour ces deux manteaux noirs.
L'un dicte, l'autre écrit, disant qu'il instrumente
Pour le faire bien riche, et vous rendre contente,
Et qu'il fait un contrat.

NINON.

Oui, c'est l'intention
De ce monsieur Garant si plein d'affection.

PICARD.

C'est un digne homme !

NINON.

Oh, oui... Mais dis-moi, je te prie,
Que fait madame Agnant ?

PICARD.

Mais, madame, elle crie,
Elle gronde vos gens, messieurs Gourville, et moi,

Son mari, tout le monde, et dit qu'on est sans foi;
Et dit qu'on l'a trompée, et que sa fille est prise;
Et dit qu'il faudra bien que quelqu'un l'indemnise :
Et puis elle s'apaise et convient qu'elle a tort,
Puis dit qu'elle a raison, et crie encor plus fort.

NINON.

Et monsieur son époux?

PICARD.

En véritable sage,
Il voit sans sourciller tout ce remu-ménage,
Et, pour fuir les chagrins qui pourraient l'occuper,
Il s'amusait à boire, attendant le souper.

NINON.

Que fait notre Gourville?

PICARD.

En son humeur plaisante,
Il les amuse tous, et boit, et rit, et chante.

NINON.

Et l'autre frère?

PICARD.

Il pleure.

NINON.

Ah! j'aime à voir les gens
Dans leur vrai caractère à nos yeux se montrans.
Monsieur le marguillier est bien le seul peut-être
Qui voudrait dans le fond qu'on pût le méconnaître;
Malgré sa modestie on le découvre assez...
Ah! voici notre aîné qui vient les yeux baissés.

SCÈNE III.

NINON, GOURVILLE L'AÎNÉ, LISETTE, PICARD.

GOURVILLE L'AÎNÉ, *vêtu plus régulièrement, mieux coiffé, et l'air plus honnête.*

Vous me voyez, madame, après d'étranges crises,
Bien sot et bien confus de toutes mes bêtises :
Je ne mérite pas votre excès de bonté,
Dont, tout en plaisantant, mon frère m'a flatté.
Hélas! j'avais voulu, dans ma mélancolie,
Et dans les visions de ma sombre folie,
Me séparer de vous, et donner la maison
Que vos propres bienfaits ont mise sous mon nom.

NINON.

Tout est raccommodé. J'avais pris mes mesures,
Tout va bien.

GOURVILLE L'AÎNÉ.

Vous pourriez pardonner tant d'injures !
J'étais coupable et sot.

NINON.

Ah ! vos yeux sont ouverts ;
Vous démêlez enfin ces esprits de travers,
Ces cagots insolens, ces sombres rigoristes,
Qui pensent être bons quand ils ne sont que tristes,
Et ces autres fripons, n'ayant ni feu ni lieu,
Qui volent dans la poche en vous parlant de Dieu ;
Ces escrocs recueillis, et leurs plates bigotes
Sans foi, sans probité, plus méchantes que sottes.

Allez, les gens du monde ont cent fois plus de sens,
D'honneur et de vertu, comme plus d'agrémens.
####### GOURVILLE L'AÎNÉ.
Vous en êtes la preuve.
####### NINON.
Ainsi la politesse
Déja dans votre esprit succède à la rudesse;
Je vous vois dans le train de la conversion:
Vous deviendrez aimable, et j'en suis caution.
Mais comment trouvez-vous ce grave personnage
Que mon bizarre sort me donne en mariage?
####### GOURVILLE L'AÎNÉ.
Il ne m'appartient plus d'avoir un sentiment;
Tout ce que vous ferez sera fait prudemment.
####### NINON.
Blâmeriez-vous tout bas une union si chère?
####### GOURVILLE L'AÎNÉ.
Je n'ose plus blâmer; mais quand je considère
Que pour nous séparer, pour m'entraîner ailleurs,
Il vous a peinte à moi des plus noires couleurs,
Qu'il voulait vous chasser de votre maison même...
####### NINON.
Oh! c'était par vertu; dans le fond Garant m'aime,
Il ne veut que mon bien : c'est un homme excellent:
Mais ne lui donnez plus la clef de votre argent;
Et surtout gardez-vous un peu de ses cousines.
####### GOURVILLE L'AÎNÉ.
Ah! que ces prudes-là sont de grandes coquines!
Quel antre de voleurs! et cependant enfin
Vous allez donc, madame, épouser le cousin!

NINON.

Reposez-vous sur moi de ce que je vais faire :
Allez, croyez surtout qu'il était nécessaire
Que j'en agisse ainsi pour sauver votre bien ;
Un seul moment plus tard vous n'aviez jamais rien.

GOURVILLE L'AÎNÉ.

Comment ?

NINON.

Vous apprendrez par des faits admirables
De quoi les marguilliers sont quelquefois capables ;
Vous serez convaincu bientôt, comme je croi,
Que ces hommes de bien sont différens de moi :
Vous y renoncerez pour toute votre vie,
Et vous préférerez la bonne compagnie.

GOURVILLE L'AÎNÉ.

Je ne réplique point. Honteux, désespéré
Des sauvages erreurs dont j'étais enivré,
Je vous fais de mon sort la souveraine arbitre ;
Et dépendant de vous, je veux vivre à ce titre.

SCÈNE IV.

NINON, GOURVILLE L'AÎNÉ, **GOURVILLE**
LE JEUNE, *amenant* M. ET Mme **AGNANT ;**
LISETTE, PICARD.

LE JEUNE GOURVILLE.

Adorable Ninon, daignez tranquilliser
Notre madame Agnant qu'on ne peut apaiser.

M. AGNANT.

Elle a tort.

Mᵐᵉ AGNANT.

Oui, j'ai tort quand ma fille est perdue,
Qu'on ne me la rend point!

LE JEUNE GOURVILLE.

Eh! mon Dieu, je me tue
De vous dire cent fois qu'elle est en sûreté.

Mᵐᵉ AGNANT.

Est-ce donc ce benêt... ou toi, jeune éventé,
Qui m'as pris ma Sophie?

GOURVILLE L'AÎNÉ.

Hélas! soyez très sûre
Que je n'y prétends rien.

LE JEUNE GOURVILLE.

Eh bien, moi, je vous jure
Que j'y prétends beaucoup.

Mᵐᵉ AGNANT.

Va, tu n'es qu'un vaurien,
Un fort mauvais plaisant, sans un écu de bien.
J'avais un avocat dont j'étais fort contente;
Je prétends qu'il revienne et veux qu'il instrumente
Contre toi pour ma fille; et tes cent mille francs
Ne me tromperont pas, mon ami, plus long-temps :
Ni vous non plus, madame.

NINON.

Écoutez-moi, de grace;
Souffrez sans vous fâcher que je vous satisfasse.

Mᵐᵉ AGNANT.

Ah! souffrez que je crie, et quand j'aurai crié,
Je veux crier encore.

ACTE V, SCÈNE IV.

M. AGNANT.

Eh! tais-toi, ma moitié.
Madame Ninon parle; écoutons sans rien dire.

NINON.

Mes bons, mes chers voisins, daignez d'abord m'in-
Si c'est votre intérêt et votre volonté   [struire
De donner votre fille et sa propriété
A mon jeune Gourville, en cas que par mon compte
A cent bons mille francs sa fortune se monte?

M. AGNANT.

Oui parbleu, ma voisine.

NINON.

Eh bien, je vous promets
Qu'il aura cette somme.

MME AGNANT.

Ah! cela va bien... Mais
Pour finir ce marché que de grand cœur j'approuve,
Pour marier Sophie, il faut qu'on la retrouve;
On ne peut rien sans elle.

NINON.

Eh bien! je veux encor
M'engager avec vous à rendre ce trésor.

M. ET MME AGNANT.

Ah!

NINON.

Mais auparavant je me flatte, j'espère
Que vous me laisserez finir ma grande affaire
Avec le vertueux, le bon monsieur Garant.

MME AGNANT.

Oui, passe, et puis la mienne ira pareillement.

PICARD.

Et puis la mienne aussi.

M. AGNANT.

C'est une comédie ;
Personne ne s'entend et chacun se marie.
(à Gourville l'aîné.)
Soupera-t-on bientôt ? Allons, mon grand flandrin,
Il faut que je t'apprenne à te connaître en vin.

GOURVILLE L'AÎNÉ.
(à Ninon.)
J'y suis bien neuf encore... A tout ce grand mystère
Ma présence, madame, est-elle nécessaire ?

NINON.

Vraiment oui ; demeurez : vous verrez avec nous
Ce que monsieur Garant veut bien faire pour vous ;
Et nous aurons besoin de votre signature.

LISETTE.

Je sais signer aussi.

NINON.

Nous allons tout conclure.

M. AGNANT.

Eh bien ! tu vois, ma femme, et je l'avais bien dit,
Que madame Ninon avec son grand esprit
Saurait arranger tout.

Mme AGNANT.

Je ne vois rien paraître.

NINON.

Voilà monsieur Garant ; vous allez tout connaître.

SCÈNE V.

LES PRÉCÉDENS; M. GARANT, *après avoir salué la compagnie, qui se range d'un côté, tandis que M. Garant et Ninon se mettent de l'autre, les domestiques derrière.*

M. GARANT, *serrant la main de Ninon.*
La raison, l'intérêt, le bonheur vous attend.
Voici notre acte en forme et dressé congrûment,
Avec mesure et poids, d'une manière sage,
Selon toutes les lois, la coutume et l'usage.
 (à madame Agnant.) (à M. Agnant.)
Madame, permettez... Un moment, mon voisin.
  NINON.
De mon côté je tiens un charmant parchemin.
  M. GARANT.
Le ciel le bénira; mais, avant d'y souscrire,
A l'écart, s'il vous plaît, mettons-nous pour le lire.
  NINON.
Non, mon cœur est si plein de tous vos tendres soins,
Que je n'en puis avoir ici trop de témoins;
Et même j'ai mandé des amis, gens d'élite,
Qui publieront mon choix et tout votre mérite.
Nous souperons ensemble; ils seront enchantés
De votre prud'homie et de vos loyautés.
Sans doute ce contrat porte en gros caractères
Les deux cent mille francs qui sont pour les deux frères?
  M. GARANT.
J'ignore ce qu'on peut leur devoir en effet,

Et cela n'entre point dans l'état mis au net
Des stipulations entre nous énoncées.
Ce sont, vous le savez, des affaires passées ;
Et nous étions d'accord qu'on n'en parlerait plus.

M. AGNANT.

Comment ?

Mme AGNANT.

A tout moment cent mille francs perdus !
Ma fille aussi ! Sortons de ce franc coupe-gorge,
(montrant le jeune Gourville.)
Où chacun me trompait, où ce traître m'égorge.
(à Gourville l'aîné.)
Et c'est vous, grand nigaud, dont les séductions
M'ont valu mes chagrins, m'ont causé tant d'affronts :
Ma fille paîra cher son énorme sottise.

GOURVILLE L'AÎNÉ.

Vous vous trompez.

LISETTE.

Voici le moment de la crise.

LE JEUNE GOURVILLE, *arrêtant M. et Mme Agnant,*
et les ramenant tous deux par la main.

Mon Dieu, ne sortez point ; restez, mon cher Agnant :
Quoi qu'il puisse arriver, tout finira gaiement.

NINON, *à M. Garant dans un coin du théâtre,*
tandis que le reste des personnages est de l'autre.

Il faut les adoucir par de bonnes paroles.

M. GARANT.

Oui, qui ne disent rien... la... des raisons frivoles,
Qu'on croit valoir beaucoup.

NINON.

Laissez-moi m'expliquer ;

ACTE V, SCÈNE V.

Et si dans mes propos un mot peut vous choquer,
N'en faites pas semblant.

M. GARANT.

Ah! vraiment, je n'ai garde.

MME AGNANT, *à M. Agnant.*

Que disent-ils de nous?

NINON, *à M. Garant.*

Et si je me hasarde
De vous interroger, alors vous répondrez.
Madame, et vous, Gourville, enfin vous apprendrez
Quels sont mes sentimens, et quelles sont mes vues.

MME AGNANT.

Ma foi, jusqu'à présent elles sont peu connues.

NINON, *à Mme Agnant.*

Vous voulez votre fille et de l'argent comptant?

MME AGNANT.

Oui; mais rien ne nous vient.

NINON.

Il faut premièrement
Vous mettre tous au fait... Feu monsieur de Gourville
Me confia ses fils, et je leur fus utile :
Il ne put leur laisser rien par son testament;
Vous en savez la cause.

MME AGNANT.

Oui.

NINON.

Mais, par supplément,
Il voulut faire choix d'un fameux personnage,
Justement honoré dans tout le voisinage,
Et bien recommandé par des gens vertueux

Et ses amis secrets, tous bien d'accord entre eux;
Et cet homme de bien nommé son légataire,
Cet homme honnête et franc, c'est monsieur.

M. GARANT, *fesant la révérence à la compagnie.*

C'est me faire
Mille fois trop d'honneur.

NINON.

C'est à lui qu'on légua
Les deux cent mille francs qu'en hâte il s'appliqua.
Des esprits prévenus eurent la fausse idée
Qu'une somme si forte et par lui possédée
N'était rien qu'un dépôt qu'entre ses mains il tient
Pour le rendre aux enfans auxquels il appartient;
Mais il n'est pas permis, dit-on, qu'ils en jouissent:
C'est un crime effroyable et que les lois punissent.

(à M. Garant.)

N'est-ce pas?

M. GARANT.

Oui, madame.

NINON.

Et ces graves délits,
Comment les nomme-t-on?

M. GARANT.

Des fidéicommis.

NINON.

Et, pour se mettre en règle, il faut qu'un honnête
Jure qu'à son profit il gardera la somme?   [homme

M. GARANT.

Oui, madame.

ACTE V, SCÈNE V.

LE JEUNE GOURVILLE.
Ah! fort bien.
M. AGNANT.
Et monsieur a juré
Qu'il gardera le tout?
M. GARANT.
Oui, je le garderai.
Mme AGNANT, *au jeune Gourville.*
De ta femme, ma foi, voilà la dot payée.
J'enrage. Ah! c'en est trop.
NINON.
Soyez moins effrayée,
Et daignez, s'il vous plaît, m'écouter jusqu'au bout.
GOURVILLE L'AÎNÉ.
Pour moi, de cet argent je n'attends rien du tout;
Et je me sens, madame, indigne d'y prétendre.
LE JEUNE GOURVILLE.
Pour moi, je le prendrais, au moins pour le répandre.
NINON.
Poursuivons... Toujours prêt de me favoriser,
Monsieur, me croyant riche, a voulu m'épouser,
Afin que nous puissions, dans des emplois utiles,
Nous enrichir encor du bien des deux pupilles.
M. GARANT.
Mais il ne fallait pas dire cela.
NINON.
Si fait;
Rien ne saurait ici faire un meilleur effet.
(aux autres personnages.)
Il faut vous dire enfin qu'aussitôt que Gourville

Eut fait son testament, un ami difficile,
Un esprit de travers, eut l'injuste soupçon
Que votre marguillier pourrait être un fripon.

M. GARANT.

Mais vous perdez la tête!

NINON.

Eh! mon Dieu, non, vous dis-je.
Gourville épouvanté dans l'instant se corrige;
Et peut-être trompé, mais sain d'entendement,
Il fait, sans en rien dire, un second testament.
Il m'a fallu courir long-temps chez les notaires
Pour y faire apposer les formes nécessaires,
Payer de certains droits qui m'étaient inconnus :
Et, si j'avais tardé, les miens étaient perdus;
Monsieur gardait l'argent pour son beau mariage.
Tenez, voilà, je pense, un testament fort sage;
Il est en ma faveur; c'est pour moi tout le bien :
J'en ai le cœur percé; monsieur Garant n'a rien.

M. AGNANT.

Quel tour!

Mme AGNANT.

La brave femme!

NINON, *en montrant les deux Gourville.*

Entre eux deux je partage,
Ainsi que je le dois, le petit héritage.
Je souhaite à monsieur d'autres engagemens,
Une plus digne épouse, et d'autres testamens.

M. GARANT.

Il faudra voir cela.

ACTE V, SCÈNE V.

NINON.
Lisez, vous savez lire.

LE JEUNE GOURVILLE.
Il médite beaucoup, car il ne peut rien dire.

NINON, *à Mme Agnant.*
La dot de votre fille enfin va se payer.

M. GARANT, *en s'en allant.*
Serviteur.

LE JEUNE GOURVILLE, *lui serrant la main.*
Tout à vous.

NINON.
Adieu, cher marguillier.

MME AGNANT.
Adieu, vil imposteur, qui m'en fis tant accroire.

M. AGNANT, *le saisissant par le bras.*
Et pourquoi t'en aller? reste avec nous pour boire.

M. GARANT, *se débarrassant d'eux.*
L'œuvre m'attend, j'ai hâte.

LISETTE, *lui fesant la révérence, et lui montrant la bourse de cinquante louis.*
Acceptez ce dépôt;
Vous les gardez si bien.

GOURVILLE L'AÎNÉ.
Laissons là ce maraud.

LE JEUNE GOURVILLE, *à Ninon.*
Ah! je suis à vos pieds.

MME AGNANT.
Nous y devons tous être.

GOURVILLE L'AÎNÉ.
Comme elle a démasqué, vilipendé le traître!

Mme AGNANT.

Et ma fille?

NINON.

Ah! croyez que, dès qu'elle saura
Qu'on va la marier, elle reparaîtra.

LISETTE, *à Picard.*

Ne t'avais-je pas dit, Picard, que ma maîtresse
A plus d'esprit qu'eux tous, d'honneur et de sagesse?

FIN DU DÉPOSITAIRE.

VARIANTES

DE LA COMÉDIE DU DÉPOSITAIRE.

L'édition de 1772 porte :

a M. ARMANT*, bon diable, bon ivrogne, bon bourgeois.
Mme ARMANT, habillée et coiffée à l'antique, grande acariâtre
et bonne femme.

b Dans cette édition, la pièce commençait ainsi :

NINON.
Mon indulgence est grande, et c'est là mon partage ;
J'en eus un peu besoin quand j'étais à votre âge ;
Mais si j'eus des amans, ils sont tous mes amis.
Malheur aux cœurs mal faits, toujours mal assortis,
Se prenant, se quittant par pure fantaisie,
L'un à l'autre étrangers le reste de leur vie !
Eh bien ! vous aimez donc cette petite Armant ?
LE JEUNE GOURVILLE.
Oui, ma belle Ninon.
NINON.
C'est une aimable enfant.
Ce n'est point sa beauté, sa grace que je vante,
Mais sa naïveté. Sa douceur est charmante ;
Et j'ai su que depuis qu'elle a ses dix-sept ans,
Elle n'a demandé pour grace à ses parens
Que la permission de pouvoir faire usage
De la proximité de notre voisinage :
Elle me vient souvent voir en particulier.
Son esprit me surprend ; son ton est singulier,
Et ne tient point du tout de sa sotte famille.
J'aime sincèrement cette petite fille ;
Je voudrais son bonheur ; elle me fait pitié,
Et, je vous l'avouerai, cette seule amitié
M'engage à recevoir et le père et la mère.

* Le nom d'Armant a été depuis changé par l'auteur en celui d'Agnant.

Je me suis aperçu qu'elle avait su vous plaire.
Mais est-ce un simple goût, une inclination ?
GOURVILLE.
Ma foi, je crois avoir beaucoup de passion.
Un certain avocat, etc.

c Le père aime le vin.
NINON.
C'est un vice du temps.
La mode en passera.
GOURVILLE.
La mère est bien revêche,
Sotte... un oison bridé devenu pigrièche.
Bonne diablesse au fond. . . . .

d Ma Sophie est charmante et ne m'ennuiera pas.
NINON.
Je vous l'ai déja dit; elle est pleine d'appas.
Mais elle aura du bien; certaine vieille tante,
Dont je sais qu'elle hérite, a mille écus de rente :
Et si dans votre amour vous pouviez persister...
Nous verrons; c'est vous seul qu'il faudra consulter.
Aimez-la, etc.

e Vous saurez à quel point j'avais sa confiance.
Je dois à ses enfans quelque reconnaissance.
Notre union fut pure, et de si nobles nœuds
Seront les seuls liens qui nous joindront tous deux.

GOURVILLE.
Hélas! je vous dois tout : tant de bonté m'accable, etc.

f *NINON, à M. Garant.*
Vous régissez si bien leur petite finance,
Que les pauvres bientôt seront dans l'abondance.

g *GARANT, à Ninon.*
J'ai d'honnêtes desseins que je vous confierai :
Vous êtes éclairée, avisée et discrète, etc.

h Vos propos indécens comme votre conduite
Me font pitié, etc.

i *GOURVILLE L'AÎNÉ.*
Nagez dans les plaisirs, dans ces plaisirs honteux

DU DÉPOSITAIRE.

Qui nous laissent dans l'ame un vide épouvantable...
Un vide... un repentir... un repentir durable.
Oui, je renonce au monde après cet entretien,
Et je ne vivrai plus qu'avec des gens de bien,
Ou je vivrai tout seul, tout seul... avec mes livres,
Loin de ces passions dont tant de cœurs sont ivres,
Comme je vous l'ai dit. Et je préfère un trou,
Un ermitage, un antre.

   LE JEUNE GOURVILLE.

    Adieu, mon pauvre fou.

SCÈNE II.

  GOURVILLE L'AÎNÉ.

Je pleure sur son sort; et je vois avec peine
Que sa mauvaise tête à sa perte l'entraine.
Qu'Épictète a raison! qu'il peint bien à mon sens, etc.

k   M. GARANT.

A la faire sortir a dû vous engager.
Déja plus d'une fois ici ma conscience
Sur elle et votre frère eût rompu le silence;
Mais j'ai cru vous devoir quelque ménagement.
Je n'en puis plus garder sur ce dérèglement.

   GOURVILLE L'AÎNÉ.

Voilà donc la raison, etc.

l Pour la philosophie.

m   M. GARANT.

Avec tous les dehors que veut la bienséance.
Pour bien faire... écoutez... vendez-moi la maison...
Ou bien passez-moi... la... quelque donation,
Un acte bien secret, etc.
Et vous aurez vos droits sans être compromis.

n   GOURVILLE L'AÎNÉ.

Cette idée est profonde; il a raison : les sages
Sur le reste du monde ont de grands avantages.

o Votre amitié, vos soins, vos conseils, tout me flatte.

p Désespéré, perdu, dans le vice empâté.

8.

VARIANTES

q Vous avez amassé justement, sans scrupule...

NINON.

Non ;
Mais mon bien me suffit pour tenir ma maison.

r M. GARANT.

Des gens considérés, même en place importante,
Sont liés avec vous d'une amitié constante ;
Et si vous le vouliez, etc.

s NINON.

. . . . Craindre d'importuner,
Ne les point avertir de nous abandonner, etc.

t M. GARANT.

. . . .
Et votre sentiment est ici ma leçon.
Je voudrais... je me sens embarrassé, peut-être
Assez mal à propos, plus que je ne dois l'être ;
Je voudrais revenir sur un certain discours
Que vous avez eu l'air d'interrompre toujours.
Souffrez qu'enfin ici j'en fasse l'ouverture,
Pleine de confiance et d'une amitié pure.
Je vis honnêtement ; mais avec plus d'argent
Je ferais plus de bien.

NINON.
Je le crois bonnement.

M. GARANT.
Il nous faut un état. Vous êtes de mon âge,
Je suis aussi du vôtre.

NINON.
Oui ; mais le mariage
Ne convient point du tout à mon humeur ; je croi,
Par cent bonnes raisons, qu'il n'est pas fait pour moi.
Pour changer, il faudrait qu'une très grande aisance
Parût à ma vieillesse assurer l'opulence.

M. GARANT.
Hé ! je viens vous l'offrir. De nos biens rassemblés, etc.

v Il faut que le crédit augmente votre aisance ;
Et, si vous le vouliez, j'aurais par ce canal
Un fortuné brevet de fermier général.
Nous ferions en secret mille bonnes affaires

DU DÉPOSITAIRE.

Qui produiraient beaucoup en ne nous coûtant guères ;
Et votre rare esprit, etc.

     NINON.

x Il est vrai qu'on pourrait m'imputer par envie
Je ne sais quoi d'injuste et quelque hypocrisie.

    M. GARANT.

Eh, mon Dieu ! c'est par là qu'on réussit souvent ;
Cette monnaie est fausse, elle a du cours pourtant.
Que me sont, après tout, les enfans de Gourville ?
Rien que des étrangers à qui je fus utile.
Il faut l'être à nous seuls, etc.

y Marguillier, receveur, ayant beaucoup d'argent.

   GOURVILLE L'AÎNÉ.

z Voulant rester chez moi, monsieur Garant me donne
Chez la discrète Aubert rendez-vous à dîner.
Avec lui, me dit-il, il y doit amener
Bientôt quelques docteurs, tous savans personnages,
Parfaits chez les parfaits, etc.

aa Je l'écoutais parler, je la voyais sourire
Avec un agrément que l'on ne peut décrire.
Le poison le plus doux dans mes veines glissait ;
J'étais hors de moi-même ; elle s'attendrissait...
Nous nous attendrissions... Monsieur Aubert arrive ;
Madame Aubert s'enfuit, a l'air d'être craintive...
Comme une femme enfin prise avec un amant.
Moi, neuf en pareil cas, que faire en ce moment ?
Aubert est un brutal ; et, craignant quelque esclandre,
J'ai pris, sans dire un mot, le parti de descendre ;
Je sors en maudissant les Auberts, les Garants,
Et donnant de bon cœur au diable les savans.
Ah, Lisette ! ah, Picard ! le sage est peu de chose ! etc.

   LE JEUNE GOURVILLE.

bb Mon frère, pardonnez ce petit tour joyeux.
 (bas à Lisette.)
Lisette, écoute-moi ; la petite Sophie
Vient de fuir chez madame, et je te la confie :
Sous sa protection elle vient se placer
Pour éviter l'hymen où l'on veut la forcer.
Mais surtout prends bien garde au moins qu'on ne la voie.

cc Et chez madame Aubert vos secrètes visites,
Cet excès dont partout vous êtes accusé...

GOURVILLE L'AÎNÉ.

Moi ?

L'AVOCAT PLACET.

Vous. Tout le quartier en est scandalisé ;
On connaît les dangers de votre caractère.

GOURVILLE L'AÎNÉ.

Juste ciel ! etc.

dd

L'AVOCAT PLACET.

Au choix de ma personne
Justement résolue, à sa fille elle ordonne
De rompre tout commerce avec vous, et demain
D'être prête à l'autel pour recevoir ma main.
Cet ordre positif l'a soudain décidée.
Du logis maternel elle s'est évadée ;
On dit qu'elle est chez vous, etc.

ee J'ai fort bien réussi ! Je crois que mes bêtises
Des plus grands libertins égalent les sottises ;
Je suis, sans avoir tort, de tout point confondu ;
C'est là payer l'amende ayant été battu.
Un bavard d'avocat, etc.

ff Dans l'édition de 1772, l'acte finit par ce vers.

L'édition de Kehl porte :

gg Adieu, vilain mâtin, qui m'en fis tant accroire.

FIN DES VARIANTES DU DÉPOSITAIRE.

LE
BARON D'OTRANTE,

OPÉRA BUFFA EN TROIS ACTES.

AVERTISSEMENT

DES ÉDITEURS DE L'ÉDITION DE KEHL.

Cette petite pièce fut faite pour M. Grétry, qui, avant de venir à Paris, avait passé six mois à Genève, d'où il se rendait fréquemment à Ferney. Monsieur de Voltaire et madame Denis, sur quelques essais qu'il leur fit entendre, conçurent une si grande espérance de ses talens, qu'ils le pressèrent vivement d'aller les exercer dans la capitale; et, pour l'y déterminer d'autant mieux, M. de Voltaire s'offrit de travailler dans un genre nouveau, dont il n'osait cependant espérer, disait-il, d'atteindre la sublimité*. Il donna en effet *le Baron d'Otrante* à M. Grétry, qui vint le présenter aux comédiens italiens, comme l'ouvrage d'un jeune homme de province. Les comédiens refusèrent la pièce, en avouant cependant que l'auteur n'était pas sans talent, et qu'il promettait beaucoup. Ils engagèrent même M. Grétry à mander au jeune homme que s'il voulait se rendre à Paris, on pourrait lui indiquer des changemens nécessaires pour faire admettre et représenter sa pièce, et que moyennant un peu d'étude de leur théâtre, et de la docilité, il pourrait lui être utile par ses travaux, et se rendre digne d'y être attaché

---

* C'était en 1765. M. de La Harpe était alors à Ferney, et l'on voulut l'engager aussi à faire quelques ouvrages pour M. Grétry. On peut consulter les *Essais de musique* de ce célèbre compositeur, au sujet de cette pièce et de la suivante. C'est par erreur que les éditeurs de Kehl, dans leur table chronologique des *OEuvres de M. de Voltaire*, les placent à l'année 1768. (*Note de l'édit. en* 41 *vol.*)

AVERTISSEMENT.

Le jeune auteur reconnut son insuffisance, et ne jugea pas à propos de se déplacer; il aima mieux renoncer à une gloire qu'il désespérait d'obtenir. Cet événement empêcha M. Grétry de mettre la pièce en musique, et M. de Voltaire de faire d'autres opéras comiques que *le Baron d'Otrante* et *les Deux Tonneaux*, qu'il avait commencés.

Il est assez remarquable que M. de Voltaire donna le premier un opéra à M. Grétry, comme il avait donné le premier, vers 1730, une tragédie lyrique* à Rameau, avant que ces deux grands musiciens se fussent encore exercés dans les genres où ils ont excellé. Le grand poëte découvrit leur génie et devina leurs succès. Peut-être il détermina seul leur vocation; et dans ce cas, la France lui serait en partie redevable des chefs-d'œuvre qu'ils lui ont donnés. Quel homme grave, à ce prix, ne pardonnerait à M. de Voltaire d'avoir fait des opéras comiques!

* *Samson.*

PERSONNAGES.

Le baron D'OTRANTE.
IRÈNE.
UNE GOUVERNANTE.
ABDALLA, corsaire turc.
Conseillers privés du Baron.
Hobereaux et Filles d'Otrante.
Troupe de Turcs.

La scène est dans le château du Baron.

LE
BARON D'OTRANTE,

OPÉRA BUFFA.

ACTE PREMIER.

Le théâtre représente un salon, magnifique.

SCÈNE I.

LE BARON, *seul, en robe de chambre, couché sur un lit de repos.*

(Il chante.)

Ah, que je m'ennuie !
Je n'ai point encore eu de plaisir ce matin.
(Il se lève, et se regarde au miroir.)
On m'assure pourtant que les jours de ma vie
Doivent couler, couler sans ombre de chagrin.
Je prétends qu'on me réjouisse
Dès que j'ai le moindre désir.
Holà, mes gens, qu'on m'avertisse
Si je puis avoir du plaisir.

SCÈNE II.

LE BARON; UN CONSEILLER PRIVÉ, *en grande perruque, en habit feuille-morte et en manteau noir; il entre une foule de* HOBEREAUX *et de* FILLES D'OTRANTE.

LE CONSEILLER.
Monseigneur, notre unique envie
Est de vous voir heureux dans votre baronnie :
D'un seigneur tel que vous c'est l'unique destin.
LE BARON.
Ah, que je m'ennuie !
Je n'ai point encore eu de plaisir ce matin.
(On habille monseigneur.)
LE CONSEILLER.
C'est aujourd'hui le jour où le ciel a fait naître
Dans ce fameux château notre adorable maître.
Nous célébrons ce jour par des jeux bien brillans...
LE BARON.
Et quel âge ai-je donc?
LE CONSEILLER.
Vous avez dix-huit ans.
LE BARON.
Ah! me voilà majeur!
LE CONSEILLER.
Les barons à cet âge
De leur majorité font le plus noble usage;
Ils ont tous de l'esprit, ils sont pleins de bon sens;

Ils font, quand il leur plaît, la guerre aux Musulmans,
Rançonnent leurs vassaux à leurs ordres tremblans;
Vident leurs coffres-forts, ou coupent leurs oreilles;
Ils n'entreprennent rien dont on ne vienne à bout.
Ils font tout d'un seul mot, bien souvent rien du tout;
Et quand ils sont oisifs ils font toujours merveilles.

LE BARON.

On me l'a toujours dit; je fus bien élevé.
Or çà, répondez-moi, mon conseiller privé :
Ai-je beaucoup d'argent?

LE CONSEILLER.

Fort peu; mais on peut prendre
Celui de vos fermiers, et même sans le rendre.

LE BARON.

Et des soldats?

LE CONSEILLER.

Pas un; mais en disant deux mots
Tous les manans d'ici deviendront des héros.

LE BARON.

Ai-je quelque galère?

LE CONSEILLER.

Oui, seigneur; votre altesse
A des bois, une rade, et quand elle voudra
On fera des vaisseaux : l'Hellespont tremblera;
Elle sera des mers souveraine maîtresse.

LE BARON.

Je me vois bien puissant.

LE CONSEILLER.

Nul ne l'est plus que vous.
Seigneur, goûtez en paix ce destin noble et doux :

Ne vous mêlez de rien, chacun pour vous travaille.

LE BARON.

Étant si fortuné, d'où vient donc que je bâille?

LE CONSEILLER.

Seigneur, ces bâillemens sont l'effet d'un grand cœur
Qui se sent au dessus de toute sa grandeur.
Ce beau jour de gala, ce beau jour de naissance
Célèbre son bonheur ainsi que son pouvoir;
Et monseigneur, sans doute, aura la complaisance
De prendre du plaisir, puisqu'il en veut avoir.
Vous serez harangué; c'est le premier devoir:
Les spectacles suivront; c'est notre antique usage.

LE BARON.

Tout cela bien souvent fait bâiller davantage;
Les harangues surtout ont ce don merveilleux.
O ciel! je vois Irène arriver en ces lieux!
Irène, si matin, vient me rendre visite!
Mes conseillers privés, qu'on s'en aille au plus vite.
Les harangues pour moi sont des soins superflus:
Ma cousine paraît; je ne bâillerai plus.

SCÈNE III.

LE BARON, IRÈNE.

LE BARON *chante.*

Belle Irène, belle cousine,
  Ma langueur chagrine
  S'en va quand je te vois:
  L'amour vole à ta voix;

ACTE I, SCÈNE III.

Tes yeux m'inspirent l'allégresse,
    Ton cœur fait mon destin :
Tout m'ennuyait, tout m'intéresse ;
Je commence à goûter du plaisir ce matin.
Mais répondez-moi donc en chansons, belle Irène ;
C'est dans ces lieux chéris une loi souveraine
Dont ni berger ni roi ne se peut écarter ;
Si l'on y parle un peu, ce n'est que pour chanter.
Vous avez une voix si tendre et si touchante !

IRÈNE.

Il n'est point à propos, mon cousin, que je chante ;
Je n'en ai nulle envie : on pleure dans Otrante :
Vos conseillers privés prennent tout notre argent ;
Vous ne songez à rien, et l'on vous fait accroire
    Que tout le monde est fort content.

LE BARON.

Je le suis avec vous, j'y mets toute ma gloire.

IRÈNE.

Sachez que pour me plaire il vous faudra changer :
D'une mollesse indigne il faut vous corriger ;
    Sans cela point de mariage.
Vous avez des vertus, vous avez du courage ;
    La nonchalance a tout gâté :
On ne vous a donné que des leçons stériles ;
On s'est moqué de vous, et votre oisiveté
    Rendra vos vertus inutiles.

LE BARON.

Mes conseillers privés...

IRÈNE.

            Seigneur, sont des fripons

Qui vous avaient donné de méchantes leçons,
Et qui vous nourrissaient d'orgueil et de fadaise,
Pour mieux pouvoir piller la baronnie à l'aise.

LE BARON.

Oui, l'on m'élevait mal; oui, je m'en aperçois,
Et je me sens tout autre alors que je vous vois.
On ne m'a rien appris, le vide est dans ma tête;
Mais mon cœur plein de vous, et plein de ma conquête,
Me rendra digne enfin de plaire à vos beaux yeux;
Étant aimé de vous j'en vaudrai beaucoup mieux.

IRÈNE.

Alors, seigneur, alors, à vos vertus rendue,
Je reprendrai pour vous la voix que j'ai perdue.

(Elle chante.)

Pour jamais je vous chérirai;
De tout mon cœur je chanterai:
Amant charmant, aimez toujours Irène:
Régnez sur tous les cœurs, et préférez le mien;
Que le temps affermisse un si tendre lien,
Que le temps redouble ma chaîne!

(Tous deux ensemble.)

Non, je ne m'ennuierai jamais;
J'aimerai toute ma vie.
Amour, amour, lance tes traits,
Lance tes traits
Dans mon ame ravie.
Non, je ne m'ennuierai jamais;
J'aimerai toute ma vie.

(On entend une grande rumeur et des cris.)

ACTE I, SCÈNE IV.

IRÈNE.

O ciel! quels cris affreux!

LE BARON.

Quel tumulte! quel bruit!
Quel étrange gala! chacun court, chacun fuit.

SCÈNE IV.

LE BARON, IRÈNE; UN CONSEILLER PRIVÉ.

LE CONSEILLER.

Ah, seigneur! c'en est fait, les Turcs sont dans la ville.

IRÈNE.

Les Turcs!

LE BARON.

Est-il bien vrai?

LE CONSEILLER.

Vous n'avez plus d'asile.

LE BARON.

Comment cela? par où sont-ils donc arrivés?

IRÈNE.

Voilà ce qu'ont produit vos conseillers privés.

LE BARON.

Allez dire à mes gens qu'on fasse résistance;
Je cours les seconder.

LE CONSEILLER.

Seigneur, votre grandeur
De son rang glorieux doit garder la décence.

IRÈNE.

Hélas! ma gouvernante et mes filles d'honneur
Viennent de tous côtés, et sont toutes tremblantes.

SCÈNE V.

LES PRÉCÉDENS ; LA GOUVERNANTE, ET LES FILLES
D'HONNEUR.

LA GOUVERNANTE.

Ah, madame! les Turcs...

IRÈNE.

Ah! pauvres innocentes...
Qu'ont fait ces Turcs maudits...

LA GOUVERNANTE.

Les Turcs... je n'en puis plus...
Dans votre appartement... ils sont tous répandus.
Le corsaire Abdalla tout enlève et tout pille;
On enchaîne à la fois père, enfant, femme, fille.
Madame... entendez-vous les tambours... les clameurs?

LES TURCS, *derrière le théâtre.*

Alla! alla! guerra!

LA GOUVERNANTE.

Madame... je me meurs!

SCÈNE VI.

LES PRÉCÉDENS; ABDALLA, *suivi de ses* TURCS.

QUATUOR DE TURCS.

Pillar, pillar, grand Abdalla!
Alla, ylla, alla!
Tout conquir,

ACTE I, SCÈNE VI.

Tout occir,
Tout ravir;
Alla, ylla, alla!

ABDALLA.

Non amazzar,
No, no; non amazzar.
Basta, basta tout saccagear;
Ma non amazzar,
Incatenar,
Bever, violar,
Non amazzar.

(*Pendant qu'ils chantent, les Turcs enchaînent tous les hommes avec une longue corde qui fait le tour de la troupe, et dont un Levantis tient le bout.*)

LE BARON, *enchaîné avec deux conseillers en grande perruque.*

Irène, vous voyez si dans cette posture
Je fais pour un baron une noble figure.

QUATUOR DE TURCS.

Pillar, pillar, grand Abdalla!
Tout saccagear;
Pillar, bever, violar.
Alla, ylla, alla.

IRÈNE.

Quoi! ces Turcs si méchans n'enchaînent point les [dames!
Tant d'honneur entre-t-il dans ces vilaines ames?

ABDALLA *chante.*

O bravi corsari,
Spavento de' mari,
Andate a partagir,
A bever, a fruir.

A' vostri strapazzi
Cedo li ragazzi,
E tutti li consiglieri.
Tutte le donne son per me;
È 'l mio costume,
Tutte le donne son per me.

LES TURCS.

Pillar, pillar, grand Abdalla !
Alla, ylla, alla.

IRÈNE, *au baron qu'on emmène.*

Allez, mon cher cousin, je me flatte, j'espère,
Si ce Turc est galant, de vous tirer d'affaire.
Peut-être direz-vous, par mes soins relevé,
Qu'une femme vaut mieux qu'un conseiller privé.

FIN DU PREMIER ACTE.

ACTE SECOND.

SCÈNE I.

IRÈNE, LA GOUVERNANTE.

IRÈNE.
Consolons-nous, ma bonne; il faut avec adresse
Corriger, si l'on peut, la fortune traîtresse.
Vous savez du baron le bizarre destin ?
LA GOUVERNANTE.
Point du tout.
IRÈNE.
Le corsaire, échauffé par le vin,
Dans les transports de joie où s'on cœur s'abandonne,
Sans s'informer du rang ni du nom de personne,
A, pour se réjouir, dans la cour du château
Assemblé les captifs; et par un goût nouveau,
Fait tirer aux trois dés les emplois qu'il leur donne.
Un grave magistrat se trouve cuisinier;
Le baron, pour son lot, est reçu muletier.
Ce sont là, nous dit-on, les jeux de la fortune :
Cette bizarrerie en Turquie est commune.
LA GOUVERNANTE.
Se peut-il qu'un baron, hélas! soit réduit là?
Et quelle est votre place à la cour d'Abdalla ?

IRÈNE.

Je n'en ai point encor; mais, si je dois en croire
Certains regards hardis que, du haut de sa gloire,
L'impudent, en passant, a fait tomber sur moi,
J'aurai bientôt, je pense, un assez bel emploi,
Et j'en ferai, ma bonne, un très honnête usage.

LA GOUVERNANTE.

Ah! je n'en doute pas : je sais qu'Irène est sage.
Mais, madame, un corsaire est un peu dangereux :
Il paraît volontaire; et le pas est scabreux.

IRÈNE.

Il a pris sans façon l'appartement du maître :
« Je le suis, a-t-il dit, et j'ai seul droit de l'être.
« Vin, fille, argent comptant, tout est pour le plus fort;
« Le vainqueur les mérite, et les vaincus ont tort. »
Dans cette belle idée il s'en donne à cœur-joie,
Et pour tous les plaisirs son bon goût se déploie,
Tandis que mon baron, une étrille à la main,
Gémit dans l'écurie et s'y tourmente en vain.
Il fait venir ici les dames les plus belles,
Pour leur rendre justice et pour juger entre elles,
Mettre au jour leur mérite, exercer leurs talens
Par des pas de ballets, des mines et des chants.
Nous allons lui donner cette petite fête;
Et si de son mouchoir mes yeux font la conquête,
Je pourrai m'en servir pour lui jouer un tour
Qui fera triompher ma gloire et mon amour.
J'entends déja d'ici ses fifres, ses timbales;
Voilà nos ennemis, et voici mes rivales.

SCÈNE II.

Les LEVANTIS *arrivent, donnant chacun la main à une personne.* IRÈNE, LA GOUVERNANTE; ABDALLA *arrive au son d'une musique turque, un mouchoir à la main; les* DEMOISELLES *du château d'Otrante forment un cercle autour de lui.*

ABDALLA *chante.*
Su, su, Zitelle tenere;
La mia spada fa tremar.
Ma voi, fanciulle care,
Mi piacer, mi disarmar :
Mi sentir più grand' onore
Di rendirmi a l'amore,
Che di rapir tutta la terra
Col terrore della guerra.

Su, su, Zitelle tenere, etc.

IRÈNE *chante cet air tendre et mesuré.*
C'est pour servir notre adorable maître,
C'est pour l'aimer que le ciel nous fit naître.
Mars et l'Amour à l'envi l'ont formé :
Son bras est craint, son cœur est plus aimé.
 Des Amours la tendre mère
 Naquit dans le sein des eaux
 Pour orner notre corsaire
 De ses présens les plus beaux.
(Elle parle.)
Votre mouchoir fait la plus chère envie

De ces beautés de notre baronnie ;
Mais nul objet n'a droit de s'en flatter :
On peut vous plaire, et non vous mériter.

(Abdalla fume sur un canapé. les dames passent en revue devant lui. Il fait des mines à chacune, et donne enfin le mouchoir à Irène.)

ABDALLA.

Pigliate voi il fazzoletto,
L'avete ben guadagnato ;
Che tutte le altre fanciulle
Men leggiadre, e men belle,
Aspettino per un' altra volta
La mia sobrana volontà.

(Il fait asseoir Irène à côté de lui.)

A mio canto Irena stia ;
E tutte le altre via, via.

(Elles s'en vont toutes, en lui fesant la révérence.)

Bene, bene, sarà per un' altra volta,
Un' altra volta.

SCÈNE III.

IRÈNE, ABDALLA.

ABDALLA.

Cara Irena, adesso,
Sedete appresso di me.
Amor mi punge e mi consume.

(Il la fait asseoir plus près.)

Più appresso, più appresso.

IRÈNE, *à côté d'Abdalla, sur le canapé.*
Seigneur, de vos bontés mon ame est pénétrée ;

ACTE II, SCÈNE III.

Je n'ai jamais passé de plus belle soirée.
Quand je craignais les Turcs, si fiers dans les combats,
Mon cœur, mon tendre cœur ne vous connaissait pas.
Non, il n'est point de Turc qui vous soit comparable.
Je crois que Mahomet fut beaucoup moins aimable ;
Et, pour mettre le comble à des plaisirs si doux,
Je compte avoir l'honneur de souper avec vous.

ABDALLA.

Sì, sì, cara : ceneremo insieme, *téte à téte*, l'uno dirim- [petto
A l'altra; senza chiavi; solo con sola; beveremo del vino
[greco:
E canteremo, e ci trastullaremo, dirimpetto l'uno a
    Sì, sì, cara, per dio Maccone.   [l'altra :

IRÈNE.

Après tant de bontés aurai-je encor l'audace
D'implorer de mon Turc une nouvelle grace?

ABDALLA.

    Parli, parli : farò tutto
    Che vorrete, presto, presto.

IRÈNE.

Seigneur, je suis baronne; et mon père autrefois
    Dans Otrante a donné des lois.
Il était connétable, ou comte d'écurie;
C'est une dignité que j'ai toujours chérie :
Mon cœur en est encor tellement occupé,
Que si vous permettez que j'aille avant soupé
Commander un quart d'heure où commandait mon père,
C'est le plus grand plaisir que vous me puissiez faire.

ABDALLA.

Come! nella stalla?

IRÈNE.

Nella stalla, signor.
Au nom du tendre amour je vous en prie encor.
Un héros tel que vous, formé pour la tendresse,
Pourrait-il durement refuser sa maîtresse?

ABDALLA.

La signora è matta. Le stalle sono puzzolente; bisognerà più d'un fiasco d'acqua nanphe per nettarla. Or su andate a vostro piacere, lo concedo : andate, cara, e ritornate.

(Irène sort.)

SCÈNE IV.

ABDALLA *chante.*

(En se frappant le front.)

Ogni fanciulla tien là
  Qualche fantasia,
Somigliente alla pazzia.
  Ma l' ira mia è vana.
  Basta, che la Zitella
  Sia facile e bella ;
  Tutto si perdona.

Ogni fanciulla tien là
  Qualche fantasia.

FIN DU SECOND ACTE.

ACTE TROISIÈME.

SCÈNE I.

Le théâtre représente un coin d'écurie.

IRÈNE; LE BARON, *en souquenille, une étrille à la main.*

IRÈNE *chante.*
Oui, oui, je dois tout espérer;
Tout est prêt pour vous délivrer.
Oui... oui... je peux tout espérer;
L'amour vous protége et m'inspire.
Votre malheur m'a fait pleurer;
Mais en trompant ce Turc que je fais soupirer,
Je suis prête à mourir de rire.

LE BARON.
Lorsque vous me voyez une étrille à la main,
Si vous riez, c'est de moi-même.
Je l'ai bien mérité : dans ma grandeur suprême,
J'étais indigne, hélas! du pouvoir souverain,
Et du charmant objet que j'aime.

IRÈNE.
Non, le destin volage
Ne peut rien sur mon cœur.
Je vous aimai dans la grandeur;

Je vous aime dans l'esclavage.
Rien ne peut nous humilier;
Et quand mon tendre amant devient un muletier,
Je l'en aime encor davantage.
(Elle répète.)
Et quand mon tendre amant devient un muletier,
Je l'en aime encor davantage.

LE BARON.

Il faut donc mériter un si parfait amour:
Ainsi que mon destin je change en un seul jour;
Irène et mes malheurs éveillent mon courage.
(à ses vassaux, qui paraissent en armes.)
Amis, le fer en main, frayons-nous un passage
Dans nos propres foyers ravis par ces brigands.
Enchaînons, à leur tour, ces vainqueurs insolens
Plongés dans leur ivresse, et se livrant en proie
A la sécurité de leur brutale joie.
Vous, gardez cette porte; et vous, vous m'attendrez
Près de ma chambre même, au haut de ces degrés
Qui donnent au palais une secrète issue.
J'en ouvrirai la porte au public inconnue.
Je veux que de ma main le corsaire soit pris.
Dans le même moment appelez à grands cris
Tous les bons citoyens au secours de leur maître:
Frappez, percez, tuez, jetez par la fenêtre
Quiconque à ma valeur osera résister.
(à Irène.)
Déesse de mon cœur, c'est trop vous arrêter:
Allez à ce festin que le vainqueur prépare.
Je lui destine un plat qu'il pourra trouver rare;

Et j'espère ce soir, plus heureux qu'au matin,
De manger le rôti qu'on cuit pour le vilain.

IRÈNE.

J'y cours; vous m'y verrez : mais que votre tendresse
Ne s'effarouche pas si de quelque caresse
Je daigne encourager ses désirs effrontés :
Ce ne sont point, seigneur, des infidélités.
Je ne pense qu'à vous, quand je lui dis que j'aime;
En buvant avec lui, je bois avec vous-même;
En acceptant son cœur je vous donne le mien :
Il faut un petit mal souvent pour un grand bien.

(Elle sort.)

SCÈNE II.

LE BARON, *à ses vassaux*.

Allons donc, mes amis, hâtons-nous de nous rendre
Au souper où l'Amour avec Mars doit m'attendre.
Le temps est précieux : je cours quelque hasard
D'être un peu passé maître, et d'arriver trop tard.
Faites de point en point ce que j'ai su prescrire;
Gardez de vous méprendre, et laissez-vous conduire.
Avancez à tâtons sous ces longs souterrains :
De la gloire bientôt ils seront les chemins.

SCÈNE III.

Le théâtre représente une jolie salle à manger.

ABDALLA, IRÈNE, *seuls à table, sans domestiques.*

IRÈNE, *un verre en main, chante.*
Ah! quel plaisir
De boire avec son corsaire!
Chaque coup que je bois augmente mon désir
De boire encore, et de lui plaire.
Verse, verse, mon bel amant:
Ah! que tu verses tendrement
Tous les feux d'amour dans mon verre!

ABDALLA.
Sì, sì, brindisi a te,
Amate, bevete, ridete.
Sì, sì, brindisi a te,
Questo vino di Champagna
A te somiglia,
Incanta tutta la terra,
Li cristiani,
Li musulmani.

Begli occhi scintillate
Al par del vino spumante.
Sì, sì, brindisi a te,
(Tous deux ensemble.)
Sì, sì, brindisi a te,

Amate, beyete, ridete.
Sì, sì, brindisi a te, etc.
(Ils dansent ensemble, le verre à la main, en chantant.)
Sì, sì, brindisi a te, etc.

SCÈNE IV.

LES PRÉCÉDENS; LE BARON *armé, et ses* SUIVANS, *entrent de tous côtés dans la chambre.*

LE BARON.

Corsaire, il faut ici danser une autre danse.

ABDALLA, *cherchant son sabre.*

Che veggo? che veggo?

LE BARON.

Ton maître, et la vengeance.
Il est juste, soldats, qu'on l'enchaîne à son tour :
Ainsi tout a son terme, et tout passe en un jour.

ABDALLA.

Levanti, venite!

LE BARON.

Tes Levantis, corsaire,
Sont tous mis à la chaîne, et s'en vont en galère.
Ami, l'oisiveté t'a perdu comme moi :
Je te rends la leçon que je reçus de toi.
Je t'en donne encore une avec reconnaissance :
Je te rends ton vaisseau; va, pars en diligence :
Laisse-moi la beauté qui nous a tous sauvés,
Et rembarque avec toi mes conseillers privés.

(Il chante.)

Je jure... je jure d'obéir
Pour jamais à ma belle Irène.
Peuples heureux, dont elle est souveraine,
Répétez avec moi, contens de la servir :

LE CHOEUR.

Je jure... je jure d'obéir
Pour jamais à la belle Irène.

FIN DU BARON D'OTRANTE.

LES

DEUX TONNEAUX,

ESQUISSE D'UN OPÉRA COMIQUE

EN TROIS ACTES.

PERSONNAGES.

GLYCÈRE.
PRESTINE, petite sœur de Glycère.
DAPHNIS.
LE PÈRE DE DAPHNIS.
LE PÈRE DE GLYCÈRE.
GRÉGOIRE, cabaretier-cuisinier, prêtre du temple de Bacchus.
PHÉBÉ, servante du temple.
TROUPE DE JEUNES GARÇONS ET DE JEUNES FILLES.

La scène est dans un temple consacré à Bacchus.

LES DEUX TONNEAUX,

OPÉRA COMIQUE.

ACTE PREMIER.

SCÈNE I.

Le théâtre représente un temple de feuillages, orné de thyrses, de trompettes, de pampres, de raisins. On voit entre les colonnades de feuillages les statues de Bacchus, d'Ariane, de Silène et de Pan. Un grand buffet tient lieu d'autel : deux fontaines de vin coulent dans le fond. Des garçons et des filles sont empressés à préparer tout pour une fête. Grégoire, l'un des suivans de Bacchus, ordonne la fête. Il est en veste blanche et galante, portant un thyrse à la main, et sur sa tête une couronne de lierre.

(Ouverture gaie et vive; reprise douloureuse et terrible.)

GRÉGOIRE; TROUPE DE JEUNES GARÇONS
ET DE JEUNES FILLES.

GRÉGOIRE *chante.*

Allons, enfans, à qui mieux mieux;
Jeunes garçons, jeunes fillettes,
Parez cet autel glorieux;
Trémoussez-vous, paresseux que vous êtes :

LES DEUX TONNEAUX,

Mettez-moi cela
    Là,
Rendez ce buffet
    Net;
Songez bien à ce que vous faites.
Allons, enfans, à qui mieux mieux;
Trémoussez-vous, paresseux que vous êtes :
Songez que vous servez les belles et les dieux.

UNE SUIVANTE.
(Elle parle.)

Eh! doucement, monsieur Grégoire,
Nous sommes comme vous du temple de Bacchus;
    Comme vous nous lui rendons gloire :
        Nous sommes tous très assidus
        A servir Bacchus et Vénus.
Le grand-prêtre du temple est sans doute allé boire.

(Elle chante.)

Il reviendra : faites moins l'important.
    Alors que le maître est absent,
    Maître valet s'en fait accroire.

GRÉGOIRE.
Pardon, j'ai du chagrin.

LA SUIVANTE.
            On n'en a point ici.
Vous vous moquez de nous.

GRÉGOIRE.
                Va, j'ai bien du souci.
Nous attendons la noce, et mon maître m'ordonne
    De représenter sa personne,
Et d'unir les amans qui seront envoyés

De tous les lieux voisins pour être mariés.
Ah! j'enrage.

LA SUIVANTE.

Comment! c'est la meilleure aubaine
Que jamais tu pourras trouver :
Toujours ces fêtes-là nous valent quelque étrenne ;
Rien de mieux ne peut t'arriver.
J'ai vu plus d'un hymen. L'une et l'autre partie
S'est assez souvent repentie
Des marchés qu'ici l'on a faits ;
Mais le monsieur qui les marie,
Quand il a leur argent, ne s'en repent jamais.
C'est l'aimable Daphnis et la belle Glycère
Qui viennent se donner la main.
Que Daphnis est charmant!

GRÉGOIRE, *en colère.*

Non, il est fort vilain.

LA SUIVANTE.

A toutes nos beautés que Daphnis a su plaire!

GRÉGOIRE.

Il me déplaît beaucoup.

LA SUIVANTE.

Qu'il est beau!

GRÉGOIRE.

Qu'il est laid!

LA SUIVANTE.

Très honnête garçon, libéral.

GRÉGOIRE.

Non.

LA SUIVANTE.

      Si fait.
Que Grégoire est méchant! me dira-t-il encore
  Que la future est sans beauté?

GRÉGOIRE.

La future!

LA SUIVANTE.

   Oui, Glycère; on la fête, on l'adore;
Dans toute l'Arcadie on en est enchanté.

GRÉGOIRE.

Oui... la future... passe... elle est assez jolie;
Mais c'est un mauvais cœur, tout plein de perfidie,
  D'ingratitude, de fierté.

LA SUIVANTE.

Glycère un mauvais cœur! hélas! c'est la bonté,
C'est la vertu modeste et pleine d'indulgence;
  C'est la douceur, la patience;
  Et de ses mœurs la pureté
  Fait taire encor la médisance.
  Vous me paraissez dépité :
  N'auriez-vous point été tenté
  D'empaumer le cœur de la belle?
  Quand du succès on est flatté,
  Quand la dame n'est point cruelle,
Vous la traitez de nymphe et de divinité;
  Si vous en êtes rebuté,
  Vous faites des chansons contre elle.
Allons, maître Grégoire, un peu moins de courroux!
  Recevons bien ces deux époux;
  Que le festin soit magnifique.

On boit ici son vin sans eau ;
Mais n'allez pas gâter notre fête bachique
En perçant du mauvais tonneau.

GRÉGOIRE.

Comment ? que dis-tu là ?

LA SUIVANTE.

Je m'entends bien.

GRÉGOIRE.

Petite,
Tremble que ce mystère ici soit révélé :
C'est le secret des dieux, crains qu'on ne le débite :
Aussitôt qu'on en a parlé
Apprends qu'on meurt de mort subite.
Cesse tes discours familiers,
Réprime ta langue maudite,
Et respecte les dieux et les cabaretiers.

(Il chante.)

Allons, reprenez votre ouvrage ;
Servons bien ces heureux amans...

(à part.)

Le dépit et la rage
Déchirent tous mes sens.
Hâtons ces heureux momens ;
Courage, courage :
Cognez, frappez, partez en même temps* ;
Suspendez ces festons, étendez ce feuillage ;
Que les bons vins, les amours
Nous donnent toujours

---

* Des suivans pourraient ici faire une espèce de basse, en frappant de leurs marteaux sur des cuivres creux qui serviraient d'ornemens.

Sous ces charmans ombrages
D'heureuses nuits et de beaux jours.
J'enrage,
J'enrage,
Je me vengerai ;
Je les punirai :
Ils me paieront cher mon outrage.
Hâtons leurs heureux momens ;
Cognez, frappez, partez en même temps.
J'enrage,
J'enrage.

LA SUIVANTE.

Ah ! j'aperçois de loin cette noce en chemin.
La petite sœur de Glycère
Est toujours à tout la première ;
Elle s'y prend de bon matin.
Cette rose est déja fleurie,
Elle a précipité ses pas.
La voici... ne dirait-on pas
Que c'est elle que l'on marie ?

SCÈNE II.

GRÉGOIRE, PRESTINE ; LA SUIVANTE.

PRESTINE, *arrivant en hâte.*

Eh quoi donc ! rien n'est prêt au temple de Bacchus ?
Nous restons au filet ! nos pas sont-ils perdus ?
On ne fait rien ici quand on a tant à faire !
Ma sœur et son amant, mon bonhomme de père,

ACTE I, SCENE II.

Et celui de Daphnis, femmes, filles, garçons,
Arrivent à la file, en dansant aux chansons.
    Ici je ne vois rien paraître.
    Réponds donc, Grégoire, réponds;
Mène-moi voir l'autel et monsieur le grand-prêtre.

GRÉGOIRE.

Le grand-prêtre, c'est moi.

PRESTINE.

    Tu ris.

GRÉGOIRE.

    Moi, dis-je.

PRESTINE.

    Toi?
Toi, prêtre de Bacchus?

GREGOIRE.

    Et fait pour cet emploi.
Quel étonnement est le vôtre?

PRESTINE.

Eh bien, soit, j'aime autant que ce soit toi qu'un autre.

GRÉGOIRE.

Je suis vice-gérant dans ce lieu plein d'appas.
Je conjoins les amans et je fais leurs repas.
    Ces deux charmans ministères,
    Au monde si nécessaires,
    Sont sans doute les premiers.
J'espère quelque jour, ma petite Prestine,
    Dans cette demeure divine
Les exercer pour vous.

PRESTINE.

    Hélas! très volontiers.

LES DEUX TONNEAUX,
DUO.

GRÉGOIRE ET PRESTINE.

En ces beaux lieux c'est à Grégoire,
C'est à lui d'enseigner
Le grand art d'aimer et de boire;
C'est lui qui doit régner.
Du dieu puissant de la liqueur vermeille
Le temple est un cabaret;
Son autel est un buffet.
L'Amour y veille
Avec transport;
L'Amour y dort;
Dort, dort,
Sous les beaux raisins de la treille.

GRÉGOIRE.

Je vois nos gens venir; je vais prendre à l'instant
Mes habits de cérémonie.
Il faut qu'à tous les yeux Grégoire justifie
Le choix qu'on fait de lui dans un jour si brillant.

PRESTINE.

Va vite... Avancez donc, mon père, mon beau-père,
Ma chère sœur, mon cher beau-frère,
Ah! que vous marchez lentement!
Cet air grave est, dit-on, décent :
Il est noble, il a de la grace;
Mais j'irais plus vivement
Si j'étais à votre place.

SCÈNE III.

LE PÈRE DE GLYCÈRE ET DE PRESTINE, LE PÈRE DE DAPHNIS, *petits vieillards ratatinés, marchant les premiers, la canne à la main;* DAPHNIS, *conduisant* GLYCÈRE ET TOUTE LA NOCE; PRESTINE.

GLYCÈRE, *à Prestine.*
Pardonne, chère sœur, à mes sens éblouis :
Je me suis arrêtée à regarder Daphnis;
J'étais hors de moi-même, en extase, en délire,
  Et je n'avais qu'un sentiment.
  Va, tout ce que je te puis dire,
  C'est que je t'en souhaite autant.

DUO.

LES DEUX PÈRES.
Oh! qu'il est doux sur nos vieux ans
De renaître dans sa famille!
  Mon fils... ma fille
Raniment mes jours languissans;
  Mon hiver brille
Des roses de leur printemps.
Les jeunes gens qui veulent rire
  Traitent un vieillard
De rêveur, de babillard :
  Ils ont grand tort;
  Chacun aspire
  A notre sort;
Chacun demande à la nature

De ne mourir qu'en cheveux blancs ;
Et, dès qu'on parvient à cent ans,
On a place dans *le Mercure.*

PRESTINE.

Il s'agit bien de fredonner ;
Ah ! vous avez, je pense, assez d'autres affaires.
Savez-vous à quel homme on a voulu donner
Le soin de célébrer vos amoureux mystères ?
A Grégoire.

GLYCÈRE, *effrayée.*

A Grégoire !

DAPHNIS.

Eh ! qu'importe, grands dieux ?
Tout m'est bon, tout m'est précieux ;
Tout est égal ici quand mon bonheur approche.
Si Glycère est à moi, le reste est étranger.
Qu'importe qui sonne la cloche,
Quand j'entends l'heure du berger ?
Rien ne peut me déplaire et rien ne m'intéresse :
Je ne vois point ces jeux, ce festin solennel,
Ces prêtres de l'hymen, ce temple, cet autel ;
Je ne vois rien que la déesse.

QUATUOR.

LE PÈRE   LE PÈRE   DAPHNIS.   GLYCÈRE.
de Glycère.   de Daphnis.

Ma fille... mon cher fils... Glycère... tendre époux !
Aimons-nous tous quatre, aimons-nous.
De la félicité naissez, brillante aurore ;
Naissez, faites éclore
Un jour encor plus doux.

Tendre Amour, c'est toi que j'implore ;
En tous temps tu règnes sur nous :
Tendre Amour, c'est toi que j'implore ;
Aimons-nous tous quatre, aimons-nous.

PRESTINE.

Ils aiment à chanter, et c'est là leur folie.
Ne parviendrai-je point à faire ma partie ?
Ces gens-là sur un mot vous font vite un concert ;
Et ce qu'en eux surtout je révère et j'admire,
C'est qu'ils chantent parfois sans avoir rien à dire :
Ils nous ont sur-le-champ donné d'un quatuor.
A mon oreille il plaisait fort ;
Et s'ils avaient voulu j'aurais fait la cinquième.
Mais on me laisse là ; chacun pense à soi-même.

(Elle chante.)

Le premier mari que j'aurai,
Ah, grands dieux, que je chanterai !
On néglige ma personne,
On m'abandonne.
Le premier mari que j'aurai,
Ah, grands dieux, que je chanterai !

SCÈNE IV.

LES PRÉCÉDENS ; PHÉBÉ.

PHÉBÉ.

Entrez, mes beaux messieurs, entrez, ma belle dame,
(à Glycère, à part.)
Ma belle dame, au moins prenez bien garde à vous.

DAPHNIS.

Allez, j'en aurai soin ; ne crains rien, bonne femme.

(Il lui met une bourse dans la main.)

PHÉBÉ.

Que voilà deux charmans époux !
Prenez bien garde à vous, madame.

GLYCÈRE.

Que veut-elle me dire ? elle me fait trembler.
L'amour est trop timide, et mon cœur est trop tendre.

PRESTINE.

Auprès de votre amant qui peut donc vous troubler ?
Nulle crainte en tel cas ne pourrait me surprendre.

(Elle chante.)

Le premier mari que j'aurai,
Ah, bon dieu, que je chanterai !
On néglige ma personne,
On m'abandonne.
Le premier mari que j'aurai,
Ah ! grands dieux, que je chanterai !

FIN DU PREMIER ACTE.

ACTE SECOND.

SCÈNE I.

DAPHNIS, *conduit par son père*, GLYCÈRE *par le sien*, PRESTINE *par personne, et courant partout;* GARÇONS DE LA NOCE.

LE PÈRE DE DAPHNIS.
Mes enfans, croyez-moi, nous savons les rubriques;
Fesons comme fesaient nos très prudens aïeux :
    Tout allait alors beaucoup mieux.
C'était là le bon temps; et les siècles antiques,
Étant plus vieux que nous, auront toujours raison.
Je vous dis que c'est là... que sera le garçon;
Ici... la fille; ici... moi, du garçon le père.
   (à Glycère.)
Là... vous; et puis Prestine à côté de sa sœur,
Pour apprendre son rôle et le savoir bien faire.
Mais j'aperçois déja le sacrificateur.
Qu'il a l'air noble et grand! une majesté sainte
    Sur son front auguste est empreinte;
Il ressemble à son dieu, dont il a la rougeur.
   LE PÈRE DE GLYCÈRE.
Oui, l'on voit qu'il le sert avec grande ferveur.
Silence, écoutons bien.

SCÈNE II.

LES PRÉCÉDENS; GRÉGOIRE, *suivi des* MINISTRES *de Bacchus*.

(Les deux amans mettent la main sur le buffet qui sert d'autel.)

GRÉGOIRE, *au milieu, vêtu en grand sacrificateur.*
    Futur, et vous, future,
Qui venez allumer à l'autel de Bacchus
La flamme la plus belle et l'ardeur la plus pure,
  Soyez ici très bien venus.
  D'abord, avant que chacun jure
  D'observer les rites reçus,
Avant que de former l'union conjugale,
Je vais vous présenter la coupe nuptiale.
    GLYCÈRE.
Ces rites sont d'aimer; quel besoin d'un serment
Pour remplir un devoir si cher et si durable?
Ce serment dans mon cœur constant, inaltérable,
  Est écrit par le sentiment
  En caractère ineffaçable.
Hélas! si vous voulez, ma bouche en fera cent,
Je les répéterai tous les jours de ma vie;
Et n'allez pas penser que le nombre m'ennuie:
  Ils seront tous pour mon amant.
    GRÉGOIRE, *à part.*
Que ces deux gens heureux redoublent ma colère!
Dieux! qu'ils seront punis... Buvez, belle Glycère,
  Et buvez l'amour à longs traits.

ACTE II, SCÈNE II.

Buvez, tendres époux, vous jurerez après :
Vous recevrez des dieux des faveurs infiniés.
(Il va prendre les deux coupes préparées au fond du buffet.)
LE PÈRE DE DAPHNIS.
Oui, nos pères buvaient dans leurs cérémonies,
Aussi valaient-ils mieux qu'on ne vaut aujourd'hui :
Depuis qu'on ne boit plus, l'esprit avec l'ennui
Font bâiller noblement les bonnes compagnies.
Les chansons en refrain des soupers sont bannies :
Je riais autrefois, j'étais toujours joyeux :
Et je ne ris plus tant depuis que je suis vieux :
J'en cherche la raison, d'où vient cela, compère ?
LE PÈRE DE GLYCÈRE.
Mais... cela vient... du temps. Je suis tout sérieux,
Bien souvent, malgré moi, sans en savoir la cause.
Il s'est fait parmi nous quelque métamorphose.
Mais il reste, après tout, quelques plaisirs touchans :
Dans le bonheur d'autrui l'ame à l'aise respire ;
Et quand nous marions nos aimables enfans,
Je vois qu'on est heureux sans rire.
(Grégoire présente une petite coupe à Daphnis, et une autre à Glycère.)
GRÉGOIRE, *après qu'ils ont bu.*
Rendez-moi cette coupe. Eh quoi ! vous frémissez !
Çà, jurez à présent ; vous, Daphnis, commencez.
DAPHNIS *chante en récitatif mesuré, noble et tendre.*
Je jure par les dieux, et surtout par Glycère,
De l'aimer à jamais comme j'aime en ce jour.
Toutes les flammes de l'amour
Ont coulé dans ce vin quand j'ai vidé mon verre.

O toi qui d'Ariane as mérité le cœur,
  Divin Bacchus, charmant vainqueur !
Tu règnes aux festins, aux amours, à la guerre.
  Divin Bacchus, charmant vainqueur,
  Je t'invoque après ma Glycère.
    (Symphonie.)
    (Daphnis continue.)
Descends, Bacchus, en ces beaux lieux ;
Des Amours amène la mère ;
Amène avec toi tous les dieux ;
Ils pourront brûler pour Glycère.
Je ne serai point jaloux d'eux ;
  Son cœur me préfère,
Me préfère, me préfère aux dieux.

    GRÉGOIRE.

C'est à vous de jurer, Glycère, à votre tour,
Devant Bacchus lui-même, au grand dieu de l'amour.

    GLYCÈRE *chante.*

Je jure une haine implacable
  A ce vilain magot,
  A ce fat, à ce sot ;
  Il m'est insupportable.
Je jure une haine implacable.
  A ce fat, à ce sot.

Oui, mon père, oui, mon père,
  J'aimerais mieux en enfer
  Épouser Lucifer.

Qu'on n'irrite point ma colère ;
Oui, je verrais plutôt le peu que j'ai d'appas

Dans la gueule du chien Cerbère,
Qu'entre les bras
Du vilain qui croit me plaire.

DAPHNIS.

Qu'ai-je entendu! grands dieux!

LES DEUX PÈRES, *ensemble.*

Ah, ma fille!

PRESTINE

Ah, ma sœur!

DAPHNIS.

Est-ce vous qui parlez, ma Glycère?

GLYCERE, *reculant.*

Ah, l'horreur!
Ote-toi de mes yeux; ton seul aspect m'afflige.

DAPHNIS.

Quoi! c'est donc tout de bon?

GLYCÈRE.

Retire-toi, te dis-je;
Tu me donnerais des vapeurs.

DAPHNIS.

Eh! qu'est-il arrivé? Dieux puissans, dieux vengeurs,
En étiez-vous jaloux? m'ôtez-vous ce que j'aime?
Ma charmante maîtresse, idole de mes sens,
Reprends les tiens, rentre en toi-même;
Vois Daphnis à tes pieds, les yeux chargés de pleurs.

GLYCÈRE.

Je ne puis te souffrir : je te l'ai dit, je pense,
Assez net, assez clairement.
Va-t'en, ou je m'en vais.

LE PÈRE DE DAPHNIS.
          Ciel! quelle extravagance!
      DAPHNIS.
Prétends-tu m'éprouver par ces affreux ennuis?
As-tu voulu jouir de ma douleur profonde?
      GLYCÈRE.
  Tu ne t'en vas point; je m'enfuis:
Pour être loin de toi j'irais au bout du monde.
              (Elle sort.)
      QUATUOR.

LES DEUX PÈRES. PRESTINE. DAPHNIS.
Je suis tout confondu... Je frémis... Je me meurs!
          (Tous ensemble.)
  Quel changement! quelles alarmes!
Est-ce là cet hymen si doux, si plein de charmes?
      PRESTINE.
Non, je ne rirai plus; coulez, coulez, mes pleurs.
          (Tous ensemble.)
  Dieu puissant, rends-nous tes faveurs.
      GRÉGOIRE *chante*.
    Quand je vois quatre personnes
      Ainsi pleurer en chantant,
        Mon cœur se fend.
    Bacchus, tu les abandonnes:
      Il faut en faire autant.
              (Il s'en va.)

SCÈNE III.

LE PÈRE DE DAPHNIS, LE PÈRE DE GLYCÈRE,
DAPHNIS, PRESTINE.

LE PÈRE DE DAPHNIS, *à celui de Glycère.*
Écoutez; j'ai du sens, car j'ai vu bien des choses,
Des esprits, des sorciers et des métempsycoses.
Le dieu que je révère, et qui règne en ces lieux,
Me semble, après l'Amour, le plus malin des dieux.
Je l'ai vu dans mon temps troubler bien des cervelles;
Il produisait souvent d'assez vives querelles :
Mais cela s'éteignait après une heure ou deux.
Peut-être que la coupe était d'un vin fumeux,
Ou dur, ou pétillant, et qui porte à la tête.
Ma fille en a trop bu; de là vient la tempête
Qui de nos jours heureux a noirci le plus beau.
La coupe nuptiale a troublé son cerveau :
Elle est folle, il est vrai; mais, dieu merci, tout passe :
Je n'ai vu ni d'amour ni de haine sans fin...
Elle te r'aimera; tu rentreras en grace
    Dès qu'elle aura cuvé son vin.

PRESTINE.
Mon père, vous avez beaucoup d'expérience,
    Vous raisonnez on ne peut mieux :
    Je n'ai ni raison ni science,
    Mais j'ai des oreilles, des yeux.
De ce temple sacré j'ai vu la balayeuse
    Qui d'une voix mystérieuse

A dit à ma grand'sœur, avec un ton fort doux,
Quand on vous mariera, prenez bien garde à vous.
J'avais fait peu de cas d'une telle parole;
  Je ne pouvais me défier
  Que cela pût signifier
  Que ma grand'sœur deviendrait folle.
Et puis je me suis dit (toujours en raisonnant).
  Ma sœur est folle cependant.
Grégoire est bien malin : il pourchassa Glycère,
Il n'en eut qu'un refus; il doit être en colère.
  Il est devenu grand seigneur :
On aime quelquefois à venger son injure.
Moi, je me vengerais si l'on m'ôtait un cœur.
  Voyez s'il est quelque valeur
  Dans ma petite conjecture.

DAPHNIS.

Oui, Prestine a raison.

LE PÈRE DE GLYCÈRE.

  Cette fille ira loin.

LE PÈRE DE DAPHNIS.

Ce sera quelque jour une maîtresse femme.

DAPHNIS.

  Allez tous, laissez-moi le soin
  De punir ici cet infame;
A ce monstre ennemi je veux arracher l'ame.
Laissez-moi.

LE PÈRE DE GLYCERE.

  Qui l'eût cru qu'un jour si fortuné
  A tant de maux fût destiné?

LE PÈRE DE DAPHNIS.
Hélas! j'en ai tant vu dans le cours de ma vie!
De tous les temps passés l'histoire en est remplie.

SCÈNE IV.

LES PRÉCÉDENS; GRÉGOIRE, *revenant dans son premier habit.*

DAPHNIS.
O douleur! ô transports jaloux!
Holà! hé! monsieur le grand-prêtre,
Monsieur Grégoire, approchez-vous.
GRÉGOIRE.
Quel profane en ces lieux frappe et me parle en maître?
DAPHNIS.
C'est moi; me connais-tu?
GRÉGOIRE.
Qui, toi? mon ami, non,
Je ne te connais point à cet étrange ton
Que tu prends avec moi.
DAPHNIS.
Tu vas donc me connaître!
Tu mourras de ma main; je vais t'assommer, traître!
Je vais t'exterminer, fripon!
GRÉGOIRE.
Tu manques de respect à Grégoire, à ma place!
DAPHNIS.
Va, ce fer que tu vois en manquera bien plus;
Il faut punir ta lâche audace:

Indigne suppôt de Bacchus,
Tremble, et rends-moi ma femme.
GRÉGOIRE.
Eh! mais, pour te la rendre,
Il faudrait avoir eu le plaisir de la prendre :
Tu vois, je ne l'ai point.
DAPHNIS.
Non, tu ne l'auras pas;
Mais c'est toi qui me l'as ravie;
C'est toi qui l'as changée, et presque dans mes bras :
Elle m'aimait plus que sa vie
Avant d'avoir goûté ton vin.
On connaît ton esprit malin;
A peine a-t-elle bu de ta liqueur mêlée,
Sa haine contre moi soudain s'est exhalée;
Elle me fuit, m'outrage et m'accable d'horreurs.
C'est toi qui l'as ensorcelée;
Tes pareils dès long-temps sont des empoisonneurs.
GRÉGOIRE.
Quoi! ta femme te hait!
DAPHNIS.
Oui, perfide! à la rage.
GRÉGOIRE.
Eh mais! c'est quelquefois un fruit du mariage;
Tu peux t'en informer.
DAPHNIS.
Non, toi seul as tout fait :
Tu mets à mon bonheur un invincible obstacle.
GRÉGOIRE.
Tu crois donc, mon ami, qu'une femme en effet

ACTE II, SCÈNE IV.

Ne peut te haïr sans miracle?

DAPHNIS.

Je crois que dans l'instant à mon juste dépit,
Lâche, ton sang va satisfaire.

ARIETTE.

GRÉGOIRE.

Il le ferait comme il le dit,
Car je n'ai plus mon bel habit
Pour qui le peuple me révère,
Et ma personne est sans crédit
Auprès de cet homme en colère;
Il le ferait comme il le dit,
Car je n'ai plus mon bel habit.

Apaise-toi, rengaîne... Eh bien, je te promets
Qu'aujourd'hui ta Glycère, en son sens revenue,
 A son époux, à son amour rendue,
  Va te chérir plus que jamais.

DAPHNIS.

O ciel! est-il bien vrai? Mon cher ami Grégoire,
Parle; que faut-il faire?

GRÉGOIRE.

    Il vous faut tous deux boire
Ensemble une seconde fois.

DUO.

GRÉGOIRE.	DAPHNIS.
Sur cet autel Grégoire jure	Sur cet autel Grégoire jure
Qu'on t'aimera,	Qu'on m'aimera,
Rien ne dure	Rien ne dure

GRÉGOIRE.	DAPHNIS.
Dans la nature;	Dans la nature;
Rien ne durera,	Rien ne durera,
Tout passera.	Tout passera.
On réparera ton injure.	On réparera mon injure.
On t'en fera;	On m'en fera;
On l'oubliera.	On l'oubliera.
Rien ne dure	Rien ne dure
Dans la nature;	Dans la nature;
Rien ne durera,	Rien ne durera,
Tout passera.	Tout passera.

(Ensemble.)

Le caprice d'une femme
Est l'affaire d'un moment;
La girouette de son ame
Tourne, tourne... au moindre vent.

FIN DU SECOND ACTE.

ACTE TROISIÈME.

SCÈNE I.

LES DEUX PÈRES, GLYCÈRE, PRESTINE.

LE PÈRE DE GLYCÈRE.
Oui, c'étaient des vapeurs; c'est une maladie
Où les vieux médecins n'entendent jamais rien :
Cela vient tout d'un coup... quand on se porte bien...
Une seconde dose à l'instant l'a guérie.
　　　Oh! que cela t'a fait de bien !

LE PÈRE DE DAPHNIS.
Ces espèces de maux s'appellent frénésie.
Feu ma femme autrefois en fut long-temps saisie;
Quand son mal lui prenait, c'était un vrai démon.

LE PÈRE DE GLYCÈRE.
Ma femme aussi.

LE PÈRE DE DAPHNIS.
　　　　　C'était un torrent d'invectives,
Un tapage, des cris, des querelles si vives...

LE PÈRE DE GLYCÈRE.
Tout de même.

LE PÈRE DE DAPHNIS.
　　　　Il fallait déserter la maison.
La bonne me disait : *Je te hais*, d'un courage,
D'un fonds de vérité... cela partait du cœur.

Grace au ciel, tu n'as plus cette mauvaise humeur,
Et rien ne troublera ta tête et ton ménage.
   GLYCÈRE, *se relevant d'un banc de gazon où elle*
             était penchée.
A peine je comprends ce funeste langage.
Qu'est-il donc arrivé? qu'ai-je fait? qu'ai-je dit?
A l'amant que j'adore aurais-je pu déplaire?
    Hélas! j'aurais perdu l'esprit!
L'amour fit mon hymen; mon cœur s'en applaudit :
Vous le savez, grands dieux! si ce cœur est sincère.
    Mais dès le second coup de vin
    Qu'à cet autel on m'a fait boire,
    Mon amant est parti soudain
    En montrant l'humeur la plus noire;
Attachée à ses pas j'ai vainement couru.
Où donc est-il allé? ne l'avez-vous point vu?
      LE PÈRE DE DAPHNIS.
Il arrive.

SCÈNE II.

LES PRÉCÉDENS; DAPHNIS.

    LE PÈRE DE DAPHNIS.
   En effet je vois sur son visage
Je ne sais quoi de dur, de sombre, de sauvage.
    GLYCÈRE *chante.*
   Cher amant, vole dans mes bras :
   Dieu de mes sens, dieu de mon ame,
Animez, redoublez mon éternelle flamme...
Ah! ah! ah! cher époux, ne te détourne pas;

Tes yeux sont-ils fixés sur mes yeux pleins de larmes?
Ton cœur répond-il à mon cœur?
Du feu qui me consume éprouves-tu les charmes?
Sens-tu l'excès de mon bonheur?

(A cette musique tendre succède une symphonie impérieuse
et d'un caractère terrible.)

DAPHNIS, *au père de Glycère.*

(Il chante.)

Écoute, malheureux beau-père,
Tu m'as donné pour femme une Mégère;
Dès qu'on la voit on s'enfuit;
Sa laideur la rend plus fière;
Elle est fausse, elle est tracassière;
Et, pour mettre le comble à mon destin maudit,
Veut avoir de l'esprit.
Je fus assez sot pour la prendre;
Je viens la rendre:
Ma sottise finit...
Le mariage
Est heureux et sage
Quand le divorce le suit.

TRIO.

LES DEUX PÈRES, GLYCÈRE.

O ciel! ô juste ciel! en voilà bien d'une autre.
Ah! quelle douleur est la nôtre!

DAPHNIS.

Beau-père, pour jamais je renonce à la voir:
Je m'en vais voyager loin d'elle... Adieu... Bonsoir.

(Il sort.)

SCÈNE III.

LES DEUX PÈRES, GLYCÈRE.

LE PÈRE DE GLYCÈRE.

Quel démon dans ce jour a troublé ma famille?
Hélas! ils sont tous fous :
Ce matin c'était ma fille,
Et le soir c'est son époux.

TRIO.

D'une plainte commune
Unissons nos soupirs.
Nous trouvons l'infortune
Au temple des plaisirs.

GLYCÈRE.

Ah! j'en mourrai, mon père.

LES DEUX PÈRES.

Ah! tout me désespère.

TOUS ENSEMBLE.

Inutiles désirs !
D'une plainte commune
Unissons nos soupirs.
Nous trouvons l'infortune
Au temple des plaisirs.

SCÈNE IV.

LES PRÉCÉDENS; PRESTINE, *arrivant avec précipitation.*

PRESTINE.

Réjouissez-vous tous.

GLYCÈRE, *qui s'est laissé tomber sur un lit de gazon, se retournant.*

Ah, ma sœur, je suis morte !
Je n'en puis revenir.

PRESTINE.

N'importe,
Je veux que vous dansiez avec mon père et moi.

LE PÈRE DE DAPHNIS.

C'est bien prendre son temps, ma foi !
Serais-tu folle aussi, Prestine, à ta manière ?

PRESTINE.

Je suis gaie et sensée, et je sais votre affaire ;
Soyez tous bien contens.

LE PÈRE DE DAPHNIS.

Ah, méchant petit cœur !
Lorsqu'à tant de chagrins tu nous vois tous en proie,
Peux-tu bien dans notre douleur
Avoir la cruauté de montrer de la joie ?

PRESTINE *chante.*

Avant de parler je veux chanter,
Car j'ai bien des choses à dire.
Ma sœur, je viens vous apporter
De quoi soulager votre martyre.

LES DEUX TONNEAUX,

Avant de parler je veux chanter,
Avant de parler je veux rire;
Et quand j'aurai pu tout vous conter,
Tout comme moi vous voudrez chanter,
Comme moi je vous verrai rire.

LE PÈRE DE DAPHNIS, *pendant que Glycère est languissante sur le lit de gazon, abîmée dans la douleur.*

Conte-nous donc, Prestine, et puis nous chanterons,
Si de nous consoler tu donnes des raisons.

PRESTINE.

D'abord, ma pauvre sœur, il faut vous faire entendre
Que vous avez fait fort mal
De ne nous pas apprendre
Que de ce beau Daphnis Grégoire était rival.

GLYCÈRE.

Hélas! quel intérêt mon cœur put-il y prendre?
L'ai-je pu remarquer? je ne voyais plus rien.

PRESTINE.

Je vous l'avais bien dit, Grégoire est un vaurien
Bien plus dangereux qu'il n'est tendre.
Sachez que dans ce temple on a mis deux tonneaux
Pour tous les gens que l'on marie :
L'un est vaste et profond; la tonne de Cîteaux
N'est qu'une pinte auprès; mais il est plein de lie;
Il produit la discorde et les soupçons jaloux,
Les lourds ennuis, les froids dégoûts,
Et la secrète antipathie:
C'est celui que l'on donne, hélas! à tant d'époux,
Et ce tonneau fatal empoisonne la vie.

ACTE III, SCÈNE IV.

L'autre tonneau, ma sœur, est celui de l'amour;
Il est petit... petit... on en est fort avare;
De tous les vins qu'on boit c'est, dit-on, le plus rare.
    Je veux en tâter quelque jour.
    Sachez que le traître Grégoire
    Du mauvais tonneau tour à tour
    Malignement vous a fait boire.

GLYCÈRE.

Ah! de celui d'amour je n'avais pas besoin;
J'idolâtrais sans lui mon amant et mon maître.
Temple affreux! coupe horrible! ah, Grégoire! ah, le
    Qu'il a pris un funeste soin!   [traître!

LE PÈRE DE GLYCÈRE.

D'où sais-tu tout cela?

PRESTINE.

            La servante du temple
Est une babillarde; elle m'a tout conté.

LE PÈRE DE DAPHNIS.

Oui, de ces deux tonneaux j'ai vu plus d'un exemple;
La servante a dit vrai. La docte antiquité
A parlé fort au long de cette belle histoire.
Jupiter autrefois, comme on me l'a fait croire,
Avait ses deux bondons toujours à ses côtés;
De là venaient nos biens et nos calamités.
J'ai lu dans un vieux livre...

PRESTINE.

            Eh! lisez moins, mon père,
Et laissez-moi parler... Dès que j'ai su le fait,
Au bon vin de l'amour j'ai bien vite en secret
    Couru tourner le robinet;

J'en ai fait boire un coup à l'amant de Glycère :
D'amour pour toi, ma sœur, il est tout enivré,
Repentant, honteux, tendre; il va venir. Il rosse
  Le méchant Grégoire à son gré.
  Et moi, qui suis un peu précoce,
J'ai pris un bon flacon de ce vin si sucré,
  Et je le garde pour ma noce.

   GLYCÈRE, *se relevant.*

Ma sœur, ma chère sœur, mon cœur désespéré
Se ranime par toi, reprend un nouvel être;
  C'est Daphnis que je vois paraître;
  C'est Daphnis qui me rend au jour.

SCÈNE V.

LES PRÉCÉDENS; DAPHNIS.

DAPHNIS.

Ah! je meurs à tes pieds et de honte et d'amour.

QUINQUE.

Chantons tous cinq, en ce jour d'allégresse,
 Du bon tonneau les effets merveilleux.

PRESTINE.   LES DEUX PÈRES.   GLYCÈRE.   DAPHNIS.

Ma sœur... Mon fils... Mon amant... Ma maîtresse...
  Aimons-nous, bénissons les dieux :
  Deux amans brouillés s'en aiment mieux.
   Que tout nous seconde;
 Allons, courons, jetons au fond de l'eau
   Ce vilain tonneau;
Et que tout soit heureux, s'il se peut, dans le monde.

   FIN DES DEUX TONNEAUX.

LES GUÈBRES,

OU

LA TOLÉRANCE,

TRAGÉDIE EN CINQ ACTES,

NON REPRÉSENTÉE,

Imprimée pour la première fois en 1769.

PRÉFACE

DES ÉDITEURS DE LA PREMIÈRE ÉDITION.

(JUILLET 1769.)

Le poëme dramatique intitulé *les Guèbres* était originairement une tragédie chrétienne; mais après les tragédies de *Saint-Genest*, de *Polyeucte*, de *Théodore*, de *Gabinie*, et de tant d'autres, l'auteur de cet ouvrage craignit que le public ne fût enfin dégoûté, et que même ce ne fût en quelque façon manquer de respect pour la religion chrétienne de la mettre trop souvent sur un théâtre profane. Ce n'est que par le conseil de quelques magistrats éclairés qu'il substitua les Parsis ou Guèbres aux chrétiens. Pour peu qu'on y fasse attention, on verra qu'en effet les Guèbres n'adoraient qu'un seul Dieu, qu'ils furent persécutés comme les chrétiens depuis Dioclétien, et qu'ils ont dû dire à peu près pour leur défense tout ce que les chrétiens disaient alors.

L'empereur ne fait à la fin de la pièce que ce que fit Constantin à son avénement, lorsqu'il donna dans un édit pleine liberté aux chrétiens d'exercer leur culte, jusque là presque toujours défendu, ou à peine toléré.

M......, en composant cet ouvrage, n'eut d'autre vue que d'inspirer la charité universelle, le respect pour les lois, l'obéissance des sujets aux souverains, l'équité et l'indulgence des souverains pour leurs sujets.

Si les prêtres des faux dieux abusent cruellement de leur pouvoir dans cette pièce, l'empereur les réprime. Si l'abus du sacerdoce est condamné, la vertu de ceux qui sont dignes de leur ministère reçoit tous les éloges qu'elle mérite.

Si le tribun d'une légion, et son frère qui en est le lieutenant, s'emportent en murmures, la clémence et la justice de César en font des sujets fidèles et attachés pour jamais à sa personne.

Enfin la morale la plus pure et la félicité publique sont l'objet et le résultat de cette pièce. C'est ainsi qu'en jugèrent des hommes d'état élevés à des postes considérables, et c'est dans cette vue qu'elle fut approuvée à Paris.

Mais on conseilla à l'auteur de ne la point exposer au théâtre, et de la réserver seulement pour le petit nombre de gens de lettres qui lisent encore ces ouvrages. On attendait alors avec impatience plusieurs tragédies plus théâtrales et plus dignes des regards du public, soit de M. De Belloy, soit de M. Le Mierre, ou de quelques autres auteurs célèbres. L'auteur de *la Tolérance* n'osa ni ne voulut entrer en concurrence avec des talens qu'il sentait supérieurs aux siens; il aima mieux avoir droit à leur indulgence que de lutter vainement contre eux; et il supprima même son ouvrage, que nous présentons aujourd'hui aux gens de lettres; car c'est leur suffrage qu'il faut principalement ambitionner dans tous les genres; ce sont eux qui dirigent à la longue le jugement et le goût du public. Nous n'entendons pas seulement par gens de lettres les auteurs, mais les amateurs éclairés qui ont fait une étude approfondie de la littérature : *Qui vitam excoluere per artes*; ce sont eux que le grand Virgile place dans les Champs Élysées parmi les ombres heureuses, parce que la culture des arts rend toujours les ames plus honnêtes et plus pures.

PRÉFACE.

Enfin nous avons cru que le fond des choses qui sont traitées dans ce drame pourrait ranimer un peu le goût de la poésie, que l'esprit de dissertation et de paradoxe commence à éteindre en France, malgré les heureux efforts de plusieurs jeunes gens remplis de grands talens qu'on n'a peut-être pas assez encouragés.

DISCOURS

HISTORIQUE ET CRITIQUE,

A L'OCCASION DE LA TRAGÉDIE DES GUÈBRES.

On trouvera dans cette nouvelle édition de la tragédie des *Guèbres*, exactement corrigée, beaucoup de morceaux qui n'étaient point dans les premières. Cette pièce n'est pas une tragédie ordinaire dont le seul but soit d'occuper pendant une heure le loisir des spectateurs, et dont le seul mérite soit d'arracher, avec le secours d'une actrice, quelques larmes bientôt oubliées. L'auteur n'a point cherché de vains applaudissemens, qu'on a si souvent prodigués sur les théâtres aux plus mauvais ouvrages encore plus qu'aux meilleurs.

Il a seulement voulu employer un faible talent à inspirer, autant qu'il est en lui, le respect pour les lois, la charité universelle, l'humanité, l'indulgence, la tolérance : c'est ce qu'on a déja remarqué dans les préfaces qui ont paru à la tête de cet ouvrage dramatique.

Pour mieux parvenir à jeter dans les esprits les semences de ces vertus nécessaires à toute société, on a choisi des personnages dans l'ordre commun. On n'a pas craint de hasarder sur la scène un jardinier, une jeune fille qui a prêté la main aux travaux rustiques de son père, des officiers, dont l'un commande dans une petite place frontière, et dont l'autre est lieutenant dans la compagnie de son frère; enfin un des acteurs est un simple soldat. De tels personnages, qui se rapprochent plus de la nature, et la simplicité du style qui leur convient, ont paru devoir faire plus d'impression, et mieux concourir au but proposé que des princes amoureux et des princesses passionnées : les théâtres ont assez retenti de ces aventures tragiques qui ne se passent qu'entre des souverains, et qui sont de peu d'utilité pour le reste des hommes. On trouve à la vérité un empereur dans cette pièce, mais ce n'est ni pour frapper les yeux par le faste de la grandeur, ni pour étaler son pouvoir en vers ampoulés : il ne vient qu'à la fin de la tragédie, et c'est pour prononcer une loi telle que les anciens les feignaient dictées par les dieux.

Cette heureuse catastrophe est fondée sur la plus exacte vérité. L'empereur Gallien, dont les prédécesseurs avaient long-temps persécuté une secte persane, et même notre religion chrétienne, accorda enfin aux chrétiens et aux sectaires de Perse la liberté de conscience par un édit solennel. C'est la seule action glorieuse de son règne. Le vaillant et sage Dioclétien se conforma depuis à cet édit pendant dix-huit années entières. La première chose que fit Constantin, après avoir vaincu Maxence, fut de renouveler le fameux édit de liberté de conscience porté par l'empereur Gallien en faveur des chrétiens. Ainsi c'est proprement la liberté donnée au christianisme qui était le sujet de la tragédie. Le respect seul pour notre religion empêcha, comme on sait, l'auteur de la mettre sur le théâtre : il donna la pièce sous le nom des *Guèbres*. S'il l'avait présentée sous le titre des chrétiens, elle aurait été jouée sans difficulté, puisqu'on n'en fit aucune de représenter le *Saint-Genest* de Rotrou, le saint *Polyeucte*, et la sainte *Théodore*, vierge et martyre, de Pierre Corneille, le saint *Alexis* de Desfontaines, la sainte *Gabinie* de Brueys, et plusieurs autres.

Il est vrai qu'alors le goût était moins raffiné, les esprits étaient moins disposés à faire des applications malignes; le public trouvait bon que chaque acteur parlât dans son caractère.

On applaudit sur le théâtre ces vers de Marcèle dans la tragédie de *Saint-Genest*, jouée en 1647, long-temps après *Polyeucte* :

> O ridicule erreur de vanter la puissance
> D'un Dieu qui donne aux siens la mort pour récompense,

> D'un imposteur, d'un fourbe et d'un crucifié !
> Qui l'a mis dans le ciel ? qui l'a déifié ?
> Un nombre d'ignorans et de gens inutiles,
> De malheureux, la lie et l'opprobre des villes ;
> Des femmes, des enfans, dont la crédulité
> S'est forgée à plaisir une divinité ;
> Des gens qui, dépourvus des biens de la fortune,
> Trouvant dans leur malheur la lumière importune,
> Sous le nom de chrétiens font gloire du trépas,
> Et du mépris des biens qu'ils ne possèdent pas.

Mais on applaudit encore davantage cette réponse de saint Genest :

> Si mépriser leurs dieux est leur être rebelle,
> Croyez qu'avec raison je leur suis infidèle,
> Et que, loin d'excuser cette infidélité,
> C'est un crime innocent dont je fais vanité.
> Vous verrez si ces dieux de métal et de pierre
> Seront puissans au ciel comme on les croit en terre,
> Et s'ils vous sauveront de la juste fureur
> D'un Dieu dont la créance y passe pour erreur :
> Et lors ces malheureux, ces opprobres des villes,
> Ces femmes, ces enfans et ces gens inutiles,
> Les sectateurs enfin de ce crucifié,
> Vous diront si sans cause ils l'ont déifié.

On avait approuvé dix ans auparavant, dans la tragédie de saint Polyeucte, le zèle avec lequel il court renverser les vases sacrés et briser les statues des dieux dès qu'il est baptisé. Les esprits n'étaient pas alors aussi difficiles qu'ils le sont aujourd'hui ; on ne s'aperçut pas que l'action de Polyeucte est injuste et téméraire ; peu de gens même savaient qu'un tel emportement était condamné par les saints conciles. Quoi de plus condamnable en effet que d'aller exciter un tumulte horrible dans un temple, de mettre aux prises tout un peuple assemblé pour remercier le ciel d'une victoire de l'empereur, de fracasser des statues dont les débris peuvent fendre la tête des enfans et des femmes ! Ce n'est que depuis peu qu'on a vu combien la témérité de Polyeucte est insensée et coupable. La cession qu'il fait de sa femme à un païen a paru enfin à plusieurs personnes choquer la raison, les bienséances, la nature, et le christianisme même : les conversions subites de Pauline et même du lâche Félix ont trouvé des censeurs, qui, en admirant les belles scènes de cette pièce, se sont révoltés contre quelques défauts de ce genre.

Athalie est peut-être le chef-d'œuvre de l'esprit humain. Trouver le secret de faire en France une tragédie intéressante sans amour, oser faire parler un enfant sur le théâtre, et lui prêter des réponses dont la candeur et la simplicité nous tirent des larmes, n'avoir presque pour acteurs principaux qu'une vieille femme et un prêtre, remuer le cœur pendant cinq actes avec ces faibles moyens, se soutenir surtout (et c'est là le grand art) par une diction toujours pure, toujours naturelle et auguste, souvent sublime; c'est là ce qui n'a été donné qu'à Racine, et qu'on ne reverra probablement jamais.

Cependant cet ouvrage n'eut long-temps que des censeurs. On connaît l'épigramme de Fontenelle, qui finit par ces mauvais vers :

> Pour avoir fait pis qu'Esther,
> Comment diable as-tu pu faire ?

Il y avait alors une cabale si acharnée contre le grand Racine, que, si l'on en croit l'historien du Théâtre Français, on donnait dans des jeux de société pour pénitence à ceux qui avaient fait quelque faute, de lire un acte d'*Athalie,* comme dans la société de Boileau, de Furetière, de Chapelle, on avait imposé la pénitence de lire une page de *la Pucelle* de Chapelain : c'est sur quoi l'écrivain du siècle de Louis XIV dit, à l'article RACINE : « L'or est confondu avec la boue pendant la vie des « artistes, et la mort les sépare. »

Enfin ce qui montre encore plus à quel point nos premiers jugemens sont souvent absurdes, combien il est rare de bien apprécier les ouvrages en tout genre, c'est que non seulement

Athalie fut impitoyablement déchirée, mais elle fut oubliée. On représentait tous les jours *Alcibiade*, pour qui

> . . . . La fille d'un grand roi
> Brûle d'un feu secret, sans honte et sans effroi.

Tous les nouveaux acteurs essayaient leur talent dans le *Comte d'Essex*, qui dit en rendant son épée :

> Vous avez en vos mains ce que toute la terre
> A vu plus d'une fois utile à l'Angleterre.

On applaudissait à la reine Élisabeth, amoureuse comme une fille de quinze ans à l'âge de soixante-huit; les loges s'extasiaient quand elle disait :

> Il a trop de ma bouche, il a trop de mes yeux
> Appris qu'il est, l'ingrat, ce que j'aime le mieux.....
> De cette passion que faut-il qu'il espère ?
> Ce qu'il faut qu'il espère ! et qu'en puis-je espérer
> Que la douceur de voir, d'aimer et de pleurer ?

Ces énormes platitudes, qui suffiraient à déshonorer une nation, avaient la plus grande vogue; mais pour *Athalie*, il n'en était pas question, elle était ignorée du public. Une cabale l'avait anéantie, une autre cabale enfin la ressuscita. Ce ne fut point parce que cet ouvrage est un chef-d'œuvre d'éloquence qu'on le fit représenter en 1717, ce fut uniquement parce que l'âge du petit Joas et celui du roi de France régnant étant pareils, on crut que cette conformité pourrait faire une grande impression sur les esprits. Alors le public passa de trente années d'indifférence au plus grand enthousiasme.

Malgré cet enthousiasme, il y eut des critiques : je ne parle pas de ces raisonneurs destitués de génie et de goût, qui, n'ayant pu faire deux bons vers en leur vie, s'avisent de peser dans leurs petites balances les beautés et les défauts des grands hommes, à peu près comme des bourgeois de la rue Saint-Denis jugent les campagnes des maréchaux de Turenne et de Saxe.

Je n'ai ici en vue que les réflexions sensées et patriotiques de plusieurs seigneurs considérables, soit français, soit étrangers : ils ont trouvé Joad beaucoup plus condamnable que ne l'était Grégoire VII quand il eut l'audace de déposer son empereur Henri IV, de le persécuter jusqu'à la mort, et de lui faire refuser la sépulture.

Je crois rendre service à la littérature, aux mœurs, aux lois, en rapportant ici la conversation que j'eus dans Paris avec milord Cornsbury, au sortir d'une représentation d'*Athalie*.

« Je ne puis aimer, disait ce digne pair d'Angleterre, le pontife Joad; comment! conspirer contre sa reine à laquelle il a fait serment d'obéissance! la trahir par le plus lâche des mensonges, en lui disant qu'il y a de l'or dans la sacristie, et qu'il lui donnera cet or! la faire ensuite égorger par des prêtres à la porte-aux-Chevaux, sans forme de procès! Une reine! une femme! quelle horreur! Encore si Joad avait quelque prétexte pour commettre cette action abominable! mais il n'en a aucun. Athalie est une grand'mère de près de cent ans; le jeune Joas est son petit-fils, son unique héritier; elle n'a plus de parens; son intérêt est de l'élever et de lui laisser la couronne, elle déclare elle-même qu'elle n'a pas d'autre intention. C'est une absurdité insupportable de supposer qu'elle veuille élever Joas chez elle pour s'en défaire; c'est pourtant sur cette absurdité que le fanatique Joad assassine sa reine.

« Je l'appelle hardiment fanatique, puisqu'il parle ainsi à sa femme (à cette femme assez inutile dans la pièce), lorsqu'il la trouve avec un prêtre qui n'est pas de sa communion :

> Quoi! fille de David, vous parlez à ce traître!
> Vous souffrez qu'il vous parle, et vous ne craignez pas
> Que du fond de l'abîme entr'ouvert sous ses pas
> Il ne sorte à l'instant des feux qui vous embrasent,
> Ou qu'en tombant sur lui ces murs ne vous écrasent!

« Je fus très content du parterre qui riait de ces vers, et non moins content de l'acteur qui les supprima dans la représentation suivante. Je me sentais une horreur inexprimable pour ce Joad; je m'intéressais vivement à Athalie; je disais d'après vous-même : « Je pleure, hélas! de la pauvre Athalie si méchamment mise à mort par Joad. »

« Car pourquoi ce grand-prêtre conspire-t-il très imprudemment contre la reine? pourquoi la trahit-il? pourquoi l'égorge-t-il? c'est apparemment pour régner lui-même sous le nom du petit Joas, car quel autre que lui pourrait avoir la régence sous un roi enfant dont il est le maître?

« Ce n'est pas tout; il veut qu'on extermine ses concitoyens; *qu'on se baigne dans leur sang sans horreur;* il dit à ses prêtres:

Frappez et Tyriens et même Israélites.

« Quel est le prétexte de cette boucherie? c'est que les uns adorent Dieu sous le nom phénicien d'Adonaï, les autres sous le nom chaldéen de Baal ou Bel. En bonne foi, est-ce là une raison pour massacrer ses concitoyens, ses parens, comme il l'ordonne? Quoi! parce que Racine est janséniste, il veut qu'on fasse une Saint-Barthélemi des hérétiques!

« Il est d'autant plus permis d'avoir en exécration l'assassinat et les fureurs de Joad, que les livres juifs, que toute la terre sait être inspirés de Dieu, ne lui donnent aucun éloge. J'ai vu plusieurs de mes compatriotes qui regardent du même œil Joad et Cromwell : ils disent que l'un et l'autre se servirent de la religion pour faire mourir leurs monarques. J'ai vu même des gens difficiles qui disaient que le prêtre Joad n'avait pas plus de droit d'assassiner Athalie que votre jacobin Clément n'en avait d'assassiner Henri III.

« On n'a jamais joué *Athalie* chez nous; je m'imagine que c'est parce qu'on y déteste un prêtre qui assassine sa reine sans la sanction d'un acte passé en parlement. »

« C'est peut-être, lui répondis-je, parce qu'on ne tue qu'une seule reine dans cette pièce; il en faut des douzaines aux Anglais, avec autant de spectres. »

« Non, croyez-moi, me répliqua-t-il, si on ne joue point *Athalie* à Londres, c'est qu'il n'y a point assez d'action pour nous; c'est que tout s'y passe en longs discours; c'est que les quatre premiers actes entiers sont des préparatifs; c'est que Josabeth et Mathan sont des personnages peu agissans; c'est que le grand mérite de cet ouvrage consiste dans l'extrême simplicité et dans l'élégance noble du style. La simplicité n'est point du tout un mérite sur notre théâtre; nous voulons bien plus de fracas, d'intrigue, d'action, et d'événemens variés : les autres nations nous blâment; mais sont-elles en droit de vouloir nous empêcher d'avoir du plaisir à notre manière ? En fait de goût, comme de gouvernement, chacun doit être le maître chez soi. Pour la beauté de la versification, elle ne se peut jamais traduire. Enfin le jeune Éliacin, en long habit de lin, et le petit Zacharie, tous deux présentant le sel au grand-prêtre, ne feraient aucun effet sur les têtes de mes compatriotes, qui veulent être profondément occupées et fortement remuées.

« Personne ne court véritablement le moindre danger dans cette pièce jusqu'au moment où la trahison du grand-prêtre éclate, **car** assurément on ne craint point qu'Athalie fasse tuer le petit Joas; elle n'en a nulle envie, *elle veut l'élever comme son propre fils*. Il faut avouer que le grand-prêtre, par ses manœuvres et par sa férocité, fait tout ce qu'il peut pour perdre cet enfant qu'il veut conserver; car en attirant la reine dans le temple sous prétexte de lui donner de l'argent, en préparant cet assassinat, pouvait-il s'assurer que le petit Joas ne serait pas égorgé dans le tumulte ?

« En un mot, ce qui peut être bon pour une nation peut être fort insipide pour une autre. On a voulu en vain me faire admirer la réponse que Joas fait à la reine quand elle lui dit :

J'ai mon dieu que je sers; vous servirez le vôtre :
Ce sont deux puissans dieux.

Le petit Juif lui répond :

Il faut craindre le mien;
Lui seul est Dieu, madame, et le vôtre n'est rien.

« Qui ne voit que l'enfant aurait répondu de même s'il avait été élevé dans le culte de Baal par Mathan ? Cette réponse ne signifie autre chose sinon : J'ai raison, et vous avez tort, car ma nourrice me l'a dit.

« Enfin, monsieur, j'admire avec vous l'art et les vers de Racine dans *Athalie*, et je trouve avec vous que le fanatique Joad est d'un très dangereux exemple. »

« Je ne veux point, lui répliquai-je, condamner le goût de vos Anglais; chaque peuple a son caractère : ce n'est point pour le roi Guillaume que Racine fit son *Athalie*; c'est pour madame de Maintenon et pour des Français. Peut-être vos Anglais n'auraient point été touchés du péril imaginaire du petit Joas : ils raisonnent, mais les Français sentent : il faut plaire à sa nation : et quiconque n'a point avec le temps de réputation chez soi n'en a jamais ailleurs. Racine prévit bien l'effet que sa pièce devait faire sur notre théâtre; il conçut que les spectateurs croiraient en effet que la vie de l'enfant est menacée, quoiqu'elle ne le soit point du tout. Il sentit qu'il ferait illusion par le prestige de son art admirable; que la présence de cet enfant et les discours touchans de Joad, qui lui sert de père, arracheraient des larmes.

« J'avoue qu'il n'est pas possible qu'une femme d'environ cent ans veuille égorger son petit-fils, son unique héritier; je sais qu'elle a un intérêt pressant à l'élever auprès d'elle, qu'il doit lui servir de sauvegarde contre ses ennemis, que la vie de cet enfant doit être son plus cher objet après la sienne propre : mais l'auteur a l'adresse de ne pas présenter cette vérité aux yeux; il la déguise; il inspire de l'horreur pour Athalie qu'il représente comme ayant égorgé tous ses petits-fils, quoique ce massacre ne soit nullement vraisemblable. Il suppose que Joas a échappé au carnage; dès lors le spectateur est alarmé et attendri. Un vrai poëte, tel que Racine, est, si je l'ose dire, comme un dieu qui tient les cœurs des hommes dans sa main. Le potier qui donne à son gré des formes à l'argile n'est qu'une faible image du grand poëte qui tourne comme il veut nos idées et nos passions. »

Tel fut à peu près l'entretien que j'eus autrefois avec milord Cornsbury, l'un des meilleurs esprits qu'ait produits la Grande-Bretagne.

Je reviens à présent à la tragédie des *Guèbres*, que je suis bien loin de comparer à l'*Athalie* pour la beauté du style, pour la simplicité de la conduite, pour la majesté du sujet, pour les ressources de l'art.

Athalie a d'ailleurs un avantage que rien ne peut compenser, celui d'être fondée sur une religion qui était alors la seule véritable, et qui n'a été, comme on sait, remplacée que par la nôtre. Les noms seuls d'Israël, de David, de Salomon, de Juda, de Benjamin, impriment sur cette tragédie je ne sais quelle horreur religieuse qui saisit un grand nombre de spectateurs. On rappelle dans la pièce tous les prodiges sacrés dont Dieu honora son peuple juif sous les descendans de David; Achab puni; les chiens qui lèchent son sang, suivant la prédiction d'Élie, et suivant le psaume 67 : *Les chiens lècheront leur sang...*

Élie y annonce qu'il ne pleuvra de trois ans ; il prouve à quatre cent cinquante prophètes du roi Achab qu'ils sont de faux prophètes, en fesant consumer son holocauste d'un bœuf par le feu du ciel ; et il fait égorger les quatre cent cinquante prophètes qui n'ont pu opérer un pareil miracle : tous ces grands signes de la puissance divine sont retracés pompeusement dans la tragédie d'*Athalie* dès la première scène. Le pontife Joad lui-même prophétise et déclare que l'or sera changé en plomb. Tout le sublime de l'histoire juive est répandu dans la pièce depuis le premier vers jusqu'au dernier.

La tragédie des *Guèbres* ne peut être appuyée par ces secours divins : il ne s'agit ici que d'humanité. Deux simples officiers, pleins d'honneur et de générosité, veulent arracher une fille innocente à la fureur de quelques prêtres païens. Point de prodiges, point d'oracle, point d'ordre des dieux ; la seule nature parle dans la pièce. Peut-être ne va-t-on pas loin quand on n'est pas soutenu par le merveilleux; mais enfin la morale de cette tragédie est si pure et si touchante qu'elle a trouvé grace devant tous les esprits bien faits.

Si quelque ouvrage de théâtre pouvait contribuer à la félicité publique par des maximes sages et vertueuses, on convient que c'est celui-ci. Il n'y a point de souverain à qui la terre entière n'applaudît avec transport, si on lui entendait dire :

> Je pense en citoyen; j'agis en empereur;
> Je hais le fanatique et le persécuteur.

Tout l'esprit de la pièce est dans ces deux vers; tout y conspire à rendre les mœurs plus douces, les peuples plus sages, les souverains plus compatissans, la religion plus conforme à la volonté divine.

On nous a mandé que des hommes ennemis des arts, et plus encore de la saine morale, cabalaient en secret contre cet ouvrage utile; ils ont prétendu, dit-on, qu'on pouvait appliquer à quelques pontifes, à quelques prêtres modernes, ce qu'on dit des anciens prêtres d'Apamée. Nous ne pouvons croire qu'on ose hasarder, dans un siècle tel que le nôtre, des allusions si fausses et si ridicules. S'il y a peu de génie dans ce siècle, il faut avouer du moins qu'il y règne une raison très cultivée. Les honnêtes gens ne souffrent plus ces allusions malignes, ces interprétations forcées, cette fureur de voir dans un ouvrage ce qui n'y est pas. On employa cet indigne artifice contre le *Tartufe* de Molière; il ne prévalut pas : prévaudrait-il aujourd'hui?

Quelques figuristes, dit-on, prétendent que les prêtres d'Apamée sont les jésuites Le Tellier et Doucin, qu'Arzame est une religieuse de Port-Royal, que les Guèbres sont les jansénistes. Cette idée est folle; mais, quand même on pourrait la couvrir de quelque apparence de raison, qu'en résulterait-il? que les jésuites ont été quelque temps des persécuteurs, des ennemis de la paix publique, qu'ils ont fait languir et mourir par lettres de cachet dans des prisons plus de cinq cents citoyens pour je ne sais quelle bulle qu'ils avaient fabriquée eux-mêmes, et qu'enfin on a très bien fait de les punir.

D'autres, qui veulent absolument trouver une clef pour l'intelligence des *Guèbres*, soupçonnent qu'on a voulu peindre l'inquisition, parce que, dans plusieurs pays, des magistrats ont siégé avec des moines inquisiteurs pour veiller aux intérêts de l'état; cette idée n'est pas moins absurde que l'autre. Pourquoi vouloir expliquer ce qui ne demande aucune explication? pourquoi s'obstiner à faire d'une tragédie une énigme dont on cherche le mot? Il y eut un nommé Du Magnon qui imprima que *Cinna* était le portrait de la cour de Louis XIII.

Mais supposons encore qu'on pût imaginer quelque ressemblance entre les prêtres d'Apamée et les inquisiteurs, il n'y aurait dans cette ressemblance prétendue qu'une raison de plus d'élever des monumens à la gloire des ministres d'Espagne et de Portugal qui ont enfin réprimé les horribles abus de ce tribunal sanguinaire. Vous voulez à toute force que cette tragédie soit la satire de l'inquisition; eh bien! bénissez donc tous les parlemens de France qui se sont constamment opposés à l'introduction de cette magistrature monstrueuse, étrangère, inique, dernier effort de la tyrannie, et opprobre du genre humain. Vous cherchez des allusions; adoptez donc celle qui se présente si naturellement dans le clergé de France, composé en général d'hommes dont la vertu égale la naissance, et qui ne sont point persécuteurs:

> Ces pontifes divins, justement respectés,
> Ont condamné l'orgueil, et plus les cruautés.

Vous trouverez, si vous voulez, une ressemblance plus frappante entre l'empereur qui vient dire, à la fin de la tragédie, qu'il ne veut pour prêtres que des hommes de paix, et ce roi sage qui a su calmer des querelles ecclésiastiques qu'on croyait interminables.

Quelque allégorie que vous cherchiez dans cette pièce, vous n'y verrez que l'éloge du siècle.

Voilà ce qu'on répondrait avec raison à quiconque aurait la manie de vouloir envisager le tableau du temps présent dans une antiquité de quinze cents années.

Si la tolérance accordée par quelques empereurs romains paraissait d'une conséquence dangereuse à quelques habitans des Gaules du dix-huitième siècle de notre ère vulgaire; s'ils oubliaient que les Provinces-Unies doivent leur opulence à cette tolérance humaine, l'Angleterre sa puissance, l'Allemagne sa paix intérieure, la Russie sa grandeur, sa nouvelle population, sa force; si ces faux politiques s'effarouchent d'une vertu que la nature enseigne, s'ils osent s'élever contre cette vertu, qu'ils songent au moins qu'elle est recommandée par Sévère dans *Polyeucte* :

> J'approuve cependant que chacun ait ses dieux.

Qu'ils avouent que, dans *les Guèbres*, ce droit naturel est bien plus restreint dans des limites raisonnables :

> Que chacun dans sa loi cherche en paix la lumière ;
> Mais la loi de l'état est toujours la première.

Aussi ces vers ont été toujours reçus avec une approbation universelle partout où la pièce a été représentée. Ce qui est approuvé par le suffrage de tous les hommes est sans doute le bien de tous les hommes.

L'empereur, dans la tragédie des *Guèbres*, n'entend point et ne peut entendre par le mot de *tolérance* la licence des opinions contraires aux mœurs, les assemblées de débauche, les confréries fanatiques ; il entend cette indulgence qu'on doit à tous les citoyens qui suivent en paix ce que leur conscience leur dicte, et qui adorent la divinité sans troubler la société. Il ne veut pas qu'on punisse ceux qui se trompent comme on punirait des parricides. Un code criminel fondé sur une loi si sage abolirait des horreurs qui font frémir la nature : on ne verrait plus des préjugés tenir lieu de lois divines, les plus absurdes délations devenir des convictions, une secte accuser continuellement une autre secte d'immoler ses enfans, des actions indifférentes en elles-mêmes portées devant les tribunaux comme d'énormes attentats, des opinions simplement philosophiques traitées de crimes de lèse-majesté divine et humaine, un pauvre gentilhomme condamné à la mort pour avoir soulagé la faim dont il était pressé en mangeant de la chair de cheval en carême *, une étourderie de jeunesse punie par un supplice réservé aux parricides; et enfin les mœurs les plus barbares étaler, à l'étonnement des nations indignées, toute leur atrocité dans le sein de la politesse et des plaisirs. C'était malheureusement le caractère de quelques peuples dans des temps d'ignorance. Plus on est absurde, plus on est intolérant et cruel : l'absurdité a élevé plus d'échafauds qu'il n'y a eu de criminels. C'est l'absurdité qui livra aux flammes la maréchale d'Ancre et le curé Urbain Grandier; c'est l'absurdité, sans doute, qui fut l'origine de la Saint-Barthélemi. Quand la raison est pervertie, l'homme devient un animal féroce; les bœufs et les singes se changent en tigres. Voulez-vous changer enfin ces bêtes en hommes? commencez par souffrir qu'on leur prêche la raison.

* Claude Guillon, exécuté en 1629, le 25 juillet, à Saint-Claude, en Franche-Comté, pour ce crime de lèse-majesté divine au premier chef.

AVIS

DES ÉDITEURS DE L'ÉDITION DE KEHL.

La tragédie des *Guèbres* fut donnée au public comme l'ouvrage d'un jeune auteur anonyme; et nous voyons dans le manuscrit du véritable auteur que son intention avait été d'abord de l'attribuer à feu M. Desmahis, l'un de ses plus aimables élèves; et voici comme il terminait le discours qu'on vient de lire :

« Le résultat de ce discours est qu'il faut de la tolé-
« rance dans les beaux arts comme dans la société : aussi
« ce jeune Desmahis était le plus tolérant de tous les
« hommes : il ne haïssait que les pédans insolens, qui
« sont la pire espèce du genre humain, soit qu'ils par-
« lent en persécuteurs, comme l'ont été les jésuites, soit
« qu'ils outragent des citoyens dans les gazettes ecclé-
« siastiques ou profanes, pour avoir du pain. S'il était
« inexorable pour ces ames lâches et perverses, il était
« très indulgent pour les ouvrages du génie. Il n'en est
« aucun de parfait, disait-il, pas même le *Tartufe*, qui
« approche tant de la perfection. Il y a des morceaux
« parfaits; c'est tout ce qu'on peut attendre de la fai-
« blesse humaine.

« C'est dommage qu'il soit mort si jeune, ainsi que
« Guillaume Vadé et Jérôme Carré; ils auraient peut-
« être un peu servi à débarbouiller ce siècle.

« Je donne donc en pur don *les Guèbres* de M. Des-
« mahis à un libraire, qui les donnera au public pour
« de l'argent.

AVIS.

« Je n'excuse ni la singularité de cette pièce ni ses
« défauts.

« Si *les Guèbres* ennuient mon cher lecteur, et m'en-
« nuient moi-même quand je les relirai, ce qui m'est
« arrivé en cent occasions, je leur dirai :

> « Enfant postnume et misérable
> « De mon cher petit Desmahis,
> « Tombez dans la foule innombrable
> « De ces impertinens écrits
> « Dont l'énormité nous accable,
> « Tant en province qu'à Paris.
> « C'est un destin bien déplorable,
> « Mais c'est celui des beaux esprits
> « De notre siècle incomparable. »

PERSONNAGES.

IRADAN, tribun militaire, commandant dans le château d'Apamée.
CÉSÈNE, son frère et son lieutenant.
ARZÉMON, Parsis ou Guèbre, agriculteur retiré près de la ville d'Apamée.
ARZÉMON, son fils.
ARZAME, sa fille.
MÉGATISE, Guèbre, soldat de la garnison.
PRÊTRES DE PLUTON.
L'EMPEREUR ET SES OFFICIERS.
SOLDATS.

La scène est dans le château d'Apamée sur l'Oronte, en Syrie.

LES GUÈBRES,

TRAGÉDIE.

ACTE PREMIER.

SCÈNE I.

IRADAN, CÉSÈNE.

CÉSÈNE.

Je suis las de servir. Souffrirons-nous, mon frère,
Cet avilissement du grade militaire?
N'avez-vous avec moi dans quinze ans de hasards
Prodigué votre sang dans les camps des Césars
Que pour languir ici loin des regards du maître,
Commandant subalterne et lieutenant d'un prêtre?
Apamée à mes yeux est un séjour d'horreur.
J'espérais près de vous montrer quelque valeur,
Combattre sous vos lois, suivre en tout votre exemple;
Mais vous n'en recevez que des tyrans d'un temple;
Ces mortels inhumains, à Pluton consacrés,
Dictent par votre voix leurs décrets abhorrés:
Ma raison s'en indigne, et mon honneur s'irrite
De vous voir en ces lieux leur premier satellite.

IRADAN.

Ah! des mêmes chagrins mes sens sont pénétrés;
Moins violent que vous, je les ai dévorés:

Mais que faire? et qui suis-je? un soldat de fortune;
Né citoyen romain, mais de race commune,
Sans soutiens, sans patrons qui daignent m'appuyer,
Sous ce joug odieux il m'a fallu plier.
Des prêtres de Pluton dans les murs d'Apamée
L'autorité fatale est trop bien confirmée :
Plus l'abus est antique, et plus il est sacré;
Par nos derniers Césars on l'a vu révéré.
De l'empire persan l'Oronte nous sépare;
Gallien veut punir la nation barbare
Chez qui Valérien, victime des revers,
Chargé d'ans et d'affronts expira dans les fers.
Venger la mort d'un père est toujours légitime.
Le culte des Persans à ses yeux est un crime.
Il redoute, ou du moins il feint de redouter
Que ce peuple inconstant, prompt à se révolter,
N'embrasse aveuglément cette secte étrangère,
A nos lois, à nos dieux, à notre état contraire;
Il dit que la Syrie a porté dans son sein
De vingt cultes nouveaux le dangereux essaim,
Que la paix de l'empire en peut être troublée,
Et des Césars un jour la puissance ébranlée :
C'est ainsi qu'il excuse un excès de rigueur.

CÉSÈNE.

Il se trompe; un sujet gouverné par l'honneur
Distingue en tous les temps l'état et sa croyance.
Le trône avec l'autel n'est point dans la balance.
Mon cœur est à mes dieux, mon bras à l'empereur.
Eh quoi! si des Persans vous embrassiez l'erreur,
Aux sermens d'un tribun seriez-vous moins fidèle?

Seriez-vous moins vaillant? auriez-vous moins de zèle?
Que César à son gré se venge des Persans;
Mais pourquoi parmi nous punir des innocens?
Et pourquoi vous charger de l'affreux ministère
Que partage avec vous un sénat sanguinaire?

IRADAN.

On prétend qu'à ce peuple il faut un joug de fer,
Une loi de terreur, et des juges d'enfer.
Je sais qu'au Capitole on a plus d'indulgence;
Mais le cœur en ces lieux se ferme à la clémence :
Dans ce sénat sanglant les tribuns ont leur voix;
J'ai souvent amolli la dureté des lois;
Mais ces juges altiers contestent à ma place
Le droit de pardonner, le droit de faire grace.

CÉSÈNE.

Ah! laissons cette place et ces hommes pervers.
Sachez que je vivrais dans le fond des déserts
Du travail de mes mains, chez un peuple sauvage,
Plutôt que de ramper dans ce dur esclavage.

IRADAN.

Cent fois, dans les chagrins dont je me sens presser,
A ces honneurs honteux j'ai voulu renoncer;
Et, foulant à mes pieds la crainte et l'espérance,
Vivre dans la retraite et dans l'indépendance;
Mais j'y craindrais encor les yeux des délateurs :
Rien n'échappe aux soupçons de nos accusateurs.
Hélas! vous savez trop qu'en nos courses premières
On nous vit des Persans habiter les frontières;
Dans les remparts d'Émesse un lien dangereux,
Un hymen clandestin nous enchaîna tous deux :

Ce nœud saint par lui-même est par nos lois impie,
C'est un crime d'état que la mort seule expie;
Et contre les Persans César envenimé
Nous punirait tous deux d'avoir jadis aimé.

CÉSÈNE.

Nous le mériterions. Pourquoi, malgré nos chaînes,
Avons-nous combattu sous les aigles romaines?
Triste sort d'un soldat! docile meurtrier,
Il détruit sa patrie et son propre foyer
Sur un ordre émané du préfet du prétoire;
Il vend le sang humain! c'est donc là de la gloire!
Nos homicides bras, gagés par l'empereur,
Dans des lieux trop chéris ont porté leur fureur.
Qui sait si dans Émesse abandonnée aux flammes
Nous n'avons pas frappé nos enfans et nos femmes?
Nous étions commandés pour la destruction;
Le feu consuma tout; je vis notre maison,
Nos foyers enterrés dans la perte commune.
Je ne regrette point une faible fortune;
Mais nos femmes, hélas! nos enfans au berceau!
Ma fille, votre fils sans vie et sans tombeau!
César nous rendra-t-il ces biens inestimables?
C'est de l'avoir servi que nous sommes coupables;
C'est d'avoir obéi quand il fallut marcher,
Quand César alluma cet horrible bûcher;
C'est d'avoir asservi sous des lois sanguinaires
Notre indigne valeur et nos mains mercenaires.

IRADAN.

Je pense comme vous, et vous me connaissez;
Mes remords par le temps ne sont point effacés.

Mon métier de soldat pèse à mon cœur trop tendre ;
Je pleurerai toujours sur ma famille en cendre ;
J'abhorrerai ces mains qui n'ont pu les sauver ;
Je chérirai ces pleurs qui viennent m'abreuver :
Nous n'aurons dans l'ennui qui tous deux nous consume
Que des nuits de douleur et des jours d'amertume.

CÉSÈNE.

Pourquoi donc voulez-vous de nos malheureux jours
Dans ce fatal service empoisonner le cours ?
Rejetez un fardeau que ma gloire déteste ;
Demandez à César un emploi moins funeste :
On dit qu'en nos remparts il revient aujourd'hui.

IRADAN.

Il faut des protecteurs qui m'approchent de lui ;
Percerai-je jamais cette foule empressée,
D'un préfet du prétoire esclave intéressée,
Ces flots de courtisans, ce monde de flatteurs,
Que la fortune attache aux pas des empereurs,
Et qui laisse languir la valeur ignorée,
Loin des palais des grands honteuse et retirée ?

CÉSÈNE.

N'importe, à ses genoux il faudra nous jeter ;
S'il est digne du trône, il doit nous écouter.

SCÈNE II.

IRADAN, CÉSÈNE, MÉGATISE.

IRADAN.

Soldat, que me veux-tu?

MÉGATISE.

Des prêtres d'Apamée
Une horde nombreuse, inquiète, alarmée,
Veut qu'on ouvre à l'instant, et prétend vous parler.

IRADAN.

Quelle victime encor leur faut-il immoler?

MÉGATISE.

Ah, tyrans!

CÉSÈNE.

C'en est trop, mon frère, je vous quitte;
Je ne contiendrais pas le courroux qui m'irrite :
Je n'ai point de séance au tribunal de sang
Où montent les tribuns par les droits de leur rang;
Si j'y dois assister, ce n'est qu'en votre absence.
De votre ministère exercez la puissance,
Tempérez de vos lois les décrets rigoureux,
Et, si vous le pouvez, sauvez les malheureux.

SCÈNE III.

IRADAN, LE GRAND-PRÊTRE DE PLUTON
ET SES SUIVANS; MÉGATISE, SOLDATS.

IRADAN.
Ministres de nos dieux, quel sujet vous attire ?
LE GRAND-PRÊTRE.
Leur service, leur loi, l'intérêt de l'empire,
Les ordres de César.
IRADAN.
Je les respecte tous,
Je leur dois obéir; mais que m'annoncez-vous ?
LE GRAND-PRÊTRE.
Nous venons condamner une fille coupable,
Qui, des mages persans disciple abominable,
Au pied du mont Liban, par un culte odieux,
Invoquait le soleil, et blasphémait nos dieux;
Envers eux criminelle, envers César lui-même,
Elle ose mépriser notre juste anathème.
Vous devez avec nous prononcer son arrêt;
Le crime est avéré, son supplice est tout prêt.
IRADAN.
Quoi! la mort!
LE SECOND PRÊTRE.
Elle est juste, et notre loi l'exige.
IRADAN.
Mais ses sévérités...
LE GRAND-PRÊTRE.
Elle mourra, vous dis-je;

On va dans ce moment la remettre en vos mains :
Remplissez de César les ordres souverains.

LE SECOND PRÊTRE.

Une fille ! un enfant !

LE SECOND PRÊTRE.

Ni le sexe, ni l'âge
Ne peut fléchir les dieux que l'infidèle outrage.

IRADAN.

Cette rigueur est grande ; il faut l'entendre au moins.

LE GRAND-PRÊTRE.

Nous sommes à la fois et juges et témoins.
Un profane guerrier ne devrait point paraître
Dans notre tribunal à côté du grand-prêtre,
L'honneur du sacerdoce en est trop irrité ;
Affecter avec nous l'ombre d'égalité
C'est offenser des dieux la loi terrible et sainte ;
Elle exige de vous le respect et la crainte :
Nous seuls devons juger, pardonner, ou punir,
Et César vous dira comme il faut obéir.

IRADAN.

Nous sommes ses soldats, nous servons notre maître ;
Il peut tout.

LE GRAND-PRÊTRE.

Oui, sur vous.

IRADAN.

Sur vous aussi peut-être.

LE GRAND-PRÊTRE.

Nos maîtres sont les dieux.

IRADAN.

Servez-les aux autels.

LE GRAND-PRÊTRE.
Nous les servons ici contre les criminels.
IRADAN.
[prendre
Je sais quels sont vos droits; mais vous pourriez ap-
Qu'on les perd quelquefois en voulant les étendre.
Les pontifes divins, justement respectés,
Ont condamné l'orgueil, et plus les cruautés;
Jamais le sang humain ne coula dans leurs temples:
Ils font des vœux pour nous; imitez leurs exemples.
Tant qu'en ces lieux surtout je pourrai commander,
N'espérez pas me nuire et me déposséder
Des droits que Rome accorde aux tribuns militaires.
Rien ne se fait ici par des lois arbitraires;
Montez au tribunal, et siégez avec moi.
Vous, soldats, conduisez, mais au nom de la loi,
La malheureuse enfant dont je plains la détresse;
Ne l'intimidez point, respectez sa jeunesse,
Son sexe, sa disgrace; et, dans notre rigueur,
Gardons-nous bien surtout d'insulter au malheur.
(Il monte au tribunal.)
Puisque César le veut, pontifes, prenez place.
LE GRAND-PRÊTRE.
César viendra bientôt réprimer tant d'audace.

SCÈNE IV.

les précédens; ARZAME.

(Iradan est placé entre le premier et le second pontife.)

IRADAN.

Approchez-vous, ma fille, et reprenez vos sens.

LE GRAND-PRÊTRE.

Vous avez à nos yeux, par un impur encens,
Honorant un faux dieu qu'ont annoncé les mages,
Aux vrais dieux des Romains refusé vos hommages;
A nos préceptes saints vous avez résisté;
Rien ne vous lavera de tant d'impiété.

LE SECOND PRÊTRE.

Elle ne répond point; son maintien, son silence,
Sont aux dieux comme à nous une nouvelle offense.

IRADAN.

Prêtres, votre langage a trop de dureté,
Et ce n'est pas ainsi que parle l'équité :
Si le juge est sévère, il n'est point tyrannique.
Tout soldat que je suis je sais comme on s'explique...
Ma fille, est-il bien vrai que vous ne suiviez pas
Le culte antique et saint qui règne en nos climats?

ARZAME.

Oui, seigneur, il est vrai.

LE GRAND-PRÊTRE.

C'en est assez.

LE SECOND PRÊTRE.

Son crime
Est dans sa propre bouche; elle en sera victime.

IRADAN.

Non, ce n'est point assez; et si la loi punit
Les sujets syriens qu'un mage pervertit,
On borne la rigueur à bannir des frontières
Les Persans ennemis du culte de nos pères.
Sans doute elle est Persane; on peut de ce séjour
L'envoyer aux climats dont elle tient le jour.
Osez, sans vous troubler, dire où vous êtes née,
Quelle est votre famille et votre destinée.

ARZAME.

Je rends grace, seigneur, à tant d'humanité :
Mais je ne puis jamais trahir la vérité;
Mon cœur, selon ma loi, la préfère à la vie[1] :
Je ne puis vous tromper, ces lieux sont ma patrie.

IRADAN.

O vertu trop sincère! ô fatale candeur!
Eh bien! prêtres des dieux, faut-il que votre cœur
Ne soit point amolli du malheur qui la presse,
De sa simplicité, de sa tendre jeunesse?

LE GRAND-PRÊTRE.

Notre loi nous défend une fausse pitié :
Au soleil à nos yeux elle a sacrifié;
Il a vu son erreur, il verra son supplice.

ARZAME.

Avant de me juger connaissez la justice :
Votre esprit contre nous est en vain prévenu;
Vous punissez mon culte, il vous est inconnu.
  Sachez que ce soleil qui répand la lumière,
Ni vos divinités de la nature entière,
Que vous imaginez résider dans les airs,

Dans les vents, dans les flots, sur la terre, aux enfers,
Ne sont point les objets que mon culte envisage;
Ce n'est point au soleil à qui je rends hommage,
C'est au Dieu qui le fit, au Dieu son seul auteur,
Qui punit le méchant et le persécuteur;
Au Dieu dont la lumière est le premier ouvrage;
Sur le front du soleil il traça son image,
Il daigna de lui-même imprimer quelques traits
Dans le plus éclatant de ses faibles portraits :
Nous adorons en eux sa splendeur éternelle.
 Zoroastre, embrasé des flammes d'un saint zèle,
Nous enseigna ce Dieu que vous méconnaissez,
Que par des dieux sans nombre en vain vous remplacez,
Et dont je crains pour vous la justice immortelle.
Des grands devoirs de l'homme il donna le modèle;
Il veut qu'on soit soumis aux lois de ses parens,
Fidèle envers ses rois, même envers ses tyrans,
Quand on leur a prêté serment d'obéissance;
Que l'on tremble surtout d'opprimer l'innocence;
Qu'on garde la justice, et qu'on soit indulgent;
Que le cœur et la main s'ouvrent à l'indigent;
De la haine à ce cœur il défendit l'entrée;
Il veut que parmi nous l'amitié soit sacrée :
Ce sont là les devoirs qui nous sont imposés...
Prêtres, voilà mon Dieu : frappez, si vous l'osez.

IRADAN.

Vous ne l'oserez point; sa candeur et son âge,
Sa naïve éloquence, et surtout son courage,
Adouciront en vous cette âpre austérité
Qu'un faux zèle honora du nom de piété.

Pour moi, je vous l'avoue, un pouvoir invincible
M'a parlé par sa bouche, et m'a trouvé sensible ;
Je cède à cet empire, et mon cœur combattu
En plaignant ses erreurs admire sa vertu :
A ses illusions si le ciel l'abandonne,
Le ciel peut se venger ; mais que l'homme pardonne
Dût César me punir d'avoir trop émoussé
Le fer sacré des lois entre nos mains laissé,
J'absous cette coupable.

LE GRAND-PRÊTRE.

Et moi je la condamne.
Nous ne souffrirons pas qu'un soldat, un profane,
Corrompant de nos lois l'inflexible équité,
Protége ici l'erreur avec impunité.

LE SECOND PRÊTRE.

Il faut savoir surtout quel mortel l'a séduite,
Quel rebelle en secret la tient sous sa conduite,
De son sang réprouvé quels sont les vils auteurs.

ARZAME.

Qui ? moi ! j'exposerais mon père à vos fureurs ?
Moi, pour vous obéir, je serais parricide ?
Plus votre ordre est injuste, et moins il m'intimide.
Dites-moi quelles lois, quels édits, quels tyrans,
Ont jamais ordonné de trahir ses parens.
J'ai parlé, j'ai tout dit, et j'ai pu vous confondre ;
Ne m'interrogez plus, je n'ai rien à répondre.

LE GRAND-PRÊTRE.

On vous y forcera... Garde de nos prisons,
Tribun, c'est en vos mains que nous la remettons ;
C'est au nom de César, et vous répondrez d'elle.

Je veux bien présumer que vous serez fidèle
Aux lois de l'empereur, à l'intérêt des cieux.

SCÈNE V.

IRADAN, ARZAME.

IRADAN.

Tout au nom de César, et tout au nom des dieux!
C'est en ces noms sacrés qu'on fait des misérables :
O pouvoirs souverains! on vous en rend coupables...
Vous, jeune malheureuse, ayez un peu d'espoir.
Vous me voyez chargé d'un funeste devoir;
Ma place est rigoureuse, et mon ame indulgente.
Des prêtres de Pluton la troupe intolérante
Par un cruel arrêt vous condamne à périr;
Un soldat vous absout, et veut vous secourir.
Mais que puis-je contre eux? le peuple les révère,
L'empereur les soutient; leur ordre sanguinaire
A mes yeux, malgré moi, peut être exécuté.

ARZAME.

Mon cœur est plus sensible à votre humanité
Qu'il n'est glacé de crainte à l'aspect du supplice.

IRADAN.

Vous pourriez désarmer leur barbare injustice,
Abjurer votre culte, implorer l'empereur;
J'ose vous en prier.

ARZAME.

Je ne le puis, seigneur.

IRADAN.

Vous me faites frémir, et j'ai peine à comprendre

Tant d'obstination dans un âge si tendre;
Pour des préjugés vains aux nôtres opposés
Vous prodiguez vos jours à peine commencés.

ARZAME.

Hélas! pour adorer le Dieu de mes ancêtres
Il me faut donc mourir par la main de vos prêtres!
Il me faut expirer par un supplice affreux,
Pour n'avoir pas appris l'art de penser comme eux!
Pardonnez cette plainte, elle est trop excusable;
Je n'en saurai pas moins d'un front inaltérable
Supporter les tourmens qu'on va me préparer,
Et chérir votre main qui veut m'en délivrer.

IRADAN.

Ainsi vous surmontez vos mortelles alarmes,
Vous, si jeune et si faible! et je verse des larmes!
Je pleure, et d'un œil sec vous voyez le trépas!
Non, malheureuse enfant, vous ne périrez pas :
Je veux, malgré vous-même, obtenir votre grace;
De vos persécuteurs je braverai l'audace.
Laissez-moi seulement parler à vos parens :
Qui sont-ils?

ARZAME.

Des mortels inconnus aux tyrans,
Sans dignités, sans biens; de leurs mains innocentes
Ils cultivaient en paix des campagnes riantes,
Fidèles à leur culte ainsi qu'à l'empereur [2].

IRADAN.

Au bruit de vos dangers ils mourront de douleur;
Apprenez-moi leur nom.

ARZAME.

J'ai gardé le silence
Quand de mes oppresseurs la barbare insolence
Voulait que mes parens leur fussent décelés;
Mon cœur fermé pour eux s'ouvre quand vous parlez :
Mon père est Arzémon : ma mère infortunée
Quand j'étais au berceau finit sa destinée :
A peine je l'ai vue; et tout ce qu'on m'a dit,
C'est qu'un chagrin mortel accablait son esprit;
Le ciel permet encor que le mien s'en souvienne :
Elle mouillait de pleurs et sa couche et la mienne.
Je naquis pour la peine et pour l'affliction.
Mon père m'éleva dans sa religion,
Je n'en connus point d'autre; elle est simple, elle est pure;
C'est un présent divin des mains de la nature.
Je meurs pour elle.

IRADAN.

O ciel! ô Dieu qui l'écoutez!
Sur cette ame si belle étendez vos bontés...
Mais parlez, votre père est-il dans Apamée?

ARZAME.

Non, seigneur, de César il a suivi l'armée;
Il apporte en son camp les fruits de ses jardins
Qu'avec lui quelquefois j'arrosai de mes mains :
Nos mœurs, vous le voyez, sont simples et rustiques.

IRADAN.

Reste de l'âge d'or et des vertus antiques,
Que n'ai-je ainsi vécu! que tout ce que j'entends
Porte au fond de mon cœur des traits intéressans!
Vivez, ô noble objet! ce cœur vous en conjure.

J'en atteste cet astre et sa lumière pure,
Lui par qui je vous vois et que vous révérez;
S'il est sacré pour vous, vos jours sont plus sacrés!
Et je perdrai ma place avant qu'en sa furie
La main du Fanatisme attente à votre vie...
Vous la suivrez, soldats; mais c'est pour observer
Si ces prêtres cruels oseraient l'enlever;
Contre leurs attentats vous prendrez sa défense.
Il est beau de mourir pour sauver l'innocence.
Allez.

ARZAME.

Ah! c'en est trop; mes jours infortunés
Méritent-ils, seigneur, les soins que vous prenez?
Modérez ces bontés d'un sauveur et d'un père.

SCÈNE VI.

IRADAN.

Je m'emporte trop loin : ma pitié, ma colère,
Me rendront trop coupable aux yeux du souverain;
Je crains mes soldats même, et ce terrible frein,
Ce frein que l'imposture a su mettre au courage;
Cet antique respect, prodigué d'âge en âge
A nos persécuteurs, aux tyrans des esprits.
Je verrai ces guerriers d'épouvante surpris;
Ils se croiront souillés du plus énorme crime,
S'ils osent refuser le sang de la victime.
O superstition! que tu me fais trembler!
Ministres de Pluton, qui voulez l'immoler!

Puissances des enfers, et comme eux inflexibles,
Non, ce n'est pas pour moi que vous serez terribles :
Un sentiment plus fort que votre affreux pouvoir
Entreprend sa défense, et m'en fait un devoir;
Il étonne mon ame, il l'excite, il la presse :
Mon indignation redouble ma tendresse :
Vous adorez les dieux de l'inhumanité,
Et je sers contre vous le Dieu de la bonté.

FIN DU PREMIER ACTE.

ACTE SECOND.

SCÈNE I.

IRADAN, CÉSÈNE.

CÉSÈNE.
Ce que vous m'apprenez de sa simple innocence,
De sa grandeur modeste, et de sa patience,
Me saisit de respect, et redouble l'horreur
Que sent un cœur bien né pour le persécuteur.
Quelle injustice, ô ciel! et quelles lois sinistres!
Faut-il donc à nos dieux des bourreaux pour ministres?
Numa, qui leur donna des préceptes si saints,
Les avait-il créés pour frapper les humains?
Alors ils consolaient la nature affligée.
Que les temps sont divers! que la terre est changée...
Ah! mon frère, achevez tout ce récit affreux
Qui fait pâlir mon front et dresser mes cheveux.

IRADAN.
Pour la seconde fois ils ont paru, mon frère,
Au nom de l'empereur et des dieux qu'on révère;
Ils les ont fait parler avec tant de hauteur,
Ils ont tant déployé l'ordre exterminateur
Du prétoire, émané contre les réfractaires,
Tant attesté le ciel et leurs lois sanguinaires,

Que mes soldats tremblans, et vaincus par ces lois,
Ont baissé leurs regards au seul son de leur voix.
Je l'avais bien prévu : ces prêtres du Tartare
Avancent fièrement, et d'une main barbare
Ils saisissent soudain la fille d'Arzémon,
Cette enfant si sublime, Arzame (c'est son nom);
Ils la traînaient déja : quelques soldats en larmes
Les priaient à genoux; nul ne prenait les armes.
Je m'élance sur eux, je l'arrache à leurs mains :
« Tremblez, hommes de sang; arrêtez, inhumains;
« Tremblez! elle est Romaine; en ces lieux elle est née,
« Je la prends pour épouse. O dieux de l'hyménée!
« Dieux de ces sacrés nœuds, dieux clémens, que je sers,
« Je triomphe avec vous des monstres des enfers!
« Armez et protégez la main que je lui donne!»
Ma cohorte à ces mots se lève et m'environne;
Leur courage renaît. Les tyrans confondus
Me remettent leur proie, et restent éperdus.
« Vous savez, ai-je dit, que nos lois souveraines
« Des saints nœuds de l'hymen ont consacré les chaînes;
« Que nul n'ose porter sa téméraire main
« Sur l'auguste moitié d'un citoyen romain :
« Je le suis; respectez ce nom cher à la terre [3]. »
Ma voix les a frappés comme un coup de tonnerre :
Mais, bientôt revenus de leur stupidité,
Reprenant leur audace et leur atrocité,
Leur bouche ose crier à la fraude, au parjure;
Cet hymen, disent-ils, n'est qu'un jeu d'imposture,
Une offense à César, une insulte aux autels;
Je n'en ai point tissu les liens solennels;

ACTE II, SCÈNE I.

Ce n'est qu'un artifice indigne et punissable...
Je vais donc le former cet hymen respectable:
Vous l'approuvez, mon frère, et je n'en doute pas;
Il sauve l'innocence, il arrache au trépas
Un objet cher aux dieux aussi bien qu'à moi-même,
Qu'ils protégent par moi, qu'ils ordonnent que j'aime,
Et qui par sa vertu, plus que par sa beauté,
Est l'image, à mes yeux, de la Divinité.

CESENE.

Qui? moi! si je l'approuve! ah, mon ami! mon frère!
Je sens que cet hymen est juste et nécessaire:
Après l'avoir promis, si, rétractant vos vœux,
Vous n'accomplissiez pas vos desseins généreux,
Je vous croirais parjure, et vous seriez complice
Des fureurs des tyrans armés pour son supplice.
Arzame, dites-vous, a dans le plus bas rang
Obscurément puisé la source de son sang;
Avons-nous des aïeux dont les fronts en rougissent?
Ses graces, sa vertu, son péril, l'anoblissent.
Dégagez vos sermens, pressez ce nœud sacré;
Le fils d'un Scipion s'en croirait honoré.
Ce n'est point là sans doute un hymen ordinaire,
Enfant de l'intérêt et d'un amour vulgaire 4;
La magnanimité forme ces sacrés nœuds,
Ils consolent la terre, ils sont bénis des cieux;
Le Fanatisme en tremble : arrachez à sa rage
L'objet, le digne objet de votre juste hommage.

IRADAN.

Eh bien! préparez tout pour ce nœud solennel,
Les témoins, le festin, les présens et l'autel;

Je veux qu'il s'accomplisse aux yeux des tyrans même
Dont la voix infernale insulte à ce que j'aime.

(à des suivans.)

Qu'on la fasse venir... Mon frère, demeurez,
Digne et premier témoin de mes sermens sacrés.
La voici.

CÉSÈNE.

Son aspect déja vous justifie.

SCÈNE II.

IRADAN, CÉSÈNE, ARZAME.

IRADAN.

Arzame, c'est à vous que mon cœur sacrifie ;
Ce cœur, qui ne s'ouvrait qu'à la compassion,
Repoussait loin de vous la persécution.
Contre vos ennemis l'équité se soulève :
Elle a tout commencé, l'amour parle et l'achève.
Je suis prêt de former en présence des dieux,
En présence du vôtre, un nœud si précieux,
Un nœud qui fait ma gloire, et qui vous est utile,
Qui contre vos tyrans vous ouvre un prompt asile,
Qui vous peut en secret donner la liberté
D'exercer votre culte avec sécurité.
Il n'en faut point douter, l'éternelle puissance
Qui voit tout, qui fait tout, a fait cette alliance ;
Elle vous a portée aux écueils de la mort,
Dans un orage affreux qui vous ramène au port ;
Sa main, qu'elle étendait pour sauver votre vie,

Tissut en même temps ce saint nœud qui nous lie.
Je vous présente un frère; il va tout préparer
Pour cet heureux hymen dont je dois m'honorer.

ARZAME.

A votre frère, à vous, pour tant de bienfesance,
Hélas! j'offre mon trouble et ma reconnaissance;
Puisse l'astre du jour épancher sur tous deux
Ses rayons les plus purs et les plus lumineux!
Goûtez en vous aimant un sort toujours prospère;
Mais, ô mon bienfaiteur! ô mon maître! ô mon père!
Vous qui faites sur moi tomber ce noble choix,
Daignez prêter l'oreille en secret à ma voix.

CESÈNE.

Je me retire, Arzame, et mes mains empressées
Vont préparer pour vous les fêtes annoncées;
Tendre ami de mon frère, heureux de son bonheur,
Je partage le vôtre, et vois en vous ma sœur.

ARZAME.

Que vais-je devenir?

SCÈNE III.

IRADAN, ARZAME.

IRADAN.

Belle et modeste Arzame,
Versez en liberté vos secrets dans mon ame;
Ils sont à moi, parlez, tout est commun pour nous.

ARZAME.

Mon père! en frémissant je tombe à vos genoux.

IRADAN.

Ne craignez rien, parlez à l'époux qui vous aime.

ARZAME.

J'atteste ce soleil, image de Dieu même,
Que je voudrais pour vous répandre tout le sang
Dont ces prêtres de mort vont épuiser mon flanc.

IRADAN.

Ah! que me dites-vous! et quelle défiance!
Tout le mien coulera plutôt qu'on vous offense;
Ces tyrans confondus sauront nous respecter.

ARZAME.

Juste Dieu! que mon cœur ne peut-il mériter
Une bonté si noble, une ardeur si touchante!

IRADAN.

Je m'honore moi-même, et ma gloire est contente
Des honneurs qu'on doit rendre à ma digne moitié.

ARZAME.

C'en est trop... bornez-vous, seigneur, à la pitié;
Mais daignez m'assurer qu'un secret qui vous touche
Ne sortira jamais de votre auguste bouche.

IRADAN.

Je vous le jure.

ARZAME.

Eh bien...

IRADAN.

Vous semblez hésiter,
Et vos regards sur moi tremblent de s'arrêter;
Vous pleurez, et j'entends votre cœur qui soupire.

ARZAME.

Écoutez, s'il se peut, ce que je dois vous dire:

ACTE II, SCÈNE III.

Vous ne connaissez pas la loi que nous suivons;
Elle peut être horrible aux autres nations;
La créance, les mœurs, le devoir, tout diffère;
Ce qu'ici l'on proscrit, ailleurs on le révère:
La nature a chez nous des droits purs et divins
Qui sont un sacrilége aux regards des Romains;
Notre religion, à la vôtre contraire,
Ordonne que la sœur s'unisse avec le frère,
Et veut que ces liens, par un double retour,
Rejoignent parmi nous la nature à l'amour;
La source de leur sang, pour eux toujours sacrée,
En se réunissant n'est jamais altérée.
Telle est ma loi.

IRADAN.

Barbare! Ah, que m'avez-vous dit!

ARZAME.

Je l'avais bien prévu... votre cœur en frémit.

IRADAN.

Vous avez donc un frère?

ARZAME.

Oui, seigneur, et je l'aime:
Mon père à son retour dut nous unir lui-même;
Mais ma mort préviendra ces nœuds infortunés,
De nos Guèbres chéris, et chez vous condamnés.
Je ne suis plus pour vous qu'une vile étrangère,
Indigne des bienfaits jetés sur ma misère,
Et d'autant plus coupable à vos yeux alarmés,
Que je vous dois la vie, et qu'enfin vous m'aimez.
Seigneur, je vous l'ai dit, j'adore en vous mon père;
Mais plus je vous chéris, et moins j'ai dû me taire.

Rendez ce triste cœur, qui n'a pu vous tromper,
Aux homicides bras levés pour le frapper.

IRADAN.

Je demeure immobile, et mon ame éperdue
Ne croit pas en effet vous avoir entendue.
De cet affreux secret je suis trop offensé;
Mon cœur le gardera... mais ce cœur est percé.
Allez; je cacherai mon outrage à mon frère.
Je dois me souvenir combien vous m'étiez chère:
Dans l'indignation dont je suis pénétré,
Malgré tout mon courroux, mon honneur vous sait gré
De m'avoir dévoilé cet effrayant mystère.
Votre esprit est trompé, mais votre ame est sincère.
Je suis épouvanté, confus, humilié;
Mais je vous vois toujours d'un regard de pitié :
Je ne vous aime plus, mais je vous sers encore.

ARZAME.

Il faut bien, je le vois, que votre cœur m'abhorre.
Tout ce que je demande à ce juste courroux,
Puisque je dois mourir, c'est de mourir par vous,
Non des horribles mains des tyrans d'Apamée.
Le père, le héros par qui je fus aimée,
En me privant du jour, de ce jour que je hais,
En déchirant ce cœur tout plein de ses bienfaits,
Rendra ma mort plus douce, et ma bouche expirante
Bénira jusqu'au bout cette main bienfesante.

IRADAN.

Allez, n'espérez pas, dans votre aveuglement,
Arracher de mon ame un tel consentement.
Par le pouvoir secret d'un charme inconcevable,

Mon cœur s'attache à vous, toute ingrate et coupable :
Vos nœuds me font horreur; et, dans mon désespoir,
Je ne puis vous haïr, vous quitter, ni vous voir.

ARZAME.

Et moi, seigneur, et moi, plus que vous confondue,
Je ne puis m'arracher d'une si chère vue,
Et je crois voir en vous un père courroucé
Qui me console encor quand il est offensé.

SCÈNE IV.

IRADAN, ARZAME, CÉSÈNE.

CÉSÈNE.

Mon frère, tout est prêt, les autels vous demandent;
Les prêtresses d'hymen, les flambeaux vous attendent;
Le peu de vos amis qui nous reste en ces murs
Doit vous accompagner à ces autels obscurs,
Grossièrement parés, et plus ornés par elle
Que ne l'est des Césars la pompe solennelle.

IRADAN.

Renvoyez nos amis, éteignez ces flambeaux.

CÉSÈNE.

Comment! quel changement! quels désastres nouveaux!
Sur votre front glacé l'horreur est répandue!
Ses yeux baignés de pleurs semblent craindre ma vue!

IRADAN.

Plus d'autels, plus d'hymen.

ARZAME.

        J'en suis indigne.

CÉSÈNE.

                                     Oh, ciel!
Dans quel contentement je parais cet autel!
Combien je chérissais cet heureux ministère!
Quel plaisir j'éprouvais dans le doux nom de frère!

ARZAME.

Ah! ne prononcez pas un nom trop odieux.

CÉSÈNE.

Que dites-vous?

IRADAN.

                Il faut m'arracher de ces lieux;
Renonçons pour jamais à ce poste funeste,
A ce rang avili qu'avec vous je déteste,
A tous ces vains honneurs d'un soldat détrompé,
Trop basse ambition dont j'étais occupé.
Fuyons dans la retraite où vous vouliez vous rendre;
De nos enfans, mon frère, allons pleurer la cendre:
Nos femmes, nos enfans, nous ont été ravis;
Vous pleurez votre fille, et je pleure mon fils.
Tout est fini pour nous; sans espoir sur la terre,
Que pouvons-nous prétendre à la cour, à la guerre?
Quittons tout, et fuyons. Mon esprit aveuglé
Cherchait de nouveaux nœuds qui m'auraient consolé;
Ils sont rompus, le ciel en a coupé la trame.
Fuyons, dis-je, à jamais et du monde et d'Arzame.

CÉSÈNE.

Vous me glacez d'effroi; quel trouble et quels desseins!
Vous laisseriez Arzame à ses vils assassins,
A ses bourreaux? qui, vous?

IRADAN.

       Arrêtez; peut-on croire
D'un soldat, de son frère, une action si noire!
Ce que j'ai commencé je le veux achever;
Je ne la verrai plus, mais je dois la sauver :
Mes sermens, ma pitié, mon honneur, tout m'engage :
Et je n'ai pas de vous mérité cet outrage :
Vous m'offensez.

ARZAME.

     O ciel ! ô frères généreux !
Dans quel saisissement vous me jetez tous deux !
Hélas ! vous disputez pour une malheureuse ;
Laissez-moi terminer ma destinée affreuse :
Vous en voulez trop faire, et trop sacrifier ;
Vos bontés vont trop loin, mon sang doit les payer.

SCÈNE V.

LES PRÉCÉDENS, LES PRÊTRES DE PLUTON, SOLDATS.

LE GRAND-PRÊTRE.

Est-ce ainsi qu'on insulte à nos lois vengeresses,
Qu'on trahit hautement la foi de ses promesses,
Qu'on ose se jouer avec impunité
Du pouvoir souverain par vous-même attesté?
Voilà donc cet hymen et ce nœud si propice
Qui devait de César enchaîner la justice ;
Ce citoyen romain qui pensait nous tromper !
La victime à nos mains ne doit plus échapper.
Déja César instruit connaît votre imposture ;

Nous venons en son nom réparer son injure.
Soldats qu'il a trompés, qu'on enlève soudain
Le criminel objet qu'il protégeait en vain;
Saisissez-la.

ARZAME.

Mon père!

IRADAN, *aux soldats*.

Ingrats!

CÉSÈNE.

Troupe insolente...
Arrêtez... devant moi qu'un de vous se présente,
Qu'il l'ose, au moment même il mourra de mes mains.

LE GRAND-PRÊTRE.

Ne le redoutez pas.

IRADAN.

Tremblez, vils assassins;
Vous n'êtes plus soldats quand vous servez ces prêtres.

LE GRAND-PRÊTRE.

Les dieux, César, et nous, soldats, voilà vos maîtres.

CÉSÈNE.

Fuyez, vous dis-je.

IRADAN.

Et vous, objet infortuné,
Rentrez dans cet asile à vos malheurs donné.

CÉSÈNE.

Ne craignez rien.

ARZAME, *en se retirant*.

Je meurs.

LE GRAND-PRÊTRE.

Frémissez, infidèles;

César vient, il sait tout, il punit les rebelles :
D'une secte proscrite indignes partisans,
De complots ténébreux coupables artisans,
Qui deviez devant moi, le front dans la poussière,
Abaisser en tremblant votre insolence altière,
Qui parlez de pitié, de justice et de lois,
Quand le courroux des dieux parle ici par ma voix,
Qui méprisez mon rang, qui bravez ma puissance,
Vous appelez la foudre, et c'est moi qui la lance !

SCÈNE VI.

IRADAN, CÉSÈNE.

CÉSÈNE.
Un tel excès d'audace annonce un grand pouvoir.

IRADAN.
Ils nous perdront sans doute ; ils n'ont qu'à le vouloir.

CÉSÈNE.
Plus leur orgueil s'accroît, plus ma fureur augmente.

IRADAN.
Qu'elle est juste, mon frère, et qu'elle est impuissante !
Ils ont pour les défendre et pour nous accabler
César qu'ils ont séduit, les dieux qu'ils font parler.

CÉSÈNE.
Oui, mais sauvons Arzame.

IRADAN.
                Écoutez : Apamée
Touche aux états persans ; la ville est désarmée ;
Les soldats de ce fort ne sont point contre moi,

Et déja quelques uns m'ont engagé leur foi :
Courez à nos tyrans, flattez leur violence;
Dites que votre frère, écoutant la prudence,
Mieux conseillé, plus juste, à son devoir rendu,
Abandonne un objet qu'il a trop défendu;
Dites que par leurs mains je consens qu'elle meure,
Que je livre sa tête avant qu'il soit une heure :
Trompons la cruauté qu'on ne peut désarmer;
Enfin promettez tout, je vais tout confirmer.
Dès qu'elle aura passé ces fatales frontières,
Je mets entre elle et moi d'éternelles barrières;
A vos conseils rendu, je brise tous mes fers;
Loin d'un service ingrat, caché dans des déserts,
Des humains avec vous je fuirai l'injustice.

CÉSÈNE.

Allons, je promettrai ce cruel sacrifice;
Je vais étendre un voile aux yeux de nos tyrans.
Que ne puis-je plutôt enfoncer dans leurs flancs
Ce glaive, cette main que l'empereur emploie
A servir ces bourreaux avides de leur proie !
Oui, je vais leur parler.

SCÈNE VII.

IRADAN; LE JEUNE ARZÉMON, *parcourant le fond de la scène d'un air inquiet et égaré.*

LE JEUNE ARZÉMON.

     O mort ! ô Dieu vengeur !
Ils me l'ont enlevée; ils m'arrachent le cœur...

ACTE II, SCÈNE VII.

Où la trouver? où fuir? quelles mains l'ont conduite?

IRADAN.

Cet inconnu m'alarme : est-il un satellite
Que ces juges sanglans se pressent d'envoyer
Pour observer ces lieux et pour nous épier?

LE JEUNE ARZÉMON.

Ah! la connaissez-vous?

IRADAN.

Ce malheureux s'égare.
Parle : que cherches-tu?

LE JEUNE ARZÉMON.

La vertu la plus rare...
La vengeance, le sang, les ravisseurs cruels,
Les tyrans révérés des malheureux mortels...
Arzame, chère Arzame... Ah! donnez-moi des armes,
Que je meure vengé!

IRADAN.

Son désespoir, ses larmes,
Ses regards attendris, tout furieux qu'ils sont,
Les traits que la nature imprima sur son front,
Tout me dit, c'est son frère.

LE JEUNE ARZÉMON.

Oui, je le suis.

IRADAN.

Arrête,
Garde un profond silence, il y va de ta tête.

LE JEUNE ARZÉMON.

Je te l'apporte, frappe.

IRADAN.

Enfans infortunés!

Dans quels lieux les destins les ont-ils amenés...
Toi, le frère d'Arzame!

LE JEUNE ARZÉMON.

Oui, ton regard sévère
Ne m'intimide pas.

IRADAN.

Ce jeune téméraire
Me remplit à la fois d'horreur et de pitié;
Il peut avec sa sœur être sacrifié.

LE JEUNE ARZÉMON.

Je viens ici pour l'être.

IRADAN.

O rigueurs tyranniques!
Ce sont vos cruautés qui font les fanatiques...
Écoute, malheureux, je commande en ce fort;
Mais ces lieux sont remplis de ministres de mort:
Je te protégerai; résous-toi de me suivre.

LE JEUNE ARZÉMON.

Puis-je la voir enfin?

IRADAN.

Tu peux la voir et vivre;
Calme-toi.

LE JEUNE ARZEMON.

Je ne puis... Ah! seigneur, pardonnez
A mes sens éperdus, d'horreur aliénés.
Quoi! ces lieux, dites-vous, sont en votre puissance,
Et l'on y traîne ainsi la timide innocence!
Vos esclaves romains de leurs bras criminels
Ont arraché ma sœur aux foyers paternels!

De la mort, dites-vous, ma sœur est menacée;
Vous la persécutez!

IRADAN.

Va, ton ame est blessée
Par les illusions d'une fatale erreur.
Va, ne me prends jamais pour un persécuteur :
Et sur elle et sur toi ma pitié doit s'étendre.

LE JEUNE ARZÉMON.

Hélas! dois-je y compter?...daignez donc me la rendre;
Daignez me rendre Arzame, ou me faire mourir.

IRADAN.

Il attendrit mon cœur, mais il me fait frémir.
Que mes bontés peut-être auront un sort funeste!
Viens, jeune infortuné, je t'apprendrai le reste;
Suis mes pas.

LE JEUNE ARZÉMON.

J'obéis à vos ordres pressans;
Mais ne me trompez pas.

IRADAN.

O malheureux enfans!
Quel sort les entraîna dans ces lieux qu'on déteste!
De l'une j'admirais la fermeté modeste,
Sa résignation, sa grace, sa candeur;
L'autre accroît ma pitié même par sa fureur.
Un Dieu veut les sauver, il les conduit sans doute;
Ce Dieu parle à mon cœur, il parle, et je l'écoute.

FIN DU SECOND ACTE.

ACTE TROISIÈME.

SCÈNE I.

LE JEUNE ARZÉMON, MÉGATISE.

LE JEUNE ARZÉMON.
Je marche dans ces lieux de surprise en surprise :
Quoi ! c'est toi que j'embrasse, ô mon cher Mégatise !
Toi, né chez les Persans, dans notre loi nourri,
Et de mes premiers ans compagnon si chéri,
Toi, soldat des Romains !

MÉGATISE.
      Pardonne à ma faiblesse ;
L'ignorance et l'erreur d'une aveugle jeunesse,
Un esprit inquiet, trop de facilité,
L'occasion trompeuse, enfin la pauvreté,
Ce qui fait les soldats égara mon courage.

LE JEUNE ARZÉMON.
Métier cruel et vil ! méprisable esclavage !
Tu pourrais être libre en suivant tes amis [a].

MÉGATISE.
Le pauvre n'est point libre ; il sert en tout pays.

LE JEUNE ARZÉMON.
Ton sort près d'Iradan deviendra plus prospère.

MÉGATISE.
Va, des guerriers romains il n'est rien que j'espère.
LE JEUNE ARZÉMON.
Que dis-tu ? le tribun qui commande en ce fort
Ne t'a-t-il pas offert un généreux support ?
MÉGATISE.
Ah! crois-moi, les Romains tiennent peu leur promesse :
Je connais Iradan ; je sais que dans Émesse
Amant d'une Persane, il en avait un fils ;
Mais apprends que bientôt, désolant son pays,
Sur un ordre du prince il détruisit la ville
Où l'amour autrefois lui fournit un asile.
Oui, les chefs, les soldats, à nuire condamnés,
Font toujours tous les maux qui leur sont ordonnés :
Nous en voyons ici la preuve trop sensible
Dans l'arrêt émané d'un tribunal horrible ;
De tous mes compagnons à peine une moitié
Pour l'innocente Arzame écoute la pitié,
Pitié trop faible encore et toujours chancelante !
L'autre est prête à tremper sa main vile et sanglante
Dans ce cœur si chéri, dans ce généreux flanc,
A la voix d'un pontife altéré de son sang.
LE JEUNE ARZÉMON.
Cher ami, rendons grace au sort qui nous protége ;
On ne commettra point ce meurtre sacrilége :
Iradan la soutient de son bras protecteur,
Il voit ce fier pontife avec des yeux d'horreur,
Il écarte de nous la main qui nous opprime.
Je n'ai plus de terreur, il n'est plus de victime ;
De la Perse à nos pas il ouvre les chemins.

MÉGATISE.

Tu penses que pour toi, bravant ses souverains,
Il hasarde sa perte?

LE JEUNE ARZÉMON.

Il le dit, il le jure;
Ma sœur ne le croit point capable d'imposture :
En un mot nous partons. Je ne suis affligé
Que de partir sans toi, sans m'être encor vengé,
Sans punir les tyrans.

MÉGATISE.

Tu m'arraches des larmes.
Quelle erreur t'a séduit! de quels funestes charmes,
De quel prestige affreux tes yeux sont fascinés!
Tu crois qu'Arzame échappe à leurs bras forcenés?

LE JEUNE ARZÉMON.

Je le crois.

MÉGATISE.

Que du fort on doit ouvrir la porte?

LE JEUNE ARZÉMON.

Sans doute.

MÉGATISE.

On te trahit; dans une heure elle est morte.

LE JEUNE ARZÉMON.

Non, il n'est pas possible; on n'est pas si cruel.

MÉGATISE.

Ils ont fait devant moi le marché criminel;
Le frère d'Iradan, ce Césène, ce traître,
Trafique de sa vie, et la vend au grand-prêtre :
J'ai vu, j'ai vu signer le barbare traité.

ACTE III, SCÈNE I.

LE JEUNE ARZÉMON.

Je meurs... Que m'as-tu dit?

MÉGATISE.

L'horrible vérité.
Hélas! elle est publique, et mon ami l'ignore!

LE JEUNE ARZÉMON.

O monstres! ô forfaits... Mais non, je doute encore...
Ah! comment en douter? mes yeux n'ont-ils pas vu
Ce perfide Iradan devant moi confondu?
Des mots entrecoupés suivis d'un froid silence,
Des regards inquiets que troublait ma présence,
Un air sombre et jaloux, plein d'un secret dépit;
Tout semblait en effet me dire : Il nous trahit.

MÉGATISE.

Je te dis que j'ai vu l'engagement du crime,
Que j'ai tout entendu, qu'Arzame est leur victime.

LE JEUNE ARZÉMON.

Détestables humains! quoi! ce même Iradan...
Si fier, si généreux!

MÉGATISE.

N'est-il pas courtisan?
Peut-être il n'en est point qui, pour plaire à son maître,
Ne se chargeât des noms de barbare et de traître.

LE JEUNE ARZÉMON.

Puis-je sauver Arzame?

MÉGATISE.

En ce séjour d'effroi
Je t'offre mon épée, et ma vie est à toi.
Mais ces lieux sont gardés, le fer est sur sa tête,
De l'horrible bûcher la flamme est toute prête;

Chez ces prêtres sanglans nul ne peut aborder...
(l'arrêtant.)
Où cours-tu, malheureux?

LE JEUNE ARZÉMON.

Peux-tu le demander?

MÉGATISE.

Crains tes emportemens; j'en connais la furie.

LE JEUNE ARZÉMON.

Arzame va mourir, et tu crains pour ma vie!

MÉGATISE.

Arrête; je la vois.

LE JEUNE ARZÉMON.

C'est elle-même.

MÉGATISE.

Hélas!
Elle est loin de penser qu'elle marche au trépas.

LE JEUNE ARZÉMON.

Écoute, garde-toi d'oser lui faire entendre
L'effroyable secret que tu viens de m'apprendre;
Non, je ne saurais croire un tel excès d'horreur.
Iradan!

SCÈNE II.

LE JEUNE ARZÉMON, MÉGATISE, ARZAME.

ARZAME.

Cher époux, cher espoir de mon cœur!
Le Dieu de notre hymen, le Dieu de la nature,
A la fin nous arrache à cette terre impure...
Quoi! c'est là Mégatise... en croirai-je mes yeux?
Un ignicole, un Guèbre est soldat en ces lieux!

ACTE III, SCÈNE II.

LE JEUNE ARZÉMON.

Il est trop vrai, ma sœur.

MÉGATISE.

Oui, j'en rougis de honte.

ARZAME.

Servira-t-il du moins à cette fuite prompte?

MÉGATISE.

Sans doute il le voudrait.

ARZAME.

Notre libérateur
Des prêtres acharnés va tromper la fureur.

LE JEUNE ARZÉMON.

Je vois... qu'il peut tromper.

ARZAME.

Tout est prêt pour la fuite ;
De fidèles soldats marchent à notre suite.
Mégatise en est-il?

MÉGATISE.

Je vous offre mon bras,
C'est tout ce que je puis... Je ne vous quitte pas.

ARZAME, *au jeune Arzémon.*

Iradan de mon sort dispose avec son frère.

LE JEUNE ARZÉMON.

On le dit.

ARZAME.

Tu pâlis : quel trouble involontaire
Obscurcit tes regards de larmes inondés?

LE JEUNE ARZÉMON.

Quoi! Césène, Iradan... de grace, répondez ;
Où sont-ils? qu'ont-ils fait?

ARZAME.
Ils sont près du grand-prêtre.

LE JEUNE ARZÉMON.
Près de ton meurtrier !

ARZAME.
Ils vont bientôt paraître.

LE JEUNE ARZÉMON.
Ils tardent bien long-temps.

ARZAME.
Tu les verras ici.

LE JEUNE ARZÉMON, *se jetant dans les bras de Mégatise.*
Cher ami, c'en est fait, tout est donc éclairci !

ARZAME.
Eh quoi ! la crainte encor sur ton front se déploie,
Quand l'espoir le plus doux doit nous combler de joie,
Quand le noble Iradan va tout quitter pour nous,
Lorsque de l'empereur il brave le courroux,
Que pour sauver nos jours il hasarde sa vie,
Qu'il se trahit lui-même et qu'il se sacrifie ?

LE JEUNE ARZÉMON.
Il en fait trop peut-être.

ARZAME.
Ah ! calme ta douleur ;
Mon frère, elle est injuste.

LE JEUNE ARZÉMON.
Oui, pardonne, ma sœur,
Pardonne ; écoute au moins : Mégatise est fidèle ;
Notre culte est le sien ; je réponds de son zèle ;
C'est un frère, à ses yeux nos cœurs peuvent s'ouvrir ;

ACTE III, SCÈNE II.

Dans celui d'Iradan n'as-tu pu découvrir
Quels sentimens secrets ce Romain nous conserve ?
Il paraissait troublé, tu t'en souviens; observe,
Rappelle en ton esprit jusqu'aux moindres discours
Qu'il t'aura pu tenir, du péril où tu cours,
Des prêtres ennemis, de César, de toi-même,
Des lois que nous suivons, d'un malheureux qui t'aime.

ARZAME.

Cher frère, tendre amant, que peux-tu demander !

LE JEUNE ARZÉMON.

Ce qu'à notre amitié ton cœur doit accorder,
Ce qu'il ne peut cacher à ma fatale flamme
Sans verser des poisons dans le fond de mon ame.

ARZAME.

J'en verserai peut-être en osant t'obéir.

LE JEUNE ARZÉMON.

N'importe, il faut parler, te dis-je, ou me trahir;
Et puisque je t'adore, il y va de ma vie.

ARZAME.

Je ne crains point de toi de vaine jalousie;
Tu ne la connais point; un sentiment si bas
Blesse le nœud d'hymen, et ne l'affermit pas.

LE JEUNE ARZÉMON.

Crois qu'un autre intérêt, un soin plus cher m'anime.

ARZAME.

Tu le veux, je ne puis désobéir sans crime...
J'avouerai qu'Iradan, trop prompt à s'abuser,
M'a présenté sa main que j'ai dû refuser.

LE JEUNE ARZÉMON.

Il t'aimait !

ARZAME.

Il l'a dit.

LE JEUNE ARZÉMON.

Il t'aimait!

ARZAME.

Sa poursuite
A lui tout confier malgré moi m'a réduite;
Il a su les secrets de ma religion,
Et de tous mes devoirs, et de ma passion.
Par de profonds respects, par un aveu sincère,
J'ai repoussé l'honneur qu'il prétendait me faire;
A ses empressemens j'ai mis ce frein sacré :
Ce secret à jamais devait être ignoré;
Tu me l'as arraché; mais crains d'en faire usage.

LE JEUNE ARZÉMON.

Achève; il a donc su ce serment qui m'engage,
Qui rejoint par nos lois le frère avec la sœur?

ARZAME.

Oui.

LE JEUNE ARZÉMON.

Qu'a produit en lui ce nœud si saint?

ARZAME.

L'horreur.

LE JEUNE ARZÉMON, *à Mégatise.*

C'est assez, je vois tout; le barbare! il se venge.

ARZAME.

Malgré notre hyménée à ses yeux trop étrange,
Malgré cette horreur même, il ose protéger
Notre sainte union, bien loin de s'en venger.
Nous quittons pour jamais ces sanglantes demeures.

ACTE III, SCÈNE III.

LE JEUNE ARZÉMON.

Ah! ma sœur... c'en est fait.

ARZAME.

Tu frémis, et tu pleures!

LE JEUNE ARZÉMON.

Qui? moi... ciel... Iradan...

ARZAME.

Pourrais-tu soupçonner
Que notre bienfaiteur pût nous abandonner?

LE JEUNE ARZÉMON.

Pardonne... en ces momens... dans un lieu si barbare...
Parmi tant d'ennemis... aisément on s'égare...
Du parti que l'on prend le cœur est effrayé.

ARZAME.

Ah! du mien qui t'adore il faut avoir pitié.
Tu sors... demeure, attends, ma douleur t'en conjure.

LE JEUNE ARZÉMON.

Ami, veille sur elle... O tendresse! ô nature!
(avec fureur.)
Que vais-je faire? ah, Dieu! Vengeance, entends ma voix!
(il embrasse sa sœur en pleurant.)
Je t'embrasse, ma sœur, pour la dernière fois.

(Il sort.)

SCÈNE III.

ARZAME, MÉGATISE.

ARZAME.

Arrête... Que veut-il? qu'est-ce donc qu'il prépare?
De sa tremblante sœur faut-il qu'il se sépare?

Et dans quel temps, grand Dieu ! Qu'en peux-tu soup-
[çonner ?
MÉGATISE.
Des malheurs.
ARZAME.
Contre moi le sort veut s'obstiner,
Et depuis mon berceau les malheurs m'ont suivie.
MÉGATISE.
Puisse le juste ciel veiller sur votre vie !
ARZAME.
Je tremble ; je crains tout quand je suis loin de lui.
J'avais quelque courage, il s'épuise aujourd'hui.
N'aurais-tu rien appris de ces juges féroces,
Rien de leurs factions, de leurs complots atroces ?
Assez infortuné pour servir auprès d'eux,
Tu les vois, tu connais leurs mystères affreux.
MÉGATISE.
Hélas ! en tous les temps leurs complots sont à craindre :
César les favorise ; ils ont su le contraindre
A fléchir sous le joug qu'ils auraient dû porter.
Pensez-vous qu'Iradan puisse leur résister ?
Êtes-vous sûre enfin de sa persévérance ?
On se lasse souvent de servir l'innocence ;
Bientôt l'infortuné pèse à son protecteur :
Je l'ai trop éprouvé.
ARZAME.
Si tel est mon malheur,
Si le noble Iradan cesse de me défendre,
Il faut mourir... Grand Dieu, quel bruit se fait entendre !
Quels mouvemens soudains ! et quels horribles cris !

SCÈNE IV.

ARZAME, MÉGATISE, CÉSÈNE, soldats;
LE JEUNE ARZÉMON, *enchaîné.*

CÉSÈNE.

Qu'on le traîne à ma suite; enchaînez, mes amis,
Ce fanatique affreux, cet ingrat, ce perfide;
Préparez mille morts à ce lâche homicide;
Vengez mon frère.

ARZAME.

O ciel!

MÉGATISE.

Malheureux!

ARZAME *tombe sur une banquette.*

Je me meurs.

CÉSÈNE.

Femme ingrate, est-ce toi qui guidais ses fureurs?

ARZAME, *se relevant.*

Comment! que dites-vous? quel crime a-t-on pu faire?

CÉSÈNE.

Le monstre... quoi! plonger une main sanguinaire
Dans le sein de son maître et de son bienfaiteur!
Frapper, assassiner votre libérateur!
A mes yeux! dans mes bras! un coup si détestable,
Un tel excès de rage est trop inconcevable.

ARZAME.

Ciel! Iradan n'est plus!

CÉSÈNE.

Les dieux, les justes dieux

N'ont pas livré sa vie au bras du furieux :
Je l'ai vu qui tremblait ; j'ai vu sa main cruelle
S'affaiblir en portant l'atteinte criminelle.

ARZAME.

Je respire un moment.

CÉSÈNE, *aux soldats.*

Soldats qui me suivez,
Déployez les tourmens qui lui sont réservés.
Parle ; avant d'expirer, nomme-moi ton complice.
(montrant Mégatise.)
Est-ce ta sœur, ou lui ? parle avant ton supplice...
Tu ne me réponds rien... Quoi ! lorsqu'en ta faveur
Nous offensions, hélas ! nos dieux, notre empereur ;
Quand nos soins redoublés et l'art le plus pénible
Trompaient pour te sauver ce pontife inflexible ;
Quand tout prêts à partir de ce séjour d'effroi,
Nous exposions nos jours et pour elle et pour toi,
De nos bontés, Grand Dieu ! voilà donc le salaire !

ARZAME.

Malheureux ! qu'as-tu fait ? Non, tu n'es pas mon frère.
Quel crime épouvantable en ton cœur s'est formé ?
S'il en est un plus grand, c'est de t'avoir aimé.

LE JEUNE ARZÉMON, *à Césène.*

A la fin je retrouve un reste de lumière...
La nuit s'est dissipée... un jour affreux m'éclaire...
Avant de me punir, avant de te venger,
Daigne répondre un mot ; j'ose t'interroger...
Ton frère envers nous deux n'était donc pas un traître ?
Il n'allait pas livrer ma sœur à ce grand-prêtre ?

ACTE III, SCÈNE IV.

CÉSÈNE.

La livrer, malheureux ! il aurait fait couler
Tout le sang des tyrans qui voulaient l'immoler.

LE JEUNE ARZÉMON.

Il suffit; je me jette à tes pieds que j'embrasse :
A ton cher frère, à toi je demande une grace,
C'est d'épuiser sur moi les plus affreux tourmens
Que la vengeance ajoute à la mort des méchans ;
Je les ai mérités : ton courroux légitime
Ne saurait égaler mes remords et mon crime.

CÉSÈNE.

Soldats qui l'entendez, je le laisse en vos mains :
Soyons justes, amis, et non pas inhumains ;
Sa mort doit me suffire.

ARZAME.

Eh bien ! il la mérite :
Mais joignez-y sa sœur, elle est déja proscrite.
La vie en tous les temps ne me fut qu'un fardeau,
Qu'il me faut rejeter dans la nuit du tombeau ;
Je suis sa sœur, sa femme, et cette mort m'est due.

MÉGATISE.

Permettez qu'un moment ma voix soit entendue :
C'est moi qui dois mourir, c'est moi qui l'ai porté,
Par un avis trompeur, à tant de cruauté...
Seigneur, je vous ai vu, dans ce séjour du crime,
Aux tyrans assemblés promettre la victime ;
Je l'ai vu, je l'ai dit : aurais-je dû penser
Que vous la promettiez pour les mieux abuser ?
Je suis Guèbre et grossier, j'ai trop cru l'apparence,
Je l'ai trop bien instruit ; il en a pris vengeance.

La faute en est à vous, vous qui la protégez.
Votre frère est vivant; pesez tout, et jugez.

CÉSÈNE.

Va, dans ce jour de sang, je juge que nous sommes
Les plus infortunés de la race des hommes...
    Va, fille trop fatale à ma triste maison,
Objet de tant d'horreur, de tant de trahison,
Je ne me repens point de t'avoir protégée.
Le traître expirera; mais mon ame affligée
N'en est pas moins sensible à ton cruel destin.
Mes pleurs coulent sur toi, mais ils coulent en vain.
Tu mourras; aux tyrans rien ne peut te soustraire;
Mais je te pleure encore en punissant ton frère.
    (aux soldats.)
Revolons près du mien, secondons les secours
Qui raniment encor ses déplorables jours.

SCÈNE V.

ARZAME.

Dans sa juste colère il me plaint, il me pleure!
Tu vas mourir, mon frère; il est temps que je meure,
Ou par l'arrêt sanglant de mes persécuteurs,
Ou par mes propres mains, ou par tant de douleurs...
    O mort! ô destinée! ô Dieu de la lumière!
Créateur incréé de la nature entière,
Être immense et parfait, seul être de bonté,
As-tu fait les humains pour la calamité?
    Quel pouvoir exécrable infecta ton ouvrage!

La nature est ta fille, et l'homme est ton image.
Arimane a-t-il pu défigurer ses traits,
Et créer le malheur, ainsi que les forfaits?
Est-il ton ennemi? que sa puissance affreuse
Arrache donc la vie à cette malheureuse!
J'espère encore en toi, j'espère que la mort
Ne pourra, malgré lui, détruire tout mon sort.
Oui, je naquis pour toi, puisque tu m'as fait naître;
Mon cœur me l'a trop dit; je n'ai point d'autre maître.
Cet être malfesant qui corrompit ta loi
Ne m'empêchera pas d'aspirer jusqu'à toi.
Par lui persécutée, avec toi réunie,
J'oublierai dans ton sein les horreurs de ma vie.
Il en est une heureuse, et je veux y courir :
C'est pour vivre avec toi que tu me fais mourir.

FIN DU TROISIÈME ACTE.

ACTE QUATRIÈME.

SCÈNE I.

LE VIEIL ARZÉMON, MÉGATISE.

LE VIEIL ARZÉMON.
Tu gardes cette porte et tu retiens mes pas !
Tu me fais cet affront, toi, Mégatise ?
MÉGATISE.
         Hélas !
Triste et cher Arzémon, vieillard que je révère,
Trop malheureux ami, trop déplorable père,
Qu'exiges-tu de moi ?
LE VIEIL ARZÉMON.
       Ce que doit l'amitié.
Pour servir les Romains es-tu donc sans pitié !
MÉGATISE.
Au nom de la pitié, fuis ce lieu d'injustices ;
Crains ce séjour de sang, de crimes, de supplices :
Retourne en tes foyers, loin des yeux des tyrans ;
La mort nous environne.
LE VIEIL ARZÉMON.
       Où sont mes chers enfans ?
MÉGATISE.
Je te l'ai déja dit, leur péril est extrême ;
Tu ne peux les servir, tu te perdrais toi-même.

ACTE IV, SCÈNE I.

LE VIEIL ARZÉMON.

N'importe, je prétends faire un dernier effort;
Je veux, je dois parler au commandant du fort.
N'est-ce pas Iradan, que, pendant son voyage,
L'empereur a nommé pour garder ce passage?

MÉGATISE.

C'est lui-même, il est vrai; mais crains de t'arrêter :
Hélas! il est bien loin de pouvoir t'écouter.

LE VIEIL ARZÉMON.

Il me refuserait une simple audience?

MÉGATISE, *en pleurant.*

Oui.

LE VIEIL ARZÉMON.

Sais-tu que César m'admet en sa présence,
Qu'il daigne me parler?

MÉGATISE.

A toi?

LE VIEIL ARZÉMON.

Les plus grands rois
Vers les derniers humains s'abaissent quelquefois.
Ils redoutent des grands le séduisant langage,
Leur bassesse orgueilleuse, et leur trompeur hommage;
Mais, oubliant pour nous leur sombre majesté,
Ils aiment à sourire à la simplicité.
Il reçoit de ma main les fruits de ma culture,
Doux présens dont mon art embellit la nature.
Ce gouverneur superbe a-t-il la dureté
De rejeter l'hommage à ses mains présenté?

MÉGATISE.

Quoi! tu ne sais donc pas ce fatal homicide,
Ce meurtre affreux?

LE VIEIL ARZÉMON.

       Je sais qu'ici tout m'intimide,
Que l'inhumanité, la persécution,
Menacent mes enfans et ma religion.
C'est ce que tu m'as dit, et c'est ce qui m'oblige
A voir cet Iradan... son intérêt l'exige.

MÉGATISE.

Va, fuis; n'augmente point par tes soins obstinés
La foule des mourans et des infortunés.

LE VIEIL ARZÉMON.

Quel discours effroyable! explique-toi.

MÉGATISE.

         Mon maître,
Mon chef, mon protecteur, est expirant peut-être.

LE VIEIL ARZÉMON.

Lui!

MÉGATISE.

Tremble de le voir.

LE VIEIL ARZÉMON.

      Pourquoi m'en détourner?

MÉGATISE.

Ton fils, ton propre fils vient de l'assassiner.

LE VIEIL ARZÉMON.

O soleil! ô mon Dieu! soutenez ma vieillesse!
Qui? lui! ce malheureux, porter sa main traîtresse...
Sur qui... Pour un tel crime ai-je pu l'élever!

MÉGATISE.

Vois quel temps tu prenais : rien ne peut le sauver.

LE VIEIL ARZÉMON.

O comble de l'horreur! hélas! dans son enfance

ACTE IV, SCÈNE I.

J'avais cru de ses sens calmer la violence ;
Il était bon, sensible, ardent, mais généreux :
Quel démon l'a changé ? Quel crime... ah, malheureux !

MÉGATISE.

C'est moi qui l'ai perdu, j'en porterai la peine :
Mais que ta mort au moins ne suive point la mienne.
Écarte-toi, te dis-je.

LE VIEIL ARZÉMON.

      Et qu'ai-je à perdre, hélas !
Quelques jours malheureux et voisins du trépas,
Ce soleil dont mes yeux, appesantis par l'âge,
Aperçoivent à peine une infidèle image,
Ces vains restes d'un sang déja froid et glacé ?
J'ai vécu, mon ami ; pour moi tout est passé :
Mais avant de mourir je dois parler.

MÉGATISE.

        Demeure ;
Respecte d'Iradan la triste et dernière heure.

LE VIEIL ARZÉMON.

Infortunés enfans, et que j'ai trop aimés,
J'allais unir vos cœurs l'un pour l'autre formés.
Ne puis-je voir Arzame ?

MÉGATISE.

     Hélas ! Arzame implore
La mort dont nos tyrans la menacent encore.

LE VIEIL ARZÉMON.

Que je voie Iradan.

MÉGATISE.

    Que ton zèle empressé
Respecte plus le sang que ton fils a versé ;

Attends qu'on sache au moins si, malgré sa blessure,
Il reste assez de force encore à la nature
Pour qu'il lui soit permis d'entendre un étranger.

LE VIEIL ARZÉMON.

Dans quel gouffre de maux le ciel veut nous plonger!

MÉGATISE.

J'entends chez Iradan des clameurs qui m'alarment.

LE VIEIL ARZÉMON.

Tout doit nous alarmer.

MÉGATISE.

Que mes pleurs te désarment;
Mon père, éloigne-toi : peut-être il est mourant,
Et son frère est témoin de son dernier moment.
Cache-toi; je viendrai te parler et t'instruire.

LE VIEIL ARZÉMON.

Garde-toi d'y manquer... Dieu, qui m'as su conduire,
Dieu, qui vois en pitié les erreurs des mortels,
Daigne abaisser sur nous tes regards paternels!

SCÈNE II.

IRADAN, *le bras en écharpe, appuyé sur* CÉSÈNE,
MÉGATISE.

CÉSÈNE.

Mégatise, aide-nous; donne un siége à mon frère;
A peine il se soutient, mais il vit; et j'espère
Que, malgré sa blessure et son sang répandu,
Par les bontés du ciel il nous sera rendu.

IRADAN, *à Mégatise.*

Donne, ne pleure point.

ACTE IV, SCÈNE II.

CÉSÈNE, *à Mégatise.*
                    Veille sur cette porte,
Et prends garde surtout qu'aucun n'entre et ne sorte.
                        (*Mégatise sort.*)
    (à Iradan.)
Prends un peu de repos nécessaire à tes sens;
Laisse-nous ranimer tes esprits languissans;
Trop de soin te tourmente avec tant de faiblesse.

IRADAN.

Ah! Césène! au prétoire on veut que je paraisse!
Ce coup que je reçois m'a bien plus offensé
Que le fer d'un ingrat dont tu me vois blessé.
Notre ennemi l'emporte, et déja le prétoire,
Nous ôtant tous nos droits, lui donne la victoire.
Le puissant est toujours des grands favorisé;
Ils se maintiennent tous; le faible est écrasé:
Ils sont maîtres des lois dont ils sont interprètes;
On n'écoute plus qu'eux; nos bouches sont muettes:
On leur donne le droit de juges souverains,
L'autorité réside en leurs cruelles mains;
Je perds le plus beau droit, celui de faire grace.

CÉSÈNE.

Eh! pourrais-tu la faire à la farouche audace
Du fanatique obscur qui t'ose assassiner?

IRADAN.

Ah! qu'il vive.

CÉSÈNE.

            A l'ingrat je ne puis pardonner.
Tu vois de notre état la gêne et les entraves;
Sous le nom de guerriers nous devenons esclaves.

Il n'est plus temps de fuir ce séjour malheureux,
Véritable prison qui nous retient tous deux.
César est arrivé; la tête de l'armée
Garde de tous côtés les chemins d'Apamée.
Il ne m'est plus permis de déployer l'horreur
Que ces prêtres sanglans excitent dans mon cœur;
Et, loin de te venger de leur troupe parjure,
De nager dans leur sang, d'y laver ta blessure,
Avec eux malgré moi je dois me réunir.
C'est ton lâche assassin que nous devons punir;
Et, puisqu'il faut le dire, indigné de son crime,
Aux sacrificateurs j'ai promis la victime :
Ta sûreté le veut. Si l'ingrat ne mourait,
Il est Guèbre, il suffit, César te punirait.

IRADAN.

Je ne sais; mais sa mort, en augmentant mes peines,
Semble glacer le sang qui reste dans mes veines.

SCÈNE III.

IRADAN, CÉSÈNE, ARZAME.

ARZAME, *se jetant aux genoux de Césène.*
Dans ma honte, seigneur, et dans mon désespoir,
J'ai dû vous épargner la douleur de me voir.
Je le sens, ma présence, à vos yeux téméraire,
Ne rappelle que trop le forfait de mon frère;
L'audace de sa sœur est un crime de plus.

CÉSÈNE, *la relevant.*
Ah! que veux-tu de nous par tes pleurs superflus?

ACTE IV, SCÈNE III.

ARZAME.

Seigneur, on va traîner mon cher frère au supplice;
Vous l'avez ordonné, vous lui rendez justice;
Et vous me demandez ce que je veux... La mort,
La mort, vous le savez.

CÉSÈNE.

Va, son funeste sort
Nous fait frémir assez dans ces momens terribles.
N'ulcère point nos cœurs, ils sont assez sensibles.
Eh bien, je veillerai sur tes jours innocens,
C'est tout ce que je puis; compte sur mes sermens.

ARZAME.

Je vous les rends, seigneur; je ne veux point de grace:
Il n'en veut point lui-même; il faut qu'on satisfasse
Au sang qu'a répandu sa détestable erreur;
Il faut que devant vous il meure avec sa sœur.
Vous me l'aviez promis; votre pitié m'outrage,
Si vous en aviez l'ombre, et si votre courage,
Si votre bras vengeur, sur sa tête étendu,
Tremblait de me donner le trépas qui m'est dû,
Ma main sera plus prompte, et mon esprit plus ferme.
Pourquoi de tant de maux prolongez-vous le terme?
Deux Guèbres, après tout, vil rebut des humains,
Sont-ils de quelque prix aux yeux de deux Romains?

CÉSÈNE.

Oui, jeune infortunée, oui, je ne puis t'entendre
Sans qu'un Dieu, dans mon cœur ardent à te défendre,
Ne soulève mes sens et crie en ta faveur.

IRADAN.

Tous deux m'ont pénétré de tendresse et d'horreur.

SCÈNE IV.

IRADAN, ARZAME, CÉSÈNE, MÉGATISE.

CÉSÈNE.

Vient-on nous demander le sang de ce coupable?
MÉGATISE.
Rien encor n'a paru.
CÉSÈNE.
Son supplice équitable
Pourrait de nos tyrans désarmer la fureur.
ARZAME.
Ils seraient plus tyrans s'ils épargnaient sa sœur.
MÉGATISE.
Cependant un vieillard, dans sa douleur profonde,
Malgré l'ordre donné d'écarter tout le monde,
Et malgré mes refus, veut embrasser vos pieds;
A ses cris, à ses yeux dans les larmes noyés,
Daignez-vous accorder la grace qu'il demande?
IRADAN.
Une grace! qui? moi!
CÉSÈNE.
Que veut-il? qu'il attende,
Qu'il respecte l'horreur de ces affreux momens:
Il faut que je vous venge : allons, il en est temps.
ARZAME.
Ciel! déja!
CÉSÈNE.
Rejetez sa prière indiscrète.

IRADAN.
Mon frère, la faiblesse où mon état me jette
Me permettra peut-être encor de lui parler.
Le malheur dont le ciel a voulu m'accabler
Ne peut être, sans doute, ignoré de personne;
Et puisque ce vieillard aux larmes s'abandonne,
Puisque mon sort le touche, il vient pour me servir.
MÉGATISE.
Il me l'a dit du moins.
IRADAN.
Qu'on le fasse venir.

SCÈNE V.

IRADAN, ARZAME, CÉSÉNE; MÉGATISE *s'avançant vers* LE VIEIL ARZÉMON *qu'on voit à la porte.*

MÉGATISE, à *Arzémon.*
La bonté d'Iradan se rend à ta prière.
Avance... Le voici.
ARZAME.
Juste ciel... Ah, mon père!
A mes derniers momens quel dieu vient vous offrir?
Voulez-vous qu'à vos yeux...
LE VIEIL ARZÉMON.
Je veux vous secourir.
IRADAN.
Vieillard, que je te plains! que ton fils est coupable!
Mais je ne le vois point d'un œil inexorable.

J'aimai tes deux enfans, et, dans ce jour d'horreurs,
Va, je n'impute rien qu'à nos persécuteurs.

LE VIEIL ARZÉMON.

Oui, tribun, je l'avoue, ils sont seuls condamnables;
Ceux qui forcent au crime en sont les seuls coupables.
Mais faites approcher le malheureux enfant
Qui fut envers nous tous criminel un moment:
Devant lui, devant elle, il faut que je m'explique.

IRADAN.

Qu'on l'amène sur l'heure.

ARZAME.

O pouvoir tyrannique!
Pouvoir de la nature augmenté par l'amour!
Quels momens! quels témoins! et quel horrible jour!

SCÈNE VI.

LES PRÉCÉDENS; LE JEUNE ARZÉMON, *enchaîné*.

LE JEUNE ARZÉMON.

Hélas! après mon crime il me faut donc paraître
Aux yeux d'un homme juste à qui je dois mon être,
Dont j'ai déshonoré la vieillesse et le sang;
Aux yeux d'un bienfaiteur dont j'ai percé le flanc;
Aux regards indignés de son vertueux frère;
Devant vous, ô ma sœur! dont la juste colère,
Les charmes, la terreur, et les sens agités,
Commencent les tourmens que j'ai tant mérités!

LE VIEIL ARZÉMON, *les regardant tous*.

J'apporte à ces douleurs, dont l'excès vous dévore,

Des consolations, s'il peut en être encore.

ARZAME.

Il n'en sera jamais après ce coup affreux.

CÉSÈNE.

Qui... toi, nous consoler! toi, père malheureux!

LE VIEIL ARZÉMON.

Ce nom coûta souvent des larmes bien cruelles,
Et vous allez peut-être en verser de nouvelles;
Mais vous les chérirez.

IRADAN.

Quels discours étonnans!

CÉSÈNE.

Adoucit-on les maux par de nouveaux tourmens?

LE VIEIL ARZÉMON.

Que n'ai-je appris plus tôt dans mes sombres retraites
Le lieu, le nouveau poste et le rang où vous êtes!
La guerre loin de moi porta toujours vos pas;
Enfin je vous retrouve.

CÉSÈNE.

En quel état, hélas!

LE VIEIL ARZÉMON.

Vous allez donc livrer aux mains qui les attendent
Ces deux infortunés?

ARZAME.

Ah! les lois le commandent;
Oui, nous devons mourir.

LE VIEIL ARZÉMON.

Seigneurs, écoutez-moi...
Il vous souvient des jours de carnage et d'effroi,
Où de votre empereur l'impitoyable armée

Fit périr les Persans dans Émesse enflammée.

IRADAN.

S'il m'en souvient, grands dieux !

CÉSÈNE.

Oui; nos fatales mains
N'accomplirent que trop ces ordres inhumains.

IRADAN.

Émesse fut détruite, et j'en frémis encore.
Servais-tu parmi nous ?

LE VIEIL ARZÉMON.

Non, seigneur, et j'abhorre
Ce mercenaire usage, et ces hommes cruels
Gagés pour se baigner dans le sang des mortels.
Dans d'utiles travaux coulant ma vie obscure,
Je n'ai point par le meurtre offensé la nature.
Je naquis vers Émesse, et depuis soixante ans
Mes innocentes mains ont cultivé mes champs.
Je sais qu'en cette ville un hymen bien funeste
Vous engagea tous deux.

CÉSÈNE.

O sort que je déteste !
De nos malheurs secrets qui t'a si bien instruit ?

LE VIEIL ARZÉMON.

Je les sais mieux que vous; ils m'ont ici conduit.
Vous aviez deux enfans dans Émesse embrasée :
La mère de l'un d'eux y périt écrasée :
Et l'autre sut tromper, par un heureux effort,
Le glaive des Romains, et la flamme et la mort.

CÉSÈNE.

Et qui des deux vivait ?

ACTE IV, SCÈNE VI.

IRADAN.
Et qui des deux respire?

LE VIEIL ARZÉMON.

Hélas! vous saurez tout : je dois d'abord vous dire
Qu'arrachant ces enfans au glaive meurtrier
Cette mère échappa par un obscur sentier;
Qu'ayant des deux états parcouru la frontière,
Le sort la conduisit sous mon humble chaumière.
A ce tendre dépôt du sort abandonné,
Je divisai le pain que le ciel m'a donné;
Ma loi me le commande, et mon sensible zèle,
Seigneurs, pour être humain n'avait pas besoin d'elle.

CÉSÈNE.

Eh quoi! privé de bien tu nourris l'étranger!
Et César nous opprime, ou nous laisse égorger!

IRADAN, *se soulevant un peu.*

Que devint cette femme... ô Dieu de la justice!
Ainsi que ce vieillard, lui devins-tu propice?

LE VIEIL ARZÉMON.

Dans ma retraite obscure elle a langui deux ans;
Le chagrin desséchait la fleur de son printemps.

IRADAN.

Hélas!

LE VIEIL ARZÉMON.

Elle mourut; je fermai sa paupière :
Elle me fit jurer à son heure dernière
D'élever ses enfans dans sa religion :
J'obéis : mon devoir et ma compassion
Sous les yeux de Dieu seul ont conduit leur enfance.
Ces tendres orphelins, pleins de reconnaissance,

M'aimaient comme leur père, et je l'étais pour eux.
CÉSÈNE.
O destins!
IRADAN.
O momens trop chers, trop douloureux!
CÉSÈNE.
Une faible espérance est-elle encor permise?
ARZAME.
Je crains d'écouter trop l'espoir qui m'a surprise.
LE JEUNE ARZÉMON.
Et moi, je crains, ma sœur, à ces récits confus,
D'être plus criminel encor que je ne fus.
IRADAN.
Que me préparez-vous, ô cieux! que dois-je croire?
CÉSÈNE.
Ah! si la vérité t'a dicté cette histoire,
Pourrais-tu nous donner après de tels récits
Quelque éclaircissement sur ma fille et son fils?
N'as-tu point conservé quelque heureux témoignage,
Quelque indice du moins?
LE VIEIL ARZÉMON, *à Iradan.*
Reconnaissez ce gage
D'un malheur sans exemple et de la vérité;
C'est pour vous qu'en ces lieux je l'avais apporté.
(Il lui donne une lettre.)
Vous en croirez les traits qu'une mère expirante
A tracés devant moi d'une main défaillante.
IRADAN.
Du sang que j'ai perdu mes yeux sont affaiblis,
Et ma main tremble trop : tiens, mon frère, prends, lis.

ACTE IV, SCÈNE VI.

CÉSÈNE.

Oui, c'est ta tendre épouse; ô sacré caractère!

(Il montre la lettre à Iradan.)

Embrasse ton cher fils, Arzame est à ton frère.

IRADAN *prend la main d'Arzame, et regarde avec larmes le jeune Arzémon qui se couvre le visage.*

Voilà mon fils, ta fille, et tout est découvert.

ARZAME, *à Césène qui l'embrasse.*

Quoi! je naquis de vous!

IRADAN.

Quoi! le ciel qui me perd
Ne me rendrait mon sang à cette heure fatale
Que pour l'abandonner à la rage infernale
De mortels ennemis que rien ne peut calmer!

LE JEUNE ARZÉMON, *se jetant aux genoux d'Iradan*

Du nom de père, hélas! osé-je vous nommer?
Puis-je toucher vos mains de cette main perfide?
J'étais un meurtrier, je suis un parricide.

IRADAN, *se relevant et l'embrassant.*

Non, tu n'es que mon fils.

(Il retombe.)

CÉSÈNE.

Que j'étais aveuglé!
Sans ce vieillard, mon frère, il était immolé;
Les bourreaux l'attendaient... Quel bruit se fait en-
Nos tyrans à nos yeux oseraient-ils se rendre? [tendre?

MÉGATISE, *rentrant.*

Un ordre du prétoire au pontife est venu.

CÉSÈNE.

Est-ce un arrêt de mort?

MÉGATISE.

     Il ne m'est pas connu;
Mais les prêtres voulaient de nouvelles victimes.
IRADAN.

Les cruels!
CÉSÈNE.

   Nous tombons d'abîmes en abîmes.
MÉGATISE.

Je sais qu'ils ont proscrit ce généreux vieillard,
Et le frère et la sœur.
CÉSÈNE.

    O justice! ô César!
Vous pouvez le souffrir! le trône s'humilie
Jusqu'à laisser régner ce ministère impie!
LE JEUNE ARZÉMON.

Les monstres ont conduit ce bras qui s'est trompé :
J'en étais incapable; eux seuls vous ont frappé.
J'expierai dans leur sang mon crime involontaire...
Déchirons ces serpens dans leur sanglant repaire,
Et vengeons les humains trop long-temps abusés
Par ce pouvoir affreux dont ils sont écrasés.
Que l'empereur après ordonne mon supplice;
Il n'en jouira pas, et j'aurai fait justice;
Il me retrouvera, mais mort, enseveli
Sous leur temple fumant par mes mains démoli.
IRADAN.

Calme ton désespoir, contiens ta violence;
Elle a coûté trop cher. Un reste d'espérance,
Mon frère, mes enfans, doit encor nous flatter.
Le destin paraît las de nous persécuter;

Il m'a rendu mon fils, et tu revois ta fille;
Il n'a pas réuni cette triste famille
Pour la frapper ensemble et pour mieux l'immoler.

ARZAME.

Qui le sait?

IRADAN.

A César que ne puis-je parler!
Je ne puis rien, je sens que ma force s'affaisse;
Tant de soins, tant de maux, de crainte, de tendresse,
Accablent à la fois mon corps et mes esprits!
(à son fils.)
Soutiens-moi.

LE JEUNE ARZÉMON.

L'oserai-je?

IRADAN.

Oui, mon fils... mon cher fils!

ARZAME, *à Césène.*

Eh quoi! de ces brigands l'exécrable cohorte
De ce château, mon père, assiége encor la porte!

CÉSÈNE.

Va, j'en jure les dieux ennemis des tyrans,
Ces meurtriers sacrés n'y seront pas long-temps.
S'il est des dieux cruels, il est des dieux propices
Qui pourront nous tirer du fond des précipices;
Ces dieux sont la constance et l'intrépidité,
Le mépris des tyrans et de l'adversité.
(au jeune Arzémon.)
Viens; et pour expier le meurtre de ton père,
Venge-toi, venge-nous, ou meurs avec son frère.

FIN DU QUATRIÈME ACTE.

ACTE CINQUIÈME.

SCÈNE I.

IRADAN, LE JEUNE ARZÉMON, ARZAME.

IRADAN.
Non, ne m'en parlez plus; je bénis ma blessure.
Trop de biens ont suivi cette affreuse aventure;
Vos pères trop heureux retrouvent leurs enfans;
Le ciel vous a rendus à nos embrassemens.
Vos amours offensaient et Rome et la nature;
Rome les justifie, et le ciel les épure.
Cet autel que mon frère avait dressé pour moi,
Sanctifié par vous, recevra votre foi;
Ce vieillard généreux, qui nourrit votre enfance,
Y verra consacrer votre sainte alliance;
Les prêtres des enfers et leur zèle inhumain
Respecteront le sang d'un citoyen romain.

ARZAME.
Hélas! l'espérez-vous?

IRADAN.
                    Quelles mains sacriléges
Oseraient de ce nom braver les priviléges?
Césène est au prétoire : il saura le fléchir.
Des formes de nos lois on peut vous affranchir.
Quels cœurs à la pitié seront inaccessibles?

Les prêtres de ces lieux sont les seuls insensibles.
Le temps fera le reste; et si vous persistez
Dans un culte ennemi de nos solennités,
En dérobant ce culte aux regards du vulgaire,
Vous forcerez du moins vos tyrans à se taire.
Dieu, qui me les rendez, favorisez leurs feux!
Dieu de tous les humains, daignez veiller sur eux!

ARZAME.

Ainsi ce jour horrible est un jour d'allégresse!
Je ne verse à vos pieds que des pleurs de tendresse.

LE JEUNE ARZÉMON, *baisant la main d'Iradan.*

Je ne puis vous parler, je demeure éperdu,
Mon père!

IRADAN, *l'embrassant.*

Mon cher fils!

LE JEUNE ARZÉMON.

Le trépas m'était dû,
Vous me donnez Arzame!

ARZAME.

Et pour comble de joie,
C'est Césène mon père... oui, le ciel nous l'envoie!

SCÈNE II.

LES PRÉCÉDENS, CÉSÈNE.

IRADAN.

Quelle nouvelle heureuse apportez-vous enfin?

CÉSÈNE.

J'apporte le malheur, et tel est mon destin.

Ma fille, on nous opprime; une indigne cabale
Aux portes du palais frappe sans intervalle :
Le prétoire est séduit.

LE JEUNE ARZÉMON.

Que je suis alarmé!

IRADAN.

Quoi! tout est contre nous?

CÉSÈNE.

On a déja nommé
Un nouveau commandant pour remplir votre place.

IRADAN.

C'en est fait, je vois trop notre entière disgrace.

CÉSÈNE.

Ah! le malheur n'est pas de perdre son emploi,
De cesser de servir, de vivre enfin pour soi...

IRADAN.

Qu'on est faible, mon frère! et que le cœur se trompe!
Je détestais ma place et son indigne pompe;
Ses fonctions, ses droits, je voulais tout quitter :
On m'en prive, et l'affront ne se peut supporter.

CÉSÈNE.

Ce n'est point un affront; ces pertes sont communes.
Préparons-nous, mon frère, à d'autres infortunes :
Notre hymen malheureux, formé chez les Persans,
Est déclaré coupable : on ôte à nos enfans
Les droits de la nature et ceux de la patrie.

LE JEUNE ARZÉMON.

Je les ai tous perdus quand cette main impie,
Par la rage égarée, et surtout par l'amour,
A déchiré les flancs à qui je dois le jour;

ACTE V, SCÈNE II.

Mais il me reste au moins le droit de la vengeance :
On ne peut me l'ôter.

ARZAME.

Celui de la naissance
Est plus sacré pour moi que les droits des Romains ;
Des parens généreux sont mes seuls souverains.

CÉSÈNE, *l'embrassant.*

Ah, ma fille ! mes pleurs arrosent ton visage ;
Fille digne de moi, conserve ton courage.

ARZAME.

Nous en avons besoin.

CÉSÈNE.

Nos lâches oppresseurs
Dédaignent ma colère, insultent à nos pleurs,
Demandent notre sang.

ARZAME.

J'en suis la cause unique,
J'étais le seul objet qu'un sacerdoce inique
Voulait sur leurs autels immoler aujourd'hui,
Pour n'avoir pu connaître un même Dieu que lui.
L'empereur serait-il assez peu magnanime
Pour n'être pas content d'une seule victime ?
Du sang de ses sujets veut-il donc s'abreuver ?
Le Dieu qui sur ce trône a voulu l'élever
Ne l'a-t-il fait si grand que pour ne rien connaître,
Pour juger au hasard en despotique maître ;
Pour laisser opprimer ces généreux guerriers,
Nos meilleurs citoyens, ses meilleurs officiers ?
Sur quoi ? sur un arrêt des ministres d'un temple ;
Eux qui de la pitié devaient donner l'exemple,

Eux qui n'ont jamais dû pénétrer chez les rois
Que pour y tempérer la dureté des lois;
Eux qui, loin de frapper l'innocent misérable,
Devaient intercéder, prier pour le coupable!
Que fait votre César invisible aux humains?
De quoi lui sert un sceptre oisif entre ses mains?
Est-il, comme vos dieux, indifférent, tranquille,
Des maux du monde entier spectateur inutile?

CÉSÈNE.

L'empereur jusqu'ici ne s'est point expliqué :
On dit qu'à d'autres soins en secret appliqué,
Il laisse agir la loi.

IRADAN.

Loi vaine et chimérique!
Loi favorable aux grands, et pour nous tyrannique!

CÉSÈNE.

Je n'ai qu'une ressource, et je vais la tenter :
A César, malgré lui, je cours me présenter;
Je lui crierai justice; et si les pleurs d'un père
Ne peuvent adoucir ce despote sévère,
S'il détourne de moi des yeux indifférens,
S'il garde un froid silence, ordinaire aux tyrans,
Je me perce à sa vue; il frémira peut-être;
Il verra les effets du cœur d'un mauvais maître,
Et par mes derniers mots, qui pourront l'étonner,
Je lui dirai : Barbare, apprends à gouverner.

IRADAN.

Vous n'irez point sans moi.

CÉSÈNE.

Quelle erreur vous entraîne?

Votre corps affaibli se soutient avec peine,
Votre sang coule encor... demeurez, et vivez,
Vivez, vengez ma mort un jour, si vous pouvez.
Viens, Arzémon.

LE JEUNE ARZÉMON.

J'y vole.

ARZAME.

Arrêtez... ô mon père...
Cher frère! cher époux... ô ciel! que vont-ils faire?

SCÈNE III.

IRADAN, ARZAME.

ARZAME.

Peut-être que César se laissera toucher.

IRADAN.

Hélas! souffrira-t-on qu'il ose l'approcher?
Je respecte César; mais souvent on l'abuse.
Je vois que de révolte un ennemi m'accuse;
J'ai pour moi la nature, ainsi que l'équité;
Tant de droits ne sont rien contre l'autorité;
Elle est sans yeux, sans cœur : le guerrier le plus brave,
Quand César a parlé, n'est plus qu'un vil esclave :
C'est le prix du service, et l'usage des cours.

ARZAME.

Bienfaiteur adoré, que je crains pour vos jours,
Pour mon fatal époux, pour mon malheureux père,
Pour ce vieillard chéri, si grand dans sa misère!
Il n'a fait que du bien; ses respectables mœurs

Passent pour des forfaits chez nos persécuteurs.
La vertu devient crime áux yeux qui nous haïssent :
C'est une impiété que dans nous ils punissent ;
On me l'a toujours dit. Le nouveau gouverneur
Sans doute est envoyé pour servir leur fureur :
On va vous arrêter.

IRADAN.

Oui, je m'y dois attendre.
Oui, mon meilleur ami, commandé pour nous prendre,
Nous chargerait de fers au nom de l'empereur,
Nous conduirait lui-même, et s'en ferait honneur ;
Telle est des courtisans la bassesse cruelle.
Notre indigne pontife, à sa haine fidèle,
N'attend que le moment de se rassasier
Du sang des malheureux qu'on va sacrifier.
Dans l'état où je suis, son triomphe est facile.
Nous voici tous les deux sans force et sans asile,
Nous débattant en vain, par un pénible effort,
Sous le fer des tyrans, dans les bras de la mort.

SCÈNE IV.

IRADAN, ARZAME, LE VIEIL ARZÉMON.

IRADAN.

Vénérable vieillard, que viens-tu nous apprendre ?

LE VIEIL ARZÉMON.

C'est un événement qui pourra vous surprendre,
Et peut-être un moment soulager vos douleurs,
Pour nous replonger tous en de plus grands malheurs.
Votre fils, votre frère...

ACTE V, SCENE IV.

IRADAN.

Explique-toi.

ARZAME.

Je tremble.

LE VIEIL ARZÉMON.

De ce château fatal ils s'avançaient ensemble;
Du quartier de César ils suivaient les chemins :
Du grand-prêtre accouru les suivans inhumains
Ordonnent qu'on s'arrête, et demandent leur proie,
A mes yeux consternés le pontife déploie
Un arrêt que sa brigue au prétoire a surpris.
On l'a dû respecter; mais, seigneur, votre fils,
Dans son emportement, pardonnable à son âge,
Contre eux, le fer en main, se présente et s'engage;
Votre frère le suit d'un pas impétueux;
Mégatise à grands cris s'élance au milieu d'eux :
Des soldats s'attroupaient à la voix du grand-prêtre :
« Frappez, s'écriait-il, secondez votre maître. »
De toutes parts on s'arme, et le fer brille aux yeux :
Je voyais deux partis ardens, audacieux,
Se mêler, se frapper, combattre avec furie.
Je ne sais quelle main (qu'on va nommer impie),
Au milieu du tumulte, au milieu des soldats,
Sur l'orgueilleux pontife a porté le trépas;
Sous vingt coups redoublés j'ai vu tomber ce traître,
Indigne de sa place et du saint nom de prêtre;
Je l'ai vu se rouler sur la terre étendu :
Il blasphémait ses dieux qui l'ont mal défendu,
Et sa mort effroyable est digne de sa vie.

IRADAN.
Il a reçu le prix de tant de barbarie.
ARZAME.
Ah! son sang odieux répandu justement
Sera vengé bientôt, et payé chèrement.
LE VIEIL ARZÉMON.
Je le crois. On disait qu'en ce désordre extrême
César doit au château se transporter lui-même.
ARZAME.
Qu'est devenu mon père?
IRADAN.
Ah! je vois qu'aujourd'hui
Il n'est plus de pardon ni pour nous ni pour lui.
(Le vieil Arzémon sort.)

SCÈNE V.

IRADAN, CÉSÈNE, ARZAME, LE JEUNE ARZÉMON.

CÉSÈNE.
Sans doute il n'en est point; mais la terre est vengée.
Par votre digne fils ma gloire est partagée;
C'est assez.
LE JEUNE ARZÉMON.
Oui, nos mains ont puni ses fureurs :
Puissent périr ainsi tous les persécuteurs !
Le ciel, nous disaient-ils, leur remit son tonnerre:
Que le ciel les en frappe, et délivre la terre;
Que leur sang satisfasse au sang de l'innocent :

Mon père, entre vos bras je mourrai trop content.

IRADAN.

La mort est sur nous tous, mon fils; à ses approches
Je ne te ferai point d'inutiles reproches.
Ce nouveau coup nous perd; et ce monstre expiré,
Tout barbare qu'il fut, était pour nous sacré.
César va nous punir. Un vieillard magnanime,
Un frère, deux enfans, tout est ici victime,
Tout attend son arrêt. Flétri, dépossédé,
Prisonnier dans ce fort où j'avais commandé,
Je finis dans l'opprobre une vie abhorrée,
Au devoir, à l'honneur, vainement consacrée.

CÉSÈNE.

Eh quoi! je ne vois plus ce fidèle Arzémon;
Serait-il renfermé dans une autre prison?
A-t-on déja puni son respectable zèle,
Et les bienfaits surtout de sa main paternelle?
Au supplice, ma fille, il ne peut échapper.
César de toutes parts nous fait envelopper.

ARZAME.

J'entends déja sonner les trompettes guerrières,
Et je vois avancer les troupes meurtrières.
Depuis qu'on m'a conduite en ce malheureux fort
Je n'ai vu que du sang, des bourreaux, et la mort.

CÉSÈNE.

Oui, c'en est fait, ma fille.

ARZAME.

Ah! pourquoi suis-je née?

CÉSÈNE, *embrassant sa fille.*

Pour mourir avec moi, mais plus infortunée...

O mon cher frère... et toi, son déplorable fils,
Nos jours étaient affreux, ils sont du moins finis.

IRADAN.

La garde du prétoire, en ces murs avancée,
Déja des deux côtés avec ordre est placée.
Je vois César lui-même... A genoux, mes enfans.

ARZAME.

Ainsi nous touchons tous à nos derniers momens !

SCÈNE VI.

LES PRÉCÉDENS; L'EMPEREUR, GARDES; LE VIEIL ARZÉMON ET MÉGATISE, *au fond.*

L'EMPEREUR.

Enfin de la justice à mes sujets rendue
Il est temps qu'en ces lieux la voix soit entendue;
Le désordre est trop grand. De tout je suis instruit;
L'intérêt de l'état m'éclaire et me conduit.
Levez-vous, écoutez mes arrêts équitables.
Pères, enfans, soldats, vous êtes tous coupables,
Dans ce jour d'attentats et de calamités,
D'avoir négligé tous d'implorer mes bontés.

CÉSÈNE.

On m'a fermé l'accès.

IRADAN.

Le respect et les craintes,
Seigneur, auprès de vous interdisent les plaintes.

L'EMPEREUR.

Vous vous trompiez; c'est trop vous défier de moi :
Vous avez outragé l'empereur et la loi;

ACTE V, SCÈNE VI.

Le meurtre d'un pontife est surtout punissable.
Je sais qu'il fut cruel, injuste, inexorable :
Sa soif du sang humain ne se put assouvir ;
On devait l'accuser, j'aurais su le punir.
Sachez qu'à la loi seule appartient la vengeance :
Je vous eusse écoutés ; la voix de l'innocence
Parle à mon tribunal avec sécurité,
Et l'appui de mon trône est la seule équité.

IRADAN.

Nous avons mérité, seigneur, votre colère ;
Épargnez les enfans, et punissez le père.

L'EMPEREUR.

Je sais tous vos malheurs. Un vieillard dont la voix
Jusqu'au pied de mon trône a passé quelquefois,
Dont la simplicité, la candeur, m'ont dû plaire,
M'a parlé, m'a touché par un récit sincère ;
Il se fie à César ; vous deviez l'imiter.

(au vieil Arzémon.)

Approchez, Arzémon ; venez vous présenter.
Dans un culte interdit par une loi sévère
Vous avez élevé la sœur avec le frère ;
C'est la première source où de tant de fureurs
Ce jour a vu puiser ce vaste amas d'horreurs :
Des prêtres, emportés par un funeste zèle,
Sur une faible enfant ont mis leur main cruelle ;
Ils auraient dû l'instruire et non la condamner ;
Trop jaloux de leurs droits qu'ils n'ont pas su borner,
Fiers de servir le ciel, ils servaient leur vengeance.
De ces affreux abus j'ai senti l'importance ;
Je les viens abolir.

IRADAN.

Rome, les nations,
Vont bénir vos bontés.

L'EMPEREUR.

Les persécutions
Ont mal servi ma gloire, et font trop de rebelles.
Quand le prince est clément, les sujets sont fidèles.
On m'a trompé long-temps; je ne veux désormais
Dans les prêtres des dieux que des hommes de paix,
Des ministres chéris, de bonté, de clémence,
Jaloux de leurs devoirs, et non de leur puissance;
Honorés et soumis, par les lois soutenus,
Et par ces mêmes lois sagement contenus;
Loin des pompes du monde enfermés dans leur temple,
Donnant aux nations le précepte et l'exemple;
D'autant plus révérés qu'ils voudront l'être moins;
Dignes de vos respects, et dignes de mes soins :
C'est l'intérêt du peuple, et c'est celui du maître.
Je vous pardonne à tous. C'est à vous de connaître
Si de l'humanité je me fais un devoir,
Et si j'aime l'état plutôt que mon pouvoir...
Iradan, désormais, loin des murs d'Apamée,
Votre frère avec vous me suivra dans l'armée;
Je vous verrai de près combattre sous mes yeux :
Vous m'avez offensé; vous m'en servirez mieux.
De vos enfans chéris j'approuve l'hyménée.

(à Arzame et au jeune Arzémon.)

Méritez ma faveur, qui vous est destinée.

(au vieil Arzémon.)

Et toi, qui fus leur père, et dont le noble cœur

Dans une humble fortune avait tant de grandeur,
J'ajoute à ta campagne un fertile héritage ;
Tu mérites des biens, tu sais en faire usage.
Les Guèbres désormais pourront en liberté
Suivre un culte secret long-temps persécuté :
Si ce culte est le tien, sans doute il ne peut nuire ;
Je dois le tolérer plutôt que le détruire.
Qu'ils jouissent en paix de leurs droits, de leurs biens ;
Qu'ils adorent leur Dieu, mais sans blesser les miens :
Que chacun dans sa loi cherche en paix la lumière ;
Mais la loi de l'état est toujours la première.
Je pense en citoyen, j'agis en empereur :
Je hais le fanatique et le persécuteur.

IRADAN.

Je crois entendre un Dieu du haut d'un trône auguste,
Qui parle au genre humain pour le rendre plus juste.

ARZAME.

Nous tombons tous, seigneur, à vos sacrés genoux.

LE VIEIL ARZÉMON.

Notre religion est de mourir pour vous.

FIN DES GUÈBRES.

VARIANTE DES GUÈBRES.

^a   LE JEUNE ARZÉMON.
. . . .
Toi soldat des Romains que l'infame esclavage...
MÉGATISE.
Cher ami, que veux-tu! les erreurs du jeune âge,
Un esprit inquiet, trop de facilité,
L'occasion trompeuse, enfin la pauvreté,
Ce qui fait les soldats m'a jeté dans l'armée.
LE JEUNE ARZÉMON.
Ton ame à ce service est-elle accoutumée ?
Tu pourrais être libre en suivant tes amis.

NOTES.

[1] . . . . Libera possum
Verba animi proferre, et vitam impendere vero.
JUVEN., *sat.* IV.

[2] Innocuis manibus tranquilli læta colebant
Arva, simul solique suo regique fideles.

[3] Clamabat ille miser... Civis romanus sum... O jus eximium
nostræ civitatis...
CICER., *in Verr.*, V.

[4] Crede non illam tibi de scelesta
Plebe delectam; neque sic fidelem,
Sic lucro aversam, potuisse nasci
Matre pudenda.
HOR., lib. II, *od.* IV.

FIN DES VARIANTES ET DES NOTES DES GUÈBRES.

SOPHONISBE,

TRAGÉDIE EN CINQ ACTES,

Représentée pour la première fois en 1774.

AVIS

DES ÉDITEURS DE L'ÉDITION DE LAUSANNE.

Cette tragédie fut imprimée d'abord en 1769, sous le nom de M. Lantin, et on la donna comme la tragédie de Mairet, refaite.

La *Sophonisbe* de Mairet est la première pièce régulière qu'on ait vue en France, et même long-temps avant Corneille.

C'est par là qu'elle est précieuse, et qu'on a voulu la rajeunir. Il n'y a pas, à la vérité, un seul vers de Mairet dans la pièce; mais on a suivi sa marche autant qu'on l'a pu, surtout dans la première et dans la dernière scène. C'est un hommage qu'on rend au berceau de la tragédie française, lorsqu'elle est sur le bord de son tombeau.

Nous imprimons cette pièce sur le propre manuscrit de l'auteur, soigneusement revu et corrigé par lui; et c'est jusqu'ici la seule édition à laquelle on doive avoir égard.

A MONSIEUR

LE DUC DE LA VALLIÈRE,

GRAND FAUCONNIER DE FRANCE,
CHEVALIER DES ORDRES DU ROI, ETC. ETC. *

MONSIEUR LE DUC,

Quoique les épîtres dédicatoires aient la réputation d'être aussi ennuyeuses qu'inutiles, souffrez pourtant que je vous offre la *Sophonisbe* de Mairet, corrigée par un amateur autrefois très connu. C'est votre bien que je vous rends. Tout ce qui regarde l'histoire du théâtre vous appartient, après l'honneur que vous avez fait à la littérature française de présider à l'histoire du théâtre la plus complète. Presque tous les sujets des pièces dont cette histoire parle ont été tirés de votre bibliothèque, la plus curieuse de l'Europe en ce genre. Le manuscrit de la pièce qui vous est dédiée vous manquait : il vient de M. Lantin, auteur de plusieurs poëmes singuliers qui n'ont pas été imprimés, mais que les littérateurs conservent dans leurs portefeuilles.

J'ai commencé par mettre ce manuscrit parmi les vôtres. Personne ne jugera mieux que vous si l'auteur a rendu quelque service à la scène française en habillant la *Sophonisbe* de Mairet à la moderne.

Il était triste que l'ouvrage de Mairet, qui eut tant de ré-

* Cette épître dédicatoire est supprimée dans l'édition de Lausanne, sans doute parce que l'auteur y supposait que cette pièce était la tragédie de Mairet, refaite par M. Lantin, et que l'avis qui précède détruit cette supposition. (*Note des éditeurs de Kehl.*)

putation autrefois, fût absolument exclu du théâtre, et qu'il rebutât même tous les lecteurs, non seulement par les expressions surannées, et par les familiarités qui déshonoraient alors la scène, mais par quelques indécences que la pureté de notre théâtre rend aujourd'hui intolérables. Il faut toujours se souvenir que cette pièce, écrite long-temps avant *le Cid*, est la première qui apprit aux Français les règles de la tragédie, et qui mit le théâtre en honneur.

Il est très remarquable qu'en France ainsi qu'en Italie l'art tragique ait commencé par une *Sophonisbe*. Le prélat Georgio Trissino, par le conseil de l'archevêque de Bénévent, voulant faire passer ce grand art de la Grèce chez ses compatriotes, choisit le sujet de *Sophonisbe* pour son coup d'essai plus de cent ans avant Mairet. Sa tragédie, ornée de chœurs, fut représentée à Vicenza dès l'an 1514, avec une magnificence digne du plus beau siècle de l'Italie.

Notre émulation se borna, près de cinquante ans après, à la traduire en prose; et quelle prose encore! Vous avez, monseigneur, cette traduction faite par Mélin de Saint-Gelais. Nous n'étions dignes alors de rien traduire ni en prose ni en vers. Notre langue n'était pas formée; elle ne le fut que par nos premiers académiciens; et il n'y avait point d'académie encore quand Mairet travailla.

Dans cette barbarie, il commença par imiter les Italiens; il conçut les préceptes qu'ils avaient tous suivis; les unités de lieu, de temps et d'action, furent scrupuleusement observées dans sa *Sophonisbe*. Elle fut composée dès l'an 1629, et jouée en 1633. Une faible aurore de bon goût commençait à naître. Les indignes bouffonneries dont l'Espagne et l'Angleterre salissaient souvent leur scène tragique furent proscrites par Mairet; mais il ne put chasser je ne sais quelle familiarité comique, qui était d'autant plus à la mode alors que ce genre est plus facile, et qu'on a pour excuse de pouvoir dire : « Cela « est naturel. » Ces naïvetés furent long-temps en possession du théâtre en France.

Vous trouverez dans la première édition du *Cid*, composée long-temps après la *Sophonisbe*:

A de plus hauts partis ce beau fils doit prétendre.

et dans *Cinna*:

Vous m'aviez bien promis des conseils d'une femme.

Ainsi il ne faut pas s'étonner que le style de Mairet, qui nous choque tant aujourd'hui, ne révoltât personne de son temps. Corneille surpassa Mairet en tout; mais il ne le fit point oublier; et même, quand il voulut traiter le sujet de *Sophonisbe*, le public donna la préférence à l'ancienne tragédie de Mairet.

Vous avez souvent dit, monsieur le duc, la raison de cette préférence; c'est qu'il y a un grand fonds d'intérêt dans la pièce de Mairet, et aucun dans celle de Corneille. La fin de l'ancienne *Sophonisbe* est surtout admirable; c'est un coup de théâtre, et le plus beau qui fût alors.

Je crois donc vous présenter un hommage digne de vous en ressuscitant la mère de toutes les tragédies françaises, laissée depuis quatre-vingt ans dans son tombeau.

Ce n'est pas que M. Lantin, en ranimant la *Sophonisbe*, lui ait laissé tous ses traits; mais enfin le fonds est entièrement conservé: on y voit l'ancien amour de Massinisse et de la veuve de Syphax; la lettre écrite par cette Carthaginoise à Massinisse; la douleur de Syphax, sa mort; tout le caractère de Scipion, la même catastrophe, et surtout point d'épisode, point de rivale de *Sophonisbe*, point d'amour étranger dans la pièce.

Je ne sais pourquoi M. Lantin n'a pas laissé subsister ce vers qui était autrefois dans la bouche de toute la cour:

Sophonisbe, en un jour, voit, aime, et se marie.

Il tient, à la vérité, de cette naïveté comique dont je vous ai parlé; mais il est énergique, et il était consacré. On l'a retranché probablement parce qu'en effet il n'était pas vrai que Massinisse n'eût aimé Sophonisbe que le jour de la prise de Cirthe; il l'avait aimée éperdument long-temps auparavant, et un amour d'un moment n'intéresse jamais : aussi c'est Scipion qui prononçait ce vers, et Scipion était mal informé.

Quoi qu'il en soit, c'est à vous, monsieur le duc, et à vos amis, à décider si cette première tragédie régulière qui ait paru sur le théâtre de la France mérite d'y remonter encore. Elle fit les délices de cette illustre maison de Montmorency; c'est dans son hôtel qu'elle fut faite ; c'est la première tragédie qui fut représentée devant Louis XIII. Messieurs les premiers gentilshommes de la chambre, qui dirigent les spectacles de la cour, peuvent protéger ce premier monument de la gloire littéraire de la France, et se faire un plaisir de voir nos ruines réparées.

Le cinquième acte est trop court; mais le cinquième d'*Athalie* n'est pas beaucoup plus long; et d'ailleurs peut-être vaut-il mieux avoir à se plaindre du peu que du trop. Peut-être la coutume de remplir tous les actes de trois à quatre cents vers entraîne-t-elle des langueurs et des inutilités.

Enfin, si on trouve qu'on puisse ajouter quelque ornement à cet ancien ouvrage, vous avez en France plus d'un génie naissant qui peut contribuer à décorer un monument respectable qui doit être cher à la nation.

La réparation qu'on y a faite est déja fort ancienne elle-même, puisqu'il y a plus de cinquante ans que M. Lantin est mort.

Je ne garantis pas (tout éditeur que je suis) qu'il ait réussi dans tous les points; je pourrais même prévoir qu'on lui reprochera de s'être trop écarté de son original; mais je dois vous en laisser le jugement.

Comme M. Lantin a retouché la *Sophonisbe* de Mairet, on pourra retoucher celle de M. Lantin. La même plume qui a corrigé le *Venceslas* pourrait faire revivre aussi la *Sophonisbe* de Corneille, dont le fonds est très inférieur à celle de Mairet, mais dont on pourrait tirer de grandes beautés.

ÉPITRE DÉDICATOIRE.

Nous avons des jeunes gens qui font très bien des vers sur des sujets assez inutiles; ne pourrait-on pas employer leurs talens à soutenir l'honneur du théâtre français, en corrigeant *Agésilas*, *Attila*, *Suréna*, *Othon*, *Pulchérie*, *Pertharite*, *OEdipe*, *Médée*, *Don Sanche d'Aragon*, *la Toison d'or*, *Andromède*: enfin tant de pièces de Corneille, tombées dans un plus grand oubli que *Sophonisbe*, et qui ne furent jamais lues de personne après leur chute? Il n'y a pas jusqu'à *Théodore* qui ne pût être retouchée avec succès, en retranchant la prostitution de cette héroïne dans un mauvais lieu. On pourrait même refaire quelques scènes de *Pompée*, de *Sertorius*, des *Horaces*, et en retrancher d'autres, comme on a retranché entièrement les rôles de Livie et de l'Infante dans ses meilleures pièces. Ce serait à la fois rendre service à la mémoire de Corneille et à la scène française, qui reprendrait une nouvelle vie : cette entreprise serait digne de votre protection, et même de celle du ministère.

Nous avons plus d'une ancienne pièce, qui, étant corrigée, pourrait aller à la postérité. J'ose croire que l'*Astrate* de Quinault, le *Scévole* de du Ryer, l'*Amour tyrannique* de Scudéri bien rétablis au théâtre, pourraient faire de prodigieux effets.

Le théâtre est, de tous les arts cultivés en France, celui qui, du consentement de tous les étrangers, fait le plus d'honneur à notre patrie. Les Italiens sont encore nos maîtres en musique, en peinture; les Anglais en philosophie; mais dans l'art des Sophocle, nous n'avons point de rivaux. Il est donc essentiel de protéger les talens par lesquels les Français sont au dessus de tous les peuples. Les sujets commencent à s'épuiser; il faut donc remettre sur la scène tous ceux qui ont été manqués, et dont il est aisé de tirer un grand parti.

Je soumets, comme je le dois, à vos lumières ces réflexions que mon zèle patriotique m'a dictées.

J'ai l'honneur d'être avec respect, etc.

PERSONNAGES.

SCIPION, consul.
LÉLIE, lieutenant de Scipion.
SYPHAX, roi de Numidie.
SOPHONISBE, fille d'Asdrubal, femme de Syphax.
MASSINISSE, roi d'une partie de la Numidie.
ACTOR, attaché à Syphax et à Sophonisbe.
ALAMAR, officier de Massinisse.
PHÆDIME, dame numide, attachée à Sophonisbe.
Soldats romains.
Soldats numides.
Licteurs.

La scène est à Cirthe, dans une salle du château depuis le commencement jusqu'à la fin.

SOPHONISBE,

TRAGÉDIE.

ACTE PREMIER

SCÈNE I.

SYPHAX, *une lettre à la main ;* SOLDATS.

SYPHAX.
Se peut-il qu'à ce point l'ingrate me trahisse?
Sophonisbe! ma femme! écrire à Massinisse!
A l'ami des Romains! que dis-je! à mon rival!
Au déserteur heureux du parti d'Annibal,
Qui me poursuit dans Cirthe, et qui bientôt peut-être
De mon trône usurpé sera l'indigne maître!
J'ai vécu trop long-temps. O vieillesse! ô destins!
Ah! que nos derniers jours sont rarement sereins!
Que tout sert à ternir notre grandeur première!
Et qu'avec amertume on finit sa carrière!
A mes sujets lassés ma vie est un fardeau;
On insulte à mon âge; on ouvre mon tombeau.
Lâches, j'y descendrai, mais non pas sans vengeance.
    (aux soldats.)
Que la reine à l'instant paraisse en ma présence.
                    (Il s'assied, et lit la lettre.)

Qu'on l'amène, vous dis-je. Époux infortuné,
Vieux soldat qu'on trahit, monarque abandonné,
Quel fruit peux-tu tirer de ta fureur jalouse?
Seras-tu moins à plaindre en perdant ton épouse?
Cet objet criminel, à tes pieds immolé,
Raffermira-t-il mieux ton empire ébranlé?
Dans la mort d'une femme est-il donc quelque gloire?
Est-ce là tout l'honneur qui reste à ta mémoire?
Venge-toi d'un rival, venge-toi des Romains;
Ranime dans leur sang tes languissantes mains;
Va finir sur la brèche un destin qui t'accable.
Qu'on te trahisse ou non, ta mort est honorable;
Et l'on dira du moins, en respectant mon nom :
Il mourut en soldat des mains de Scipion.

SCÈNE II.

SYPHAX, SOPHONISBE, PHÆDIME.

SOPHONISBE.

Que voulez-vous, Syphax? et quelle tyrannie
Traîne ici votre épouse avec ignominie?
Vos Numides tremblans, courageux contre moi,
Pour la première fois ont bien servi leur roi;
A votre ordre suprême ils ont été dociles.
Peut-être sur nos murs ils seraient plus utiles;
Mais vous les employez dans votre tribunal
A conduire à vos pieds la nièce d'Annibal!
Je conçois leur valeur, et je lui rends justice.
Quel est mon crime enfin? quel sera mon supplice?

SYPHAX, *lui donnant la lettre.*

Connaissez votre seing : rougissez, et tremblez.

SOPHONISBE.

Dans les malheurs communs qui nous ont désolés,
J'ai frémi, j'ai pleuré de voir la Numidie
Aux fiers brigands du Tibre en deux mois asservie.
Scipion, Massinisse, heureux dans les combats,
M'ont fait rougir, seigneur; mais je ne tremble pas.

SYPHAX.

Perfide!

SOPHONISBE.

Épargnez-moi cette injure odieuse,
Pour vous, pour votre femme également honteuse.
Nos murs sont assiégés; vous n'avez plus d'appui,
Et le dernier assaut se prépare aujourd'hui.
J'écris à Massinisse en cette conjoncture,
Je rappelle à son cœur les droits de la nature,
Les nœuds trop oubliés du sang qui nous unit:
Seigneur, si vous l'osez, condamnez cet écrit.
. . . .

(Elle lit.)

« Vous êtes de mon sang; je vous fus long-temps chère[a],
« Et vous persécutez vos parens malheureux.
« Soyez digne de vous; le brave est généreux :
« Reprenez votre gloire et votre caractère... »

(Syphax lui arrache la lettre.)

Eh bien! ai-je trahi mon peuple et mon époux?
Est-il temps d'écouter des sentimens jaloux?
Répondez : quel reproche avez-vous à me faire?

La fortune, en tout temps à tous deux trop sévère,
A mis, pour mon malheur, ma lettre en votre main.
Quel en était le but? quel était mon dessein?
Pouvez-vous l'ignorer? et faut-il vous l'apprendre?
Si la ville aujourd'hui n'est pas réduite en cendre,
S'il est quelque ressource à nos calamités,
Sur ces murs tout sanglans je marche à vos côtés.
Aux yeux de Scipion, de Massinisse même,
Ma main joint des lauriers à votre diadème;
Elle combat pour vous, et sur ce mur fatal
Elle arbore avec vous l'étendard d'Annibal :
Mais si jusqu'à la fin le ciel vous abandonne,
Si vous êtes vaincu, je veux qu'on vous pardonne.

SYPHAX.

Qu'on me pardonne! à moi! De ce dernier affront
Votre indigne pitié voulait couvrir mon front!
Et, portant à ce point votre insultante audace,
C'est donc pour votre roi que vous demandez grace!
Allez, peut-être un jour vos funestes appas
L'imploreront pour vous, et ne l'obtiendront pas.
Massinisse, en tout temps mon fatal adversaire,
Et mon rival en tout, se flatta de vous plaire;
Il m'osa disputer mon trône et votre cœur :
C'est trahir notre hymen, votre foi, mon honneur,
Que de vous souvenir de son feu téméraire.
Vos soins injurieux redoublent ma colère;
Et ce fatal aveu, dont je me sens confus,
A mes yeux indignés n'est qu'un crime de plus.

SOPHONISBE.

Seigneur, je ne veux point, dans l'état où vous êtes,

ACTE I, SCÈNE II.

Fatiguer vos chagrins de plaintes indiscrètes :
Mais vos maux sont les miens; qu'ils puissent vous tou-
Ce n'est pas mon époux qui me doit reprocher   [cher.
De l'avoir préféré (non sans quelque courage)
Au vainqueur de l'Afrique, au vainqueur de Carthage,
D'avoir tout oublié pour suivre votre sort,
Et d'attendre avec vous l'esclavage ou la mort.
Massinisse m'aimait, et j'aimais ma patrie;
Je vous donnai ma main, prenez encor ma vie.
Mais si je suis coupable en implorant pour vous
Le vainqueur irrité dont vous êtes jaloux,
Si j'ai voulu briser le joug qui vous accable,
Si je veux vous sauver, la faute est excusable.
Vous avez, croyez-moi, des soins plus importans.
Bannissez des soupçons, partage des amans,
Des cœurs efféminés, dont l'oisive mollesse
Ne connaît d'intérêts que ceux de leur tendresse :
Un soin bien différent nous occupe en ce jour;
Il s'agit de la vie, et non pas de l'amour :
Il n'est pas fait pour nous. Écoutez : le temps presse;
Tandis que vos soupçons accusent ma faiblesse,
Tandis que nous parlons, la mort est en ces lieux.

SYPHAX.

Je vais donc la chercher; je vais loin de vos yeux
Éteindre dans mon sang ma vie et mon outrage.
J'ai tout perdu; les dieux m'ont laissé mon courage.
Cessez de prendre soin de la fin de mes jours.
Carthage m'a promis un plus noble secours;
Je l'attends à toute heure, il peut venir encore :
Ce n'est pas mon rival qu'il faudra que j'implore.

Ne craignez rien pour moi, je sais sauver mes mains
Des fers de Massinisse et des fers des Romains.
Sachez qu'un autre époux, et surtout un Numide,
Ne mourrait qu'en frappant le cœur d'une perfide.
Vous l'êtes; j'ai des yeux : le fond de votre cœur,
Quoi que vous en disiez, était pour mon vainqueur.
Je n'ai point, Sophonisbe, exigé de votre ame
Les dehors affectés d'une inutile flamme;
L'amour auprès de vous ne guida point mes pas;
Je voulais un vrai zèle, et vous n'en avez pas.
Mais je sais mourir seul, j'y cours; et cette épée
D'un sang que j'ai chéri ne sera point trempée.
Tremblez que les Romains, plus barbares que moi,
Ne recherchent sur vous le sang de votre roi.
Redoutez nos tyrans, et jusqu'à Massinisse;
Si leurs bras sont armés, c'est pour votre supplice.
C'est le sang d'Annibal que leur haine poursuit;
Ce jour est pour tous deux le dernier qui nous luit.
Je prodigue avec joie un vain reste de vie;
Je péris glorieux, et vous mourrez punie :
Vous n'aurez, en tombant, que la honte et l'horreur
D'avoir prié pour moi mon superbe oppresseur.
Je cours aux murs sanglans que ses armes détruisent.
Laissez-moi, fuyez-moi; vos remords me suffisent.

SOPHONISBE.

Non, seigneur, malgré vous je marche sur vos pas;
Vous m'accablez en vain, je ne vous quitte pas.
Je cherche autant que vous une mort glorieuse;
Vos malheureux soupçons la rendraient trop honteuse.
Je vous suis.

ACTE I, SCÈNE III.

SYPHAX.

Demeurez, je l'ordonne : je pars ;
Et Syphax en tombant ne veut point vos regards.

SCÈNE III.

SOPHONISBE, PHÆDIME.

SOPHONISBE.

Ah, Phædime !

PHÆDIME.

Il vous laisse, et vous devez tout craindre.
Je vous vois tous les deux également à plaindre :
Mais Syphax est injuste.

SOPHONISBE.

Il sort ; il a laissé
Dans ce cœur éperdu le trait qui l'a blessé.
J'ai cru, quand il parlait à sa femme éplorée,
Quand il me présageait une mort assurée,
J'ai cru, je te l'avoue, entendre un dieu vengeur,
Dévoilant l'avenir, et lisant dans mon cœur,
Prononcer contre moi l'arrêt irrévocable
Qui dévoue au supplice une tête coupable.

PHÆDIME.

Vous coupable ! il l'était d'oublier aujourd'hui
Tout ce que Sophonisbe osa faire pour lui.

SOPHONISBE.

J'ai tout fait. Cependant il m'a dit vrai, Phædime :
Dans les plis de mon ame il a cherché mon crime ;
Il l'a trouvé peut-être ; et ce triste entretien

Ne m'annonce que trop son désastre et le mien.
PHÆDIME.
Son malheur l'aigrissait; il vous rendra justice.
Sa haine contre Rome et contre Massinisse
Empoisonnait son cœur déja trop soupçonneux :
Lui-même en rougira, s'il est moins malheureux.
Il voit la mort de près, et l'esprit le plus ferme
Peut se sentir troublé quand il touche à ce terme.
Mais si quelque succès secondait sa valeur,
Si du fier Scipion Syphax était vainqueur,
Vous verriez aisément son amitié renaître.
Il doit vous respecter, puisqu'il doit vous connaître.
Vos charmes sur son cœur ont été trop puissans :
Ils le seront toujours.
SOPHONISBE.
Phædime, il n'est plus temps.
Je vois de tous les deux la destinée affreuse :
Il s'avance au trépas; je suis plus malheureuse.
PHÆDIME.
Espérez.
SOPHONISBE.
J'ai perdu mes états, mon repos.
L'estime d'un époux, et l'amour d'un héros.
Je suis déja captive; et dans ce jour peut-être
Il faut tendre les mains aux fers d'un nouveau maître,
Et recevoir des lois d'un amant indigné,
Qui m'eût rendue heureuse, et que j'ai dédaigné.
Quand ce fier Massinisse, oppresseur de Carthage,
Me présentait dans Cirthe un séduisant hommage,
Tu sais que j'étouffai, dans mon secret ennui,

ACTE I, SCÈNE III.

L'intérêt et le sang qui me parlaient pour lui.
Te dirai-je encor plus? j'étouffai l'amour même;
Je soutins contre moi l'honneur du diadème;
Je demeurai fidèle à mon père Asdrubal,
A Carthage, à Syphax, aux destins d'Annibal.
L'amour fuit de mon ame aux cris de ma patrie.
D'un amant irrité je bravai la furie :
Un front cicatricé par la guerre et le temps
Effarouchait en vain mon cœur et mes beaux ans;
Puisqu'il détestait Rome, il eut la préférence.
Massinisse revient, armé de la vengeance;
Il entre en nos états, la victoire le suit;
Aidé de Scipion, son bras a tout détruit :
Dans Cirthe ensanglantée un faible mur nous reste.
A quels dieux recourir dans ce péril funeste?
Était-ce un si grand crime, était-il si honteux
D'avoir cru Massinisse et noble et généreux;
D'avoir pour mon époux imploré sa clémence?
Dans mon illusion j'avais quelque espérance;
Ma prière et mes pleurs auraient pu le flatter;
Mais il ne saura pas ce que j'osais tenter;
Et, pour unique fruit d'un soin trop magnanime,
Mon époux me condamne, et mon amant m'opprime;
Tous deux sont contre moi, tous deux règlent mon sort;
Et je n'attends ici que l'opprobre ou la mort.

SCÈNE IV.

SOPHONISBE, PHÆDIME, ACTOR.

ACTOR.

Reine, dans ce moment le secours de Carthage
Sous nos remparts sanglans s'est ouvert un passage;
On est aux mains. Ces lieux qui retenaient vos pas
Sont trop près du carnage et du champ des combats.
Le roi, couvert de sang, m'ordonne de vous dire
Que loin de ce palais vous vous laissiez conduire.
J'obéis.

SOPHONISBE.

Je vous suis, Actor. Vous lui direz
Que ses ordres pour moi seront toujours sacrés,
Mais que, dans les momens où le combat s'engage,
M'éloigner du danger c'est trop me faire outrage [b].
Dieux! par quel sort cruel ai-je à craindre en un jour
Massinisse et Syphax, les Romains et l'amour?
Ils m'ont tous entraînée au fond de cet abîme;
Ils ont tous fait ma perte, et frappé leur victime.

FIN DU PREMIER ACTE.

ACTE SECOND.

SCÈNE I.

SOPHONISBE, PHÆDIME.

PHÆDIME.
Quel tumulte effroyable au loin se fait entendre?
Quels feux sont allumés? la ville est-elle en cendre?
Ceux qui veillaient sur vous se sont tous écartés.
Dans ces salons déserts, ouverts de tous côtés,
Il ne vous reste plus que des femmes tremblantes,
Au pied de ces autels avec moi gémissantes;
Nous rappelons en vain par nos cris, par nos pleurs,
Des dieux qui sont passés dans le camp des vainqueurs.

SOPHONISBE.
Leurs plaintes, leurs douleurs, cette effrayante image,
Ont étonné mes sens, ont troublé mon courage:
Phædime, ce moment m'accable ainsi que toi.
Le sang que vingt héros ont transmis jusqu'à moi
Aujourd'hui dégénère en mes veines glacées;
Le désordre et la crainte agitent mes pensées.
J'ai voulu pénétrer dans ces sombres détours
Qui, du pied du palais, conduisent à nos tours:
Tout est fermé pour moi. Je marchais égarée;
L'ombre de mon époux à mes yeux s'est montrée
Pâle, sanglante, horrible, et l'air plus furieux

Que lorsque son courroux m'outrageait à tes yeux.
Est-ce une illusion sur mes sens répandue?
Est-ce la main des dieux sur ma tête étendue,
Un présage, un arrêt des enfers et du sort?
Syphax en ce moment est-il vivant ou mort?
J'ai fui d'un pas tremblant, éperdue, éplorée:
Je ne sais où j'étais quand je t'ai rencontrée;
Je ne sais où je vais. Tout m'alarme et me nuit,
Et je crois voir encore un dieu qui me poursuit.
Que veux-tu, dieu cruel? Euménide implacable,
Frappe, voilà mon cœur; il n'était point coupable;
Tu n'y peux découvrir qu'un malheureux amour,
Vaincu dès sa naissance, et banni sans retour;
Je n'offensai jamais l'hymen et la nature.
Grand Dieu! tu peux frapper; va, ta victime est pure.

PHÆDIME.

Ah! nous allons du ciel savoir les volontés.
Déja d'un bruit nouveau, dans ces murs désertés,
Jusqu'à notre prison les voûtes retentissent,
Et sur leurs gonds d'airain les portes en mugissent...
On entre, on vient à vous : je reconnais Actor.

SCÈNE II.

SOPHONISBE, PHÆDIME, ACTOR.

SOPHONISBE.

Ministre de mon roi, qui vous amène encor?
Qu'a-t-on fait? que deviens-je? et qu'allez-vous m'ap-
            ACTOR.   [prendre?
Le dernier des malheurs.

ACTE II, SCÈNE II.

SOPHONISBE.

Ah! je m'y dois attendre.

ACTOR.

Par l'ordre de Syphax, à l'abri de ces tours,
A peine en sûreté j'avais mis vos beaux jours,
Et j'avais refermé la barrière sacrée
Par qui de ce palais la ville est séparée;
J'ai revolé soudain vers ce roi malheureux,
Digne d'un meilleur sort, et digne de vos vœux;
Son courage, aussi grand qu'il était inutile,
D'un effort passager soutient son bras débile.
Sur la brèche à la fin, de cent coups renversé,
Dans ces débris sanglans il tombe terrassé :
Il meurt.

SOPHONISBE.

Ah! je devais, plus que lui poursuivie,
Tomber à ses côtés, ainsi que ma patrie :
Il ne l'a pas voulu.

ACTOR.

Si dans un tel malheur
Quelque soulagement reste à notre douleur,
Daignez apprendre au moins combien, dans sa victoire,
Le jeune Massinisse a mérité de gloire.
Qui croirait qu'un héros si fier, si redouté,
Dont l'Afrique éprouva le courage emporté,
Et dont l'esprit superbe a tant de violence,
Dans l'horreur du combat aurait tant de clémence?
A peine il s'est vu maître, il nous a pardonné;
De blessés, de mourans, de morts environné,
Il a donné soudain, de sa main triomphante,

Le signal de la paix au sein de l'épouvante.
Le carnage et la mort s'arrêtent à sa voix;
Le peuple, encor tremblant, lui demande des lois;
Tant le cœur des humains change avec la fortune!

SOPHONISBE.

Le ciel semble adoucir la misère commune,
Puisqu'au moins le pouvoir est remis dans les mains
D'un prince de ma race, et non pas des Romains.

ACTOR.

Le juste et premier soin de l'heureux Massinisse
Est d'apaiser les dieux par un prompt sacrifice,
De dresser un bûcher à votre auguste époux.
Il garde jusqu'ici le silence sur vous :
Mais dès que j'ai paru, madame, en sa présence,
Il s'est ressouvenu qu'autrefois son enfance
Fut remise en mes mains, dans ces murs, dans ces lieux,
Où ce prince aujourd'hui rentre en victorieux.
Il m'a fait appeler; et, respectant mon zèle
Au malheureux Syphax en tous les temps fidèle,
Il m'a comblé d'honneurs. « Ayez, dit-il, pour moi
« Cette même amitié qui servit votre roi. »
Enfin, à Syphax même il a donné des larmes;
Il justifie en tout le succès de ses armes;
Il répand des bienfaits, s'il fit des malheureux.

SOPHONISBE.

Plus Massinisse est grand, plus mon sort est affreux.
Quoi! les Carthaginois, que je crus invincibles,
Sous les chefs de ma race à Rome si terribles,
Qui jusqu'au Capitole avaient porté leurs pas,
Ont paru devant Cirthe, et ne la sauvent pas!

ACTE II, SCÈNE II.

ACTOR.

Scipion combattait : ils ne sont plus...

SOPHONISBE.

Carthage,
Tu seras, comme moi, réduite à l'esclavage;
Nous périrons ensemble. O Cirthe! ô mon époux!
Afrique, Asie, Europe, immolés avec nous,
Le sort des Scipions est donc de tout détruire!

ACTOR.

Annibal vit encore.

SOPHONISBE.

Ah! tout sert à me nuire;
Annibal est trop loin : je suis esclave.

ACTOR.

O dieux!
Fléchissez Massinisse... Il avance en ces lieux;
Il vient suivi des siens; il vous cherche peut-être.

SOPHONISBE.

Mes yeux, mes tristes yeux ne verront point un maître!
Ils pleureront Syphax, et nos murs abattus,
Et ma gloire passée, et tous mes dieux vaincus.

MASSINISSE, *arrivant*.

Sophonisbe me fuit.

SOPHONISBE, *sortant*.

Je dois fuir Massinisse.

SCÈNE III.

MASSINISSE; ALAMAR, *un des chefs numides;*
ACTOR, GUERRIERS NUMIDES.

MASSINISSE.

Il est juste, après tout, que son cœur me haïsse.
Elle m'a cru barbare. Eh! le suis-je, grands dieux!
Devais-je être en effet si coupable à ses yeux?
Actor, vous que je vois, dans ce moment prospère,
Avec les yeux d'un fils qui retrouve son père,
Je vous prends à témoin si l'inhumanité
A souillé ma victoire et ma félicité;
Si, triste imitateur des vengeances romaines,
J'ai parlé de tributs, de triomphes, de chaînes.
Des guerriers généreux par la mort épargnés,
Comme de vils troupeaux à mon char enchaînés,
A des dieux teints de sang offerts en sacrifice,
Sont-ils dans les cachots gardés pour le supplice?
Je viens dans mon pays, et j'y reprends mon bien
En soldat, en monarque, et plus en citoyen.
Je ramène avec moi la liberté numide.
D'où vient que Sophonisbe, orgueilleuse ou timide,
Refusant seule ici d'accueillir un vainqueur,
Craint toujours Massinisse, et fuit avec horreur?
Suis-je un Romain?

ACTOR.

Seigneur, on la verra, sans doute,
Révérer avec nous la main qu'elle redoute;

Mais vous savez assez tout ce qu'elle a perdu.
Le sang de son époux fut par vous répandu;
Et, n'osant regarder son vainqueur et son juge,
Aux pieds des immortels elle cherche un refuge.

MASSINISSE.

Ils l'ont mal défendue; et, pour vous dire plus,
Ils l'ont mal inspirée, alors que ses refus,
Ses outrages honteux au sang de Massinisse
Sous ses pas égarés creusaient ce précipice :
Elle y tombe : elle en doit accuser son erreur.
Ah! c'est bien malgré moi qu'elle a fait son malheur.
Allez; et dites-lui qu'il est peu de prudence
A dédaigner un maître, à braver sa puissance.
Je veux qu'elle paraisse en ce même moment;
Mon aspect odieux sera son châtiment:
Je n'en prendrai point d'autre; et sa fierté farouche
S'humiliera du moins, puisque rien ne la touche.

(Actor s'en va.)

SCÈNE IV.

MASSINISSE, ALAMAR; GUERRIERS NUMIDES.

MASSINISSE.

Eh bien, nobles guerriers, chers appuis de nos droits,
Cirthe est-elle tranquille? a-t-on suivi mes lois?
Un seul des citoyens aurait-il à se plaindre?

ALAMAR.

Sous votre loi, seigneur, ils n'auraient rien à craindre,
Mais on craint les Romains, ces cruels conquérans,
De tant de nations ces illustres tyrans,

Descendans prétendus du grand dieu de la guerre,
Qui pensent être nés pour asservir la terre.
On dit que Scipion veut s'arroger le prix
De tant d'heureux travaux par vos mains entrepris;
Qu'il veut seul commander.

MASSINISSE.

Qui? lui! dans mon partage!
Dans Cirthe mon pays, mon premier héritage!
Lui, mon ami, mon guide, et qui m'a tout promis!

ALAMAR.

Lorsque Rome a parlé, les rois n'ont plus d'amis.

MASSINISSE.

Nous verrons : j'ai vaincu, je suis dans mon empire,
Je règne; et je suis las, puisqu'il faut vous le dire,
Des hauteurs d'un sénat qui croit me protéger,
Sur son fier tribunal assis pour me juger :
C'en est trop.

ALAMAR.

Cependant nous devons vous apprendre
Qu'au milieu des débris, des remparts mis en cendre,
Au lieu même où Syphax est mort en combattant,
Nous avons retrouvé ce billet tout sanglant,
Qui peut-être aujourd'hui fut écrit pour vous-même.

MASSINISSE.

(Il lit.)

Donnez. Ah! qu'ai-je lu? ciel! ô surprise extrême!
Sophonisbe à ma gloire enfin se confiait!
A fléchir son amant sa fierté se pliait!
Elle a connu mon ame, elle a vaincu la sienne;
Ses yeux se sont ouverts; et sa fatale haine,

Que je vis si long-temps contre moi s'obstiner,
Me croyait assez grand pour savoir pardonner !
Épouse de Syphax, tu m'as rendu justice ;
Ta lettre a mis le comble à mon destin propice ;
Ta main ceignait mon front de ce laurier nouveau :
Romains, vous n'avez point de triomphe plus beau...
Courons vers Sophonisbe... Ah! je la vois paraître.

SCÈNE V.

SOPHONISBE, MASSINISSE, PHÆDIME ; GARDES.

SOPHONISBE.

Si le sort eût voulu qu'un Romain fût mon maître,
Si j'eusse été réduite en un tel abandon
Qu'il m'eût fallu prier Lélie ou Scipion,
La veuve d'un monarque, à sa gloire fidèle,
Aurait choisi cent fois la mort la plus cruelle
Plutôt que de forcer ma bouche à le fléchir.
Seigneur, à vos genoux je tombe sans rougir.

(Massinisse l'empêche de se jeter à genoux.)

Ne me retenez point, et laissez mon courage
S'honorer de vous rendre un légitime hommage ;
Non pas à vos succès, non pas à la terreur
Qui marchait devant vous, que suivait la fureur,
Et qui vous a donné cette grande victoire ;
Mais au cœur généreux si digne de sa gloire,
Qui, de ses ennemis respectant la vertu,
A plaint son rival même, a fait ce qu'il a dû,
Du malheureux Syphax a recueilli la cendre,

SOPHONISBE,

Qui partage les pleurs que sa main fait répandre,
Qui soumet les vaincus à force de bienfaits,
Et dont j'aurais voulu ne me plaindre jamais.

MASSINISSE.

C'est vous, auguste reine, en tout temps révérée,
Qui m'avez du devoir tracé la loi sacrée ;
Et je conserverai jusqu'au dernier moment
De vos nobles leçons ce digne monument.
La lettre que tantôt vous m'avez adressée,
Par la faveur des dieux sur la brèche laissée,
Remise en mon pouvoir, est plus chère à mon cœur
Que le bandeau des rois, et le nom de vainqueur.

SOPHONISBE.

Quoi, seigneur ! jusqu'à vous ma lettre est parvenue !
Et par tant de bontés vous m'aviez prévenue !

MASSINISSE.

J'ai voulu désarmer votre injuste courroux.

SOPHONISBE.

Je n'ai plus qu'une grace à prétendre de vous.

MASSINISSE.

Parlez.

SOPHONISBE.

Je la demande au nom de ma patrie,
Du sang de mon époux, qui s'élève et qui crie,
De votre honneur surtout, et des rois nos aïeux,
Qui parlent par ma voix, et vivent dans nous deux.
Jurez-moi seulement de ne jamais permettre
Qu'au pouvoir des Romains on ose me remettre.

MASSINISSE.

Qui ? vous en leur pouvoir ! et d'un pareil affront

ACTE II, SCÈNE V.

Vous auriez soupçonné qu'on pût couvrir mon front*d*!
Je commande dans Cirthe; et c'est assez vous dire
Que les Romains sur vous n'ont point ici d'empire.

SOPHONISBE.

En vous le demandant je n'en ai point douté.

MASSINISSE.

Je sais qu'ils sont jaloux de leur autorité;
Mais ils n'auront jamais l'audace téméraire
D'outrager un ami qui leur est nécessaire.
Allez; ne croyez pas qu'ils puissent m'avilir :
Je saurai les braver, si j'ai su les servir.
Ils vous respecteront; vos frayeurs sont injustes.
Vous avez attesté tous ces mânes augustes,
Tous ces rois dont le sang, dans nos veines transmis,
S'indigna si long-temps de nous voir ennemis;
Je les prends à témoin, et c'est pour vous apprendre
Que j'ai pu, comme vous, mériter d'en descendre.
La nièce d'Annibal, et la veuve d'un roi,
N'est captive en ces lieux des Romains ni de moi.
Je sais qu'un tel opprobre, un si barbare usage,
Est consacré dans Rome, et commun dans Carthage.
Il finirait pour vous, si je l'avais suivi.
Le sang dont vous sortez n'aura jamais servi :
Ce front n'était formé que pour le diadème.
Gardez dans ce palais l'honneur du rang suprême :
Ne pensez pas surtout qu'en ces tristes momens
Mon cœur laisse éclater ses premiers sentimens;
Je n'en rappelle point la déplorable histoire:
Je sais trop respecter vos malheurs et ma gloire,
Et même cet amour pour vous trop dédaigné.

Je règne dans ces murs où vous avez régné;
Les trésors de Syphax y sont en ma puissance;
Je vous les rends, madame, et voilà ma vengeance.
Ne regardez en moi qu'un vainqueur à vos pieds;
Sophonisbe, il suffit que vous me connaissiez.
Vous me rendrez justice, et c'est ma récompense.
A mes nouveaux sujets je cours en diligence
Leur annoncer un bien qu'ils semblent demander,
Et que déja leur maître eût dû leur accorder :
Ils vont renouveler leur hommage à leur reine;
Sophonisbe en tous lieux est toujours souveraine.

SCÈNE VI.

SOPHONISBE, PHÆDIME.

SOPHONISBE.

Je demeure interdite. Un si grand changement
A saisi mes esprits d'un long étonnement.
Que je l'ai mal connu... Faut-il qu'un si grand homme
Ait détruit mon pays, et qu'il ait servi Rome?
Tous mes sens sont ravis, mais ils sont effrayés;
Scipion dans nos murs, Massinisse à mes pieds,
Sophonisbe, en un jour, captive et triomphante,
L'ombre de mon époux terrible et menaçante,
Le comble des horreurs et des prospérités,
Les fers, le diadème, à mes yeux présentés,
Ce rapide torrent de fortunes contraires
Me laisse encor douter de mes destins prospères.

PHÆDIME.

Ah! croyez-en du moins le pouvoir de vos yeux.

S'il respecte dans vous le nom de vos aïeux,
S'il dépose à vos pieds l'orgueil de sa conquête,
Et les lauriers sanglans qui couronnent sa tête,
Peut-être un seul regard a plus fait sur son cœur
Que toutes les vertus, l'alliance et l'honneur.
Mais ces vertus enfin que dans Cirthe on admire,
Qui sur tous les esprits lui donnent tant d'empire,
Autorisent les feux que vous vous reprochiez :
La gloire qui le suit les a justifiés.
Non, ce n'est pas assez que, dans Cirthe étonnée,
Vous viviez sous le nom de reine détrônée,
Qu'on vous laisse un vain titre, et qu'un bandeau royal
D'un front chargé d'ennuis soit l'ornement fatal :
La pitié peut donner ces honneurs inutiles,
D'un malheur véritable amusemens stériles ;
L'amour ira plus loin ; j'ose vous en flatter :
Syphax est au tombeau...

SOPHONISBE.

Cesse de m'insulter ;
Ne me présente point ce qui me déshonore :
Tu parles à sa veuve, et son sang fume encore.

PHÆDIME.

Songez qu'au rang des rois vous pouvez remonter ;
L'ombre de votre époux s'en peut-elle irriter ?

SOPHONISBE.

Ma gloire s'en irrite ; il faut t'ouvrir mon ame.
J'ai repoussé les traits de ma funeste flamme ;
Oui, ce feu si long-temps dans mon sein renfermé
S'est avec violence aujourd'hui rallumé.
Peut-être on m'aime encore, et j'oserais le croire :

Je pourrais me flatter d'une telle victoire;
Je pourrais, à mon joug attachant mon vainqueur,
Arracher aux Romains l'appui de leur grandeur*.
Ma flamme déclarée et si long-temps secrète,
Ma fierté, ma vengeance à la fin satisfaite,
Massinisse en mes bras, seraient d'un plus grand prix
Que l'empire du monde aux Romains tant promis.
Mais je vais, s'il se peut, t'étonner davantage;
Malgré l'illusion d'un si cher avantage,
Malgré l'amour enfin dont je ressens les coups,
Massinisse jamais ne sera mon époux.

PHÆDIME.

Pourquoi le refuser? pourquoi, si son courage
Vous présentait un sceptre au lieu de l'esclavage,
Si de l'Afrique entière il fesait la grandeur,
Si du sang de nos rois relevant la splendeur,
Si du sang d'Annibal...

SCÈNE VII.

SOPHONISBE, PHÆDIME, ACTOR.

ACTOR.

Reine, il faut vous apprendre
Qu'un insolent Romain vient ici de se rendre;
On le nomme Lélie, et le bruit se répand
Qu'il est de Scipion le premier lieutenant:
Sa suite avec mépris nous insulte et nous brave;
Des Romains, disent-ils, Sophonisbe est l'esclave;
Leur fierté nous vantait je ne sais quel sénat,

Des préteurs, des tribuns, l'honneur du consulat,
La majesté de Rome : et, sans plus les entendre,
Je reviens à vos pieds périr ou vous défendre.

SOPHONISBE.

Brave et fidèle ami, je compte sur ta foi,
Sur les sermens sacrés de notre nouveau roi;
Sur moi-même, en un mot : Carthage m'a fait naître;
Je mourrai digne d'elle, et sans trône, et sans maître.

ACTOR.

Que de maux à la fois accumulés sur nous!

SOPHONISBE.

Actor, quand il le faut, je sais les braver tous.
Syphax à ses côtés, au milieu du carnage,
Aurait vu Sophonisbe égaler son courage.
De ces Romains du moins j'égalerai l'orgueil,
Et je les défierai du bord de mon cercueil.

FIN DU SECOND ACTE.

ACTE TROISIÈME.

SCÈNE I.

LÉLIE, MASSINISSE, *assis;* SOLDATS ROMAINS, SOLDATS NUMIDES *dans l'enfoncement, divisés en deux troupes.*

LÉLIE.
Votre ame impatiente était trop alarmée
Des bruits qu'a répandus l'aveugle renommée.
Qu'importe un vain discours du soldat répété
Dans le sein de l'ivresse et de l'oisiveté ?
Laissons parler le peuple; il ne peut rien connaître :
Il veut percer en vain les secrets de son maître ;
Et ceux de Scipion, dans son sein retenus,
Seigneur, avant le temps ne sont jamais connus.

MASSINISSE.
Quelquefois un bruit sourd annonce un grand orage;
Tout aveugle qu'il est, le peuple le présage ;
Rien n'est à dédaigner : les publiques rumeurs
Souvent aux souverains annoncent leurs malheurs.
Je veux approfondir ces discours qu'on méprise.
Expliquez-vous, Lélie, avec cette franchise
Qu'attendent ma conduite et ma sincérité.
Les Romains autrefois aimaient la vérité :
Leur austère vertu, peut-être un peu farouche,
Laissait leur cœur altier d'accord avec leur bouche.

ACTE III, SCÈNE I.

Auraient-ils aujourd'hui l'art de dissimuler?
Après avoir vaincu n'oseriez-vous parler?
Que pensez-vous du moins que Scipion prétende?

LÉLIE.

Scipion ne fait rien que Rome ne commande,
Rien qui ne soit prescrit par nos communs traités;
La justice et la loi règlent ses volontés.
Rome l'a revêtu de son pouvoir suprême;
Il viendra dans ces lieux vous apprendre lui-même
Ce qu'il faut entreprendre ou qu'on peut différer;
Sur vos grands intérêts vous pourrez conférer.
Il vous annoncera ses projets sur l'Afrique.
Vous savez qu'Annibal est déja vers Utique,
Qu'il fuit l'aigle romaine, et que dans son pays,
De ses Carthaginois ramenant les débris,
Il vient de Scipion défier la fortune.
Cette guerre nouvelle à vous deux est commune.
Nous marcherons ensemble à de nouveaux combats.

MASSINISSE.

De la reine, seigneur, vous ne me parlez pas.

LÉLIE.

Je parle d'Annibal; Sophonisbe est sa nièce:
C'est vous en dire assez.

MASSINISSE, *en se levant.*

Écoutez; le temps presse:
Je veux une réponse, et savoir à l'instant
Si sur mes prisonniers votre pouvoir s'étend.

LÉLIE.

Lieutenant du consul, je n'ai point sa puissance;
Mais si vous demandez, seigneur, ce que je pense

Sur le sort des vaincus, sur la loi du combat,
Je crois que leur destin n'appartient qu'au sénat.
MASSINISSE.
Au sénat! Et qui suis-je?
LÉLIE.
Un allié, sans doute,
Un roi digne de nous, qu'on aime et qu'on écoute,
Que Rome favorise, et qui doit accorder
Tout ce que ce sénat a droit de demander.
(Il se lève.)
C'est au seul Scipion de faire le partage;
Il récompensera votre noble courage,
Seigneur, et c'est à vous de recevoir ses lois,
Puisqu'il est notre chef et qu'il commande aux rois.
MASSINISSE.
Je l'ignorais, Lélie, et ma condescendance
N'avait point reconnu tant de prééminence,
Je pensais être égal à ce grand citoyen,
Et j'ai cru que mon nom pouvait valoir le sien :
Je ne m'attendais pas qu'il s'expliquât en maître.
J'ai d'autres intérêts, et plus pressans peut-être,
Que ceux de disputer du rang des souverains,
Et d'opposer l'orgueil à l'orgueil des Romains.
Répondez; ose-t-il disposer de la reine?
LÉLIE.
Il le doit.
MASSINISSE.
Lui... Mon cœur ne se contient qu'à peine.
LÉLIE.
C'est un droit reconnu qu'il nous faut maintenir;

ACTE III, SCÈNE I.

Tout le sang d'Annibal nous doit appartenir.
Vous, qui dans les combats brûliez de le répandre,
Quel étrange intérêt pourriez-vous bien y prendre;
Vous de sa race entière éternel ennemi,
Vous du peuple romain le vengeur et l'ami?

MASSINISSE.

L'intérêt de mon sang, celui de la justice,
Et l'horreur que je sens d'un pareil sacrifice.
J'entrevois les projets qu'il me cache avec soin;
Mais son ambition pourrait aller trop loin.

LÉLIE.

Seigneur, elle se borne à servir sa patrie.

MASSINISSE.

Dites mieux, à flatter l'infame barbarie
D'un peuple qu'Annibal écrasa sous ses pieds.
Si Rome existe encor, c'est par ses alliés :
Mes secours l'ont sauvée; et, dès qu'elle respire,
Sur les rois, sur moi-même elle affecte l'empire;
Elle se fait un jeu, dans ses murs fortunés,
De prodiguer l'outrage à des fronts couronnés ;
Elle met à ce prix sa faveur passagère:
Scipion qui m'aima se dément pour lui plaire;
Il me trahit!

LÉLIE.

Seigneur, qui vous a donc changé?
Quoi! vous seriez trahi quand vous seriez vengé!
J'ignore si la reine en triomphe menée
Au char de Scipion doit paraître enchaînée;
Mais en perdrions-nous votre utile amitié?
C'est pour une captive avoir trop de pitié.

MASSINISSE.

Que je la plaigne ou non, je veux qu'on la respecte.
La foi romaine enfin me devient trop suspecte.
De ma protection tout Numide honoré,
En quelque rang qu'il soit, doit vous être sacré :
Et vous insulteriez une femme, une reine !
Vous oseriez charger de votre indigne chaîne
Les mains, les mêmes mains que je viens d'affranchir !

LÉLIE.

Parlez à Scipion, vous pourrez le fléchir.

MASSINISSE.

Le fléchir ! apprenez qu'il est une autre voie
De priver les Romains de leur injuste proie.
Il est des droits plus saints : Sophonisbe aujourd'hui,
Seigneur, ne dépendra ni de vous ni de lui;
Je l'espère du moins.

LÉLIE.

Tout ce que je puis dire,
C'est que nous soutiendrons les droits de notre empire;
Et vous ne voudrez pas, pour des caprices vains,
Vous priver des bontés qu'ont pour vous les Romains.
Croyez-moi, le sénat ne fait point d'injustices;
Il a d'un digne prix reconnu vos services,
Il vous chérit encor; mais craignez qu'un refus
Ne vous attire ici des ordres absolus.

(Il sort avec les soldats romains.)

SCÈNE II.

MASSINISSE, ALAMAR ; *les* soldats numides
restent au fond de la scène.

MASSINISSE.

Des ordres! vous, Romains! ingrats, dont ma vaillance
A fait tous les succès, et nourri l'insolence;
Des fers à Sophonisbe! Et ces mots inouïs
A peine prononcés n'ont pas été punis!
Aide-moi, Sophonisbe, à venger ton injure;
Règne, l'honneur l'ordonne et l'amour t'en conjure;
Règne pour être libre, et commande avec moi...
Va, Massinisse enfin sera digne de toi.
Des fers! ah! que je vais réparer cet outrage!
Que j'étais insensé de combattre Carthage!
 (à sa suite.)
Approchez, mes amis; parlez, braves guerriers;
Verrez-vous dans vos mains flétrir tant de lauriers?
Vous avez entendu ce discours téméraire.

ALAMAR.

Nous en avons rougi de honte et de colère.
Le joug de ces ingrats ne peut plus se porter;
Sur leur superbe tête il le faut rejeter.

MASSINISSE.

Rome hait tous les rois, et les croit tyranniques;
Ah! les plus grands tyrans ce sont les républiques;
Rome est la plus cruelle.

ALAMAR.

        Il est juste, il est temps

SOPHONISBE,

D'abattre pour jamais l'orgueil de ses enfans.
L'alliance avec eux n'était que passagère;
La haine est éternelle.

MASSINISSE.

Aveugle en ma colère,
Contre mon propre sang j'ai pu les soutenir !
Si je les ai sauvés, songeons à les punir.
Me seconderez-vous ?

ALAMAR.

Nous sommes prêts, sans doute;
Il n'est rien avec vous qu'un Numide redoute.
Les Romains ont plus d'art, et non plus de valeur;
Ils savent mieux tromper, et c'est là leur grandeur;
Mais nous savons au moins combattre comme eux-
Commandez, annoncez vos volontés suprêmes; [mêmes:
Ce fameux Scipion n'est pas plus craint de nous
Que ce faible Syphax abattu sous nos coups.

MASSINISSE.

Écoutez; Annibal est déja dans l'Afrique;
La nouvelle en est sûre, il marche vers Utique:
Pourrions-nous jusqu'à lui nous frayer des chemins?

ALAMAR.

Nous vous en tracerons dans le sang des Romains.

MASSINISSE.

Enlevons Sophonisbe; arrachons cette proie
Aux brigands insolens qu'un sénat nous envoie;
Effaçons dans leur sang le crime trop honteux,
Et le malheur surtout d'avoir vaincu pour eux.
Annibal n'est pas loin; croyez que ce grand homme
Peut encore une fois se montrer devant Rome:

Mais à nos fiers tyrans fermons-en le retour;
Que ces bords africains, que ce sanglant séjour,
Deviennent par vos mains le tombeau de ces traîtres
Qui, sous le nom d'amis, sont nos barbares maîtres.
La nuit approche; allez, je viendrai vous guider;
Les vaincus enhardis pourront nous seconder.
Vous savez en ces lieux combien Rome est haïe,
Et tout homme est soldat contre la tyrannie.
Préparez les esprits irrités et jaloux;
Sans leur rien découvrir enflammez leur courroux;
Aux premiers coups portés, aux premières alarmes,
Au nom de Sophonisbe, ils voleront aux armes;
Nos maîtres prétendus, plongés dans le sommeil,
Verront entre mes mains la mort à leur réveil.

ALAMAR.

Si l'on ne prévient pas cette grande entreprise,
Le succès en est sûr, et tout nous favorise:
Nous suivons Massinisse; et ces tyrans surpris
Vont payer de leur sang leurs superbes mépris.

MASSINISSE.

Revolez à mon camp, je vous joins dans une heure;
J'arrache Sophonisbe à sa triste demeure;
Je marche à votre tête; et, s'il vous faut périr,
Mes amis, j'ai su vaincre, et je saurai mourir.

SCÈNE III.

SOPHONISBE, MASSINISSE.

SOPHONISBE.
Seigneur, en tous les temps par le ciel poursuivie,
Je n'attends que de vous le destin de ma vie.
Victorieux dans Cirthe, et mon libérateur,
Contre ces fiers Romains deux fois mon protecteur,
Vous avez d'un seul mot écarté les orages
Qui m'entouraient encore après tant de naufrages;
Et, dans ce grand reflux des horreurs de mon sort,
Dans ce jour étonnant de clémence et de mort,
Par vous seul confondue, et par vous rassurée,
J'ai cru que d'un héros la promesse sacrée,
Ce généreux appui, le seul qui m'est resté,
Me servirait d'égide, et serait respecté:
Je ne m'attendais pas qu'on flétrît votre ouvrage,
Qu'on osât prononcer le mot de l'esclavage,
Et que je dusse encore, après tant de tourmens,
Après tous vos bienfaits, réclamer vos sermens.
MASSINISSE.
Ne les réclamez point; ils étaient inutiles,
Je n'en eus pas besoin : vous aurez des asiles
Que l'orgueil des Romains ne pourra violer;
Et ce n'est pas à vous désormais à trembler.
Il m'appartenait peu de parler d'hyménée
Dans ce même palais, dans la même journée,
Où le sort a voulu que le sang d'un époux,

Répandu par les miens, rejaillît jusqu'à vous.
Mais la nécessité rompt toutes les barrières ;
Tout se tait à sa voix; ses lois sont les premières.
La cendre de Syphax ne peut vous accuser;
Vous n'avez qu'un parti, celui de m'épouser;
Du pied de nos autels au trône remontée,
Sur les bords africains chérie et redoutée,
Le diadème au front, marchez à mon côté :
Votre sceptre et mon bras sont votre sûreté.

SOPHONISBE.

Ah! que m'avez-vous dit? Sophonisbe éperdue
Doit dévoiler enfin son ame à votre vue :
J'étais votre ennemie, et l'ai toujours été,
Seigneur; je vous ai fui, je vous ai rebuté;
Syphax obtint mon choix, sans consulter son âge;
Je n'acceptai sa main que pour vous faire outrage;
J'encourageai les miens à poursuivre vos jours :
Mais connaissez mon cœur, il vous aima toujours.

MASSINISSE.

Est-il possible! ô dieux! vous, dont l'ame inhumaine
Fut chez les Africains célèbre par la haine,
Vous m'aimiez, Sophonisbe! et, dans ses déplaisirs,
Massinisse accablé vous coûtait des soupirs !

SOPHONISBE.

Oui, nièce d'Annibal, j'ai dû haïr, sans doute,
L'ami de Scipion, quelque effort qu'il m'en coûte ;
Je le voulus en vain : c'est à vous de juger
Si le seul des humains qui veut me protéger,
Quand il revient à moi, quand son noble courage
Peut sauver Sophonisbe, Annibal et Carthage,

En m'arrachant des fers et du sein de l'horreur,
En me donnant son trône, en me gardant son cœur,
Peut rallumer en moi les feux qu'il y fit naître,
Et dont tout mon courroux fut à peine le maître.
D'un bonheur inouï vous venez me flatter;
Vous m'offrez votre main... je ne puis l'accepter [g].

MASSINISSE.

Vous! quels dieux ennemis à vos bontés s'opposent?

SOPHONISBE.

Les dieux qui de mon sort en tous les temps disposent,
Les dieux qui d'Annibal ont reçu les sermens,
Quand au pied des autels, en ses plus jeunes ans,
Il jurait aux Romains une haine immortelle :
Ce serment est le mien, je lui serai fidèle;
Je meurs sans être à vous.

MASSINISSE.

     Sophonisbe, arrêtez :
Connaissez qui je suis et qui vous insultez :
C'est ce même serment qui devant vous m'amène;
Et ma haine pour Rome égale votre haine.

SOPHONISBE.

Vous, seigneur! vous pourriez enfin vous repentir
De vous être abaissé jusques à la servir?

MASSINISSE.

Je me repens de tout, puisque je vous adore;
Je ne vois plus que vous, si vous m'aimez encore.
J'apporte à cet autel, en vous donnant la main,
L'horreur que Massinisse a pour le nom romain [h] :
Plus irrité que vous, et plus qu'Annibal même,
Oui, je déteste Rome autant que je vous aime.

ACTE III, SCÈNE III.

SOPHONISBE.

Massinisse !

MASSINISSE.

Écoutez; vous n'avez qu'un instant ;
Vos fers sont préparés... un trône vous attend.
Scipion va venir... Carthage vous appelle;
Et si vous balancez, c'est un crime envers elle.
Suivez-moi, tout le veut... Dieux justes, protégez
L'hymen où je l'entraîne, et soyons tous vengés !

SOPHONISBE.

Eh bien! à ce seul prix j'accepte la couronne;
La veuve de Syphax à son vengeur se donne :
Oui, Carthage l'emporte. O mes dieux souverains!
Vous m'unissez à lui pour punir les Romains.

MASSINISSE.

Honteusement ici soumis à leur puissance,
Cherchons en d'autres lieux la gloire et la vengeance.
Les Romains sont dans Cirthe, ils y donnent des lois ;
Un consul y commande, et l'on tremble à sa voix.
Sachez que sous leurs pas je vais ouvrir l'abîme
Où doit s'ensevelir l'orgueil qui nous opprime;
Scipion va tomber dans le piége fatal.
La gloire et le bonheur sont au camp d'Annibal.
Dès que l'astre du jour aura cessé de luire,
Parmi des flots de sang ma main va vous conduire :
La veuve de Syphax, en fuyant ses tyrans,
Doit marcher avec moi sur leurs corps expirans;
Il n'est point d'autre route, et nous allons la prendre.

SOPHONISBE.

Dans le camp d'Annibal enfin j'irai me rendre;

C'est là qu'est ma patrie, et mon trône, et ma cour :
Là je puis sans rougir écouter votre amour :
Mais comment m'assurer...

MASSINISSE.

La plus juste espérance
Flatte d'un prompt succès ma flamme et ma vengeance.
Je crains peu les Romains, et, prêt à les frapper,
J'ai honte seulement de descendre à tromper.

SOPHONISBE.

Ils savent mieux que vous cet art de l'Italie.

SCÈNE IV.

SOPHONISBE, MASSINISSE, PHÆDIME.

PHÆDIME.

Seigneur, cet étranger, ce superbe Lélie,
Et qui dans ce palais parlait si hautement,
Accompagné des siens, arrive en ce moment.
Il veut que sans tarder à vous-même on l'annonce;
Il dit que d'un consul il porte la réponse.

MASSINISSE.

Il suffit... qu'il m'attende, et que, sans nous braver,
Aux pieds de Sophonisbe il vienne ici tomber [k].

FIN DU TROISIÈME ACTE.

ACTE QUATRIÈME.

SCÈNE I.

LÉLIE; ROMAINS.

LÉLIE, *à un centurion.*
Allez, observez tout; les plus légers soupçons
Dans de pareils momens sont de fortes raisons.
Sophonisbe en ces lieux peut faire des perfides;
Scipion dans la ville enferme les Numides.
(à un autre.)
C'est à vous de garder le palais et la tour,
Tandis que, n'écoutant qu'un imprudent amour,
Massinisse, occupé du vain nœud qui l'engage,
D'un moment précieux nous laisse l'avantage.
(à tous.)
Vous avez désarmé sans peine et sans effort
Le peu de ses soldats répandus dans ce fort,
Et déja, trop puni par sa propre faiblesse,
Il ne sait pas encor le péril qui le presse.
Au moindre mouvement, qu'on vienne m'avertir;
Qu'aucun ne puisse entrer, qu'aucun n'ose sortir:
Surtout de vos soldats contenez la licence;
Respectez ce palais; que nulle violence
Ne souille sous mes yeux l'honneur du nom romain
Le sort de Massinisse est tout en notre main.

On craignait que ce prince, aveugle en sa colère,
N'eût tramé contre nous un complot téméraire;
Mais, de son amitié gardant le souvenir,
Scipion le prévient sans vouloir le punir.
Soyez prêts, c'est assez; cette ame impétueuse
Verra de ses desseins la suite infructueuse,
Et dans quelques momens tout doit être éclairci...
Vous, gardez cette porte; et vous, veillez ici.

(Les licteurs restent un peu cachés dans le fond.)

SCÈNE II.

MASSINISSE, LÉLIE; LICTEURS.

MASSINISSE.

Eh bien! de Scipion ministre respectable,
Venez-vous m'annoncer son ordre irrévocable?

LÉLIE.

J'annonce du sénat les décrets souverains,
Que le consul de Rome a remis en mes mains.
Pouvez-vous écouter ce que je dois vous dire?
Vous paraissez troublé!

MASSINISSE.

                Je suis prêt à souscrire
Aux projets des Romains que vous me présentez,
Si par l'équité seule ils ont été dictés,
Et s'ils n'outragent point ma gloire et ma couronne.
Parlez, quel est le prix que le sénat me donne?

LÉLIE.

Le trône de Syphax déja vous est rendu;

ACTE IV, SCÈNE II.

C'est pour le conquérir que l'on a combattu ;
A vos nouveaux états, à votre Numidie,
Pour vous favoriser, on joint la Mazénie :
Ainsi, dans tous les temps et de guerre et de paix,
Rome à ses alliés prodigue ses bienfaits.
On vous a déja dit que Cirthe, Hippone, Utique,
Tout jusqu'au mont Atlas, est à la république.
Décidez maintenant si vous voulez demain
De Scipion vainqueur accomplir le dessein,
De l'Afrique avec lui soumettre le rivage,
Et, fidèle allié, camper devant Carthage.

MASSINISSE.

Carthage ! oubliez-vous qu'Annibal la défend,
Que sur votre chemin ce héros vous attend ?
Craignez d'y retrouver Trasimène et Trébie.

LÉLIE.

La fortune a changé : l'Afrique est asservie.
Choisissez de nous suivre, ou de rompre avec nous.

MASSINISSE, *à part.*

Puis-je encore un moment retenir mon courroux !

LÉLIE.

Vous voyez vos devoirs et tous vos avantages.
De Rome maintenant connaissez les usages :
Elle élève les rois et sait les renverser ;
Au pied du Capitole ils viennent s'abaisser.
La veuve de Syphax était notre ennemie ;
Dans un sang odieux elle a reçu la vie ;
Et son seul châtiment sera de voir nos dieux,
Et d'apprendre dans Rome à nous connaître mieux.

MASSINISSE.

Téméraire! arrêtez... Sophonisbe est ma femme;
Tremblez de m'outrager.

LÉLIE.

Je connais votre flamme;
Je la respecte peu lorsque dans vos états
Vous-même devant moi ne vous respectez pas :
Sachez que Sophonisbe, à nos chaînes livrée,
De ce titre d'épouse en vain s'est honorée,
Qu'un prétexte de plus ne peut nous éblouir,
Que j'ai donné mon ordre, et qu'il faut obéir.

MASSINISSE.

Ah! c'en est trop enfin : cet excès d'insolence
Pour la dernière fois tente ma patience.
(Mettant la main à son épée.)
Traître! ôte-moi la vie, ou meurs de cette main.

LÉLIE.

Prince, si je n'étais qu'un citoyen romain,
Un tribun de l'armée, un guerrier ordinaire,
Vous me verriez bientôt prêt à vous satisfaire;
Lélie avec plaisir recevrait cet honneur :
Mais député de Rome et de mon empereur,
Commandant en ces lieux, tout ce que je dois faire
C'est d'arrêter d'un mot votre vaine colère...
Romains, qu'on m'en réponde.
(Les licteurs entourent Massinisse, et le désarment.)

MASSINISSE.

Ah! lâche... Mes soldats
Me laissent sans défense!

LÉLIE.

Ils ne paraîtront pas;
Ils sont, ainsi que vous, tombés en ma puissance.
Vous avez abusé de notre confiance :
Quels que soient vos desseins, ils sont tous prévenus;
Et nous vous épargnons des malheurs superflus.
Si vous voulez de Rome obtenir quelque grace,
Scipion va venir, il n'est rien que n'efface
A ses yeux indulgens un juste repentir.
Rentrez dans le devoir dont vous osiez sortir.
On vous rendra, seigneur, vos soldats et vos armes,
Quand sur votre conduite on aura moins d'alarmes,
Et quand vous cesserez de préférer en vain
Une Carthaginoise à l'empire romain.
Vous avez combattu sous nous avec courage;
Mais on est quelquefois imprudent à votre âge.

SCÈNE III.

MASSINISSE.

Tu survis, Massinisse, à de pareils affronts!
Ce sont là ces Romains, juges des nations,
Qui voulaient faire au monde adorer leur puissance,
Et des dieux, disaient-ils, imiter la clémence!
Fourbes dans leurs traités, cruels dans leurs exploits,
Déprédateurs du peuple, et fiers tyrans des rois!
Je me repens sans doute, et c'est de vivre encore
Sans pouvoir me baigner dans leur sang que j'abhorre.
Scipion prévient tout; soit prudence ou bonheur,

Son étonnant génie en tout temps est vainqueur.
Sous les pas des Romains la tombe était ouverte ;
Je vengeais Sophonisbe, et j'ai causé sa perte.
Je n'ai pas su tromper, j'en recueille le fruit ;
Dans l'art des trahisons j'étais trop mal instruit.
Roi, vainqueur et captif, outragé, sans vengeance,
Victime de l'amour et de mon imprudence,
Mon cœur fut trop ouvert. Ah ! tu l'avais prévu [1],
Sophonisbe ; en effet, ma candeur m'a perdu.
O ciel ! c'est Scipion ! c'est Rome toute entière !

SCÈNE IV.

SCIPION, MASSINISSE ; LICTEURS.

(Scipion tient un rouleau à la main.)

MASSINISSE.

Venez-vous insulter à mon heure dernière ?
Dans l'abîme où je suis venez-vous m'enfoncer ;
Marcher sur mes débris ?

SCIPION.

              Je viens vous embrasser.
J'ai su votre faiblesse et j'en ai craint la suite.
Vous devez pardonner si de votre conduite
Ma vigilance heureuse a conçu des soupçons ;
Plus d'une fois l'Afrique a vu des trahisons.
La nièce d'Annibal, à votre cœur trop chère,
M'a forcé malgré moi de me montrer sévère.
Du nom de votre ami je fus toujours jaloux,
Mais je me dois à Rome, et beaucoup plus qu'à vous.

Je n'ai point démêlé les intrigues secrètes
Que pouvaient préparer vos fureurs inquiètes,
Et de tout prévenir je me suis contenté.
Mais, à quelque attentat que l'on vous ait porté,
Voulez-vous maintenant écouter la justice,
Et rendre à Scipion le cœur de Massinisse ?
Je ne demande rien que la foi des traités ;
Vous les avez toujours sans réserve attestés :
Les voici ; c'est par vous qu'à moi-même promise
Sophonisbe en mon camp devait être remise.
Lisez. Voilà mon nom, et voilà votre seing.

(Il les lui montre.)

En est-ce assez ? vos yeux s'ouvriront-ils enfin ?
Avez-vous contre moi quelque droit légitime ?
Vous plaindrez-vous toujours que Rome vous opprime ?

MASSINISSE.

Oui. Quand dans la fureur de mes ressentimens
Je fis entre vos mains ces malheureux sermens,
Je voulais me venger d'une reine ennemie :
De mon cœur irrité je la croyais haïe ;
Vos yeux furent témoins de mes jaloux transports ;
Ils étaient imprudens ; mais vous m'aimiez alors ;
Je vous confiai tout, ma colère et ma flamme.
J'ai revu Sophonisbe, et j'ai connu son ame ;
Tout est changé ; mon cœur est rentré dans ses droits ;
La veuve de Syphax a mérité mon choix.
Elle est reine, elle est digne encor d'un plus grand titre.
De son sort et du mien j'étais le seul arbitre ;
Je devais l'être au moins : je l'aime, c'est assez ;
Sophonisbe est ma femme, et vous la ravissez !

SCIPION.

Elle n'est point à vous, elle est notre captive;
La loi des nations pour jamais vous en prive :
Rome ne peut changer ses résolutions
Au gré de vos erreurs et de vos passions *m*.
Je ne veux point ici vous parler de moi-même;
Mais jeune comme vous, et dans un rang suprême,
Vous savez si mon cœur a jamais succombé
A ce piége fatal où vous êtes tombé.
Soyez digne de vous, vous pouvez encor l'être.

MASSINISSE.

Il est vrai qu'en Espagne, où vous régnez en maître,
Le soin de contenir un peuple effarouché,
La gloire, l'intérêt, seigneur, vous ont touché;
Vous n'enlevâtes point une femme éplorée,
De l'amant qu'elle aimait justement adorée :
Pourquoi démentez-vous pour un infortuné
Cet exemple éclatant que vous avez donné?
L'Espagnol vous bénit, mais je vous dois ma haine;
Vous lui rendez sa femme, et m'arrachez la mienne.

SCIPION.

A vos plaintes, seigneur, à tant d'emportemens,
Je ne réponds qu'un mot, remplissez vos sermens.

MASSINISSE.

Ah! ne me parlez plus d'un serment téméraire
Qu'ont dicté le dépit et l'amour en colère;
Il fut trop démenti dans mon cœur ulcéré.

SCIPION.

Les dieux l'ont entendu; tout serment est sacré.

ACTE IV, SCÈNE IV.

MASSINISSE.

Consul, il me suffit; j'avais cru vous connaître,
Je m'étais bien trompé : mais vous êtes le maître.
Ces dieux, dont vous savez interpréter la loi,
Aidés de Scipion sont trop forts contre moi.
Je sais que mon épouse à Rome fut promise;
Voulez-vous en effet qu'à Rome on la conduise [n]?

SCIPION.

Je le veux, puisque ainsi le sénat l'a voulu,
Que vous-même avec moi vous l'aviez résolu.
Ne vous figurez pas qu'un appareil frivole,
Une marche pompeuse aux murs du Capitole,
Et d'un peuple inconstant la faveur et l'amour
Que le destin nous donne et nous ôte en un jour,
Soient un charme si grand pour mon ame éblouie;
De soins plus importans croyez qu'elle est remplie :
Mais quand Rome a parlé, j'obéis à sa loi.
Secondez mon devoir, et revenez à moi;
Rendez à votre ami la première tendresse
Dont le nœud respectable unit notre jeunesse;
Compagnons dans la guerre, et rivaux en vertu,
Sous les mêmes drapeaux nous avons combattu :
Nous rougirions tous deux qu'au sein de la victoire
Une femme, une esclave, eût flétri tant de gloire;
Réunissons deux cœurs qu'elle avait divisés :
Oubliez vos liens; l'honneur les a brisés.

MASSINISSE.

L'honneur! Quoi, vous osez... Mais je ne puis prétendre,
Quand je suis désarmé, que vous vouliez m'entendre.
Je vous ai déja dit que vous seriez content;

Ma femme subira le destin qui l'attend.
Un roi doit obéir quand un consul ordonne.
Sophonisbe! oui, seigneur, enfin je l'abandonne :
Je ne veux que la voir pour la dernière fois;
Après cet entretien, j'attends ici vos lois.

SCIPION.

N'attendez qu'un ami, si vous êtes fidèle.

SCENE V.

MASSINISSE.

Un ami! jusque là ma fortune cruelle
De mes jours détestés déshonore la fin!
Il me flétrit du nom de l'ami d'un Romain!
Je n'ai que Sophonisbe, elle seule me reste;
Il le sait, il insulte à mon état funeste;
Sa cruauté tranquille, avec dérision,
Affectait de descendre à la compassion!
Il a su mon projet, et, ne pouvant le craindre,
Il feint de l'ignorer, et même de me plaindre;
Il feint de dédaigner ce misérable honneur
De traîner une femme au char de son vainqueur;
Il n'aspire en effet qu'à cette gloire infame :
Il jouit de ma honte : et peut-être en son ame
Il pense à m'y traîner avec le même éclat,
Comme un roi révolté jugé par le sénat.

SCENE VI.

MASSINISSE, SOPHONISBE.

MASSINISSE.
Eh bien! connaissez-vous quelle horreur vous opprime,
D'où nous sommes tombés, dans quel affreux abîme
Un jour, un seul moment, nous a tous deux conduits?
De notre heureux hymen ce sont les premiers fruits.
Savez-vous des Romains la barbare insolence,
Et qu'il nous faut enfin tout souffrir sans vengeance?

SOPHONISBE.
Nous n'avons qu'un recours, le fer ou le poison.

MASSINISSE.
Nous sommes désarmés; ces murs sont ma prison.
Scipion vivrait-il si j'avais eu des armes?

SOPHONISBE.
Ah! cherchons les moyens de finir tant d'alarmes.
Trop de honte nous suit, et c'est trop de revers.
J'ai deux fois aujourd'hui passé du trône aux fers.
Je ne puis me venger de mes indignes maîtres;
Je ne puis me baigner dans le sang de ces traîtres;
Arrache-moi la vie, et meurs auprès de moi;
Sophonisbe deux fois sera libre par toi.

MASSINISSE
Tu le veux?

SOPHONISBE.
Tu le dois.

MASSINISSE.
Je frémis, je t'admire.

SOPHONISBE.
Je te devrai ma mort, je te devais l'empire;
J'aurai reçu de toi tous mes biens en un jour.

MASSINISSE.
Quels biens! ah, Sophonisbe!

SOPHONISBE.
Objet de mon amour!
Ame tendre! ame noble! expie avec courage
Le crime que tu fis en combattant Carthage.
Sauve-moi

MASSINISSE
Par ta mort?

SOPHONISBE.
Sans doute. Aimes-tu mieux
Me voir avec opprobre arracher de ces lieux?
Roi soumis aux Romains, et mari d'une esclave,
Aimes-tu mieux servir le tyran qui te brave,
Me voir sacrifiée à son ambition?
Écrasons en mourant l'orgueil de Scipion °.

MASSINISSE.
Va, sors : je vois de loin des Romains qui m'épient;
De tous les malheureux ces monstres se défient.
Va, nous nous rejoindrons.

SOPHONISBE.
Arbitre de mon sort,
Souviens-toi de ma gloire : adieu, jusqu'à ma mort.
(Elle sort.)

SCÈNE VII.

MASSINISSE.

Dieux des Carthaginois! vous à qui je m'immole?!
Dieux que j'avais trahis pour ceux du Capitole!
Vous que ma femme implore et qui l'abandonnez,
Donnerez-vous la force à mes sens forcenés,
A cette main tremblante, à mon ame égarée,
De me souiller du sang d'une épouse adorée!

FIN DU QUATRIÈME ACTE.

ACTE CINQUIÈME.

SCÈNE I.

LÉLIE, SCIPION; ROMAINS.

SCIPION.

Amis, la fermeté, jointe avec la clémence,
Peut enfin subjuguer sa fatale inconstance.
Je vois dans ce Numide un coursier indompté
Que son maître réprime après l'avoir flatté;
Tour à tour on ménage, on dompte son caprice,
Il marche en écumant; mais il nous rend service.
Massinisse a senti qu'il doit porter ce frein
Dont sa fureur s'indigne, et qu'il secoue en vain,
Que je suis en effet maître de son armée,
Qu'enfin Rome commande à l'Afrique alarmée,
Que nous pouvons d'un mot le perdre ou le sauver.
Pensez-vous qu'il s'obstine encore à nous braver?
Il est temps qu'il choisisse entre Rome et Carthage;
Point de milieu pour lui, le trône ou l'esclavage:
Il s'est soumis à tout; ses sermens l'ont lié:
Il a vu de quel prix était mon amitié.
La reine l'égarait; mais Rome est la plus forte:
L'amour parle un moment; mais l'intérêt l'emporte:
Il doit rendre aux Romains Sophonisbe aujourd'hui.

ACTE V, SCÈNE II.

LÉLIE.

Pouvez-vous y compter? vous fiez-vous à lui?

SCIPION.

Il ne peut empêcher qu'on l'enlève à sa vue.
Je voulais à son ame encor toute éperdue
Épargner un affront trop dur, trop douloureux;
Il me fesait pitié. Tout prince malheureux
Doit être ménagé, fût-ce Annibal lui-même.

LÉLIE.

Je crains son désespoir; il est Numide, il aime.
Surtout de Sophonisbe il faut vous assurer.
Ce triomphe éclatant, qui va se préparer,
Plus que vous ne pensez vous devient nécessaire
Pour imposer aux grands, pour charmer le vulgaire,
Pour captiver un peuple inquiet et jaloux,
Ennemi des grands noms, et peut-être de vous.
La veuve de Syphax à votre char traînée
Fera taire l'envie à vous nuire obstinée;
Et le vieux Fabius, et le jaloux Caton,
Se cacheront dans l'ombre en voyant Scipion 7.

SCÈNE II.

SCIPION, LÉLIE, PHÆDIME.

PHÆDIME.

Sophonisbe, seigneur, à vos ordres soumise,
Par le roi Massinisse entre vos mains remise,
Va bientôt, à vos pieds déposant sa douleur,

Reconnaître dans vous son maître et son vainqueur[r];
Elle est prête à partir.

SCIPION.

Que Sophonisbe apprenne
Qu'à Rome, en ma maison, toujours servie en reine,
Elle n'y recevra que les soins, les honneurs
Que l'on doit à son rang et même à ses malheurs :
Le Tibre avec respect verra sur son rivage
Le noble rejeton des héros de Carthage.

(Phædime sort.)

(à un tribun.)
Vous, jusques à ma flotte ayez soin de guider
Et la reine et les siens, qu'il vous faudra garder.

SCÈNE III.

SCIPION, LÉLIE, MASSINISSE; LICTEURS.

SCIPION.

Le roi vient : je le plains; un si grand sacrifice
Doit lui coûter sans doute. Approchez, Massinisse;
Ne vous repentez pas de votre fermeté.

MASSINISSE, *troublé et chancelant.*
Il m'en faut en effet!

SCIPION

Votre cœur s'est dompté.

MASSINISSE.

La victime par vous si long-temps désirée
S'est offerte elle-même : elle vous est livrée.
Scipion, j'ai plus fait que je n'avais promis;
Tout est prêt.

ACTE V, SCÈNE III.

SCIPION.
La raison vous rend à vos amis.
Vous revenez à moi : pardonnez à Lélie
Cette sévérité dans mon cœur démentie :
L'intérêt de l'état exigeait nos rigueurs ;
Rome y fera bientôt succéder ses faveurs.
(Il tend la main à Massinisse, qui recule.)
Point de ressentiment ; goûtez l'honneur suprême
D'avoir réparé tout en vous domptant vous-même.

MASSINISSE.
Épargnez-vous, seigneur, un vain remerciement :
Il m'en coûte assez cher en cet affreux moment.

SCIPION.
Vous pleurez !

MASSINISSE.
Qui ? moi ! non.

SCIPION.
Ce regret qui vous presse
N'est aux yeux d'un ami qu'un reste de faiblesse
Que votre ame subjugue, et que vous oublierez.

MASSINISSE.
Si vous avez un cœur, vous vous en souviendrez.

SCIPION.
Sophonisbe à mes yeux sans crainte peut paraître :
J'aurais de son destin voulu vous laisser maître ;
Mais Rome la demande : il faut loin de ces lieux...
(On ouvre la porte ; Sophonisbe paraît étendue sur une banquette,
un poignard enfoncé dans le sein.)

MASSINISSE.
Tiens, la voilà, perfide ! elle est devant tes yeux ;
La connais-tu ?

SCIPION.

Cruel!

SOPHONISBE, *à Massinisse penché vers elle.*

Viens, que ta main chérie
Achève de m'ôter ce fardeau de la vie.
Digne époux, je meurs libre, et je meurs dans tes bras.

MASSINISSE.

Je vous la rends, Romains, elle est à vous.

SCIPION.

Hélas!
Malheureux! qu'as-tu fait?

MASSINISSE.

Ses volontés, les miennes.
Sur ses bras tout sanglans viens essayer tes chaînes:
Approche : où sont tes fers?

LÉLIE.

O spectacle d'horreur!

MASSINISSE, *à Scipion.*

Tu recules d'effroi! que devient ton grand cœur?
(Il se met entre Sophonisbe et les Romains.)
Monstres, qui par mes mains avez commis mon crime,
Allez au Capitole offrir votre victime;
Montrez à votre peuple, autour d'elle empressé,
Ce cœur, ce noble cœur que vous avez percé.
Détestable Romain, si les dieux qui m'entendent
Accordent les faveurs que les mourans demandent;
Si, devançant le temps, le grand voile du sort
Se lève à nos regards au moment de la mort,
Je vois dans l'avenir Sophonisbe vengée,
Et Rome qu'on immole à la terre outragée;

ACTE V, SCÈNE III.

Je vois dans votre sang vos temples renversés,
Ces temples qu'Annibal a du moins menacés;
Tous ces fiers descendans des Nérons, des Camilles,
Aux fers des étrangers tendant des bras serviles;
Ton Capitole en cendre, et tes dieux pleins d'effroi
Détruits par des tyrans moins funestes que toi.
Avant que Rome tombe au gré de ma furie,
Va mourir oublié, chassé de ta patrie.
Je meurs, mais dans la mienne, et c'est en te bravant;
Le poison que j'ai pris dans ce fatal moment
Me délivre à la fois d'un tyran et d'un traître.
Je meurs chéri des miens qui vengeront leur maître :
Va, je ne veux pas même un tombeau de tes mains.

LÉLIE.

Que tous deux sont à plaindre !

SCIPION.

Ils sont morts en Romains.
Grands dieux ! puissé-je un jour, ayant dompté Carthage,
Quitter Rome et la vie avec même courage !

FIN DE SOPHONISBE.

VARIANTES

DE LA TRAGÉDIE DE SOPHONISBE.

a « Vous servez des Romains, vous secondez leurs armes,
« Et vous désespérez vos parens malheureux.
« Méritez vos succès en étant généreux :
« C'est trop faire couler et le sang et les larmes. »

b Suis-je ici prisonnière ? ô rigueur ! ô destin !
Que me préparez-vous dans ce jour de vengeance ?
Le ciel me ravit tout, et jusqu'à l'esperance.
Dieux... etc.

c   MASSINISSE.
Reine, en ce jour de sang, funeste ou favorable,
Ma fortune me pèse et votre sort m'accable.
Le billet que de vous je viens de recevoir
Est un ordre sacré qui m'apprend mon devoir,
Mais en vous écoutant je l'apprends davantage.
Je crois entendre en vous les héros de Carthage :
Honteux d'avoir vaincu, je viens tout réparer.
        SOPHONISBE.
Réduite à vous haïr, faut-il vous admirer ?
Quoi, seigneur ! jusqu'à vous ma lettre est parvenue !

d Je le jure par vous : pour vous dire encor plus,
Sophonisbe n'est pas au nombre des vaincus.
Je commande dans Cirthe............
....

e Tu parles à sa veuve, et son sang fume encore ;
Son ombre me menace : un pareil souvenir
L'appelle à la vengeance et l'invite à punir.
Phædime, il faut enfin t'ouvrir toute mon ame :
Oui, je t'ai fait l'aveu de ma fatale flamme ;
Oui, ce feu, si long-temps dans mon sein renfermé,
S'est avec violence aujourd'hui rallumé.
Peut-être on m'aime encore, et j'oserais le croire ;

Je pourrais me flatter d'une telle victoire ;
Tu me verrais goûter ce suprême bonheur,
De partager son trône et d'avoir tout son cœur.
Ma flamme déclarée... etc.

ƒ   MASSINISSE.

Des ordres ! vous, Romains ! ingrats dont l'insolence
S'accrut par mon service avec votre puissance !
Des fers à Sophonisbe ! et ces mots inouïs
A peine prononcés n'ont pas été punis
Sophonisbe ! ah ! du moins écarte cette injure,
Accorde-moi ta main ; ta gloire t'en conjure.

g La fille d'Asdrubal naquit pour se contraindre
Elle dut vous haïr, ou du moins dut le feindre.
Elle brûlait pour vous : c'est à vous de juger
Si le seul des humains qui peut me protéger,
Conquérant généreux, amant toujours fidèle,
Des héros et des rois devenu le modèle,
En m'arrachant des fers et de ce lieu d'horreur,
En me donnant son trône, en me gardant son cœur,
Sur mes sens enchantés conserve un juste empire.
C'est par vous que je vis, pour vous que je respire·
Pour m'unir avec vous je voudrais tout tenter.
Vous m'offrez votre main... je ne puis l'accepter.

h   MASSINISSE.
. . . .
C'est ce même serment qui devant vous m'amène :
C'est un courroux plus juste, une plus forte haine ;
Et c'est de son flambeau que je viens éclairer
L'hymen, l'heureux hymen qu'on ne peut différer.
C'est dans Cirthe sanglante, à ces autels antiques,
Dressés par nos aïeux à nos dieux domestiques,
Que j'apporte avec vous, en vous donnant la main,
L'horreur que Massinisse a pour le nom romain.
. . . .

i Oui, je déteste Rome autant que je vous aime.
Vous, dieux qui m'entendez, qui recevez ma foi,
   (Il prend la main de Sophonisbe, et tous deux les mettent sur l'autel.)
Unissez à ce prix Sophonisbe avec moi.

SOPHONISBE.

A ces conditions j'accepte la couronne :
Ce n'est qu'à mon vengeur que ma fierté se donne.
Vengeons tous deux Carthage et nos dieux souverains ;
Jurons de nous unir pour haïr les Romains.
Je me vois trop heureuse...

MASSINISSE.

A mes yeux outragée,
Vantez votre bonheur quand vous serez vengée.
Les Romains sont dans Cirthe, etc.

k Dans les anciennes éditions, le troisième acte était terminé par les vers suivans :

SOPHONISBE.

A l'aspect des Romains mon horreur se redouble ;
Je n'entends point leur nom sans alarme et sans trouble.
Vous êtes violent autant que généreux ;
Encor si vous saviez dissimuler comme eux,
Ne les point avertir de se mettre en défense !
Mais toujours d'un Numide ils sont en défiance :
Peut-être ont-ils déja pénétré vos desseins.
Vous me faites frémir : je connais mes destins.
Ce jour a déployé tant de vicissitude,
Que, jusqu'à mon bonheur, tout est inquiétude.
Le flambeau de l'hymen est allumé par nous ;
Mais c'est en trahissant les cendres d'un époux.
Votre main me replace au rang de mes ancêtres,
Vous me faites régner ; mais les Romains sont maîtres.
Je n'ai plus pour soldats que de vils citoyens ;
Les dieux de Scipion l'emportent sur les miens.
Quoi qu'il puisse arriver, venez tracer ma route :
J'aurais suivi Syphax, je vous suivrai sans doute ;
Et marchant avec vous, je ne crains rien pour moi.

MASSINISSE.

J'ose tout espérer, puisque j'ai votre foi.

Dans les dernières éditions on lisait :

Un moment a tout fait : des miens abandonne,
Roi, vainqueur et captif, outragé sans vengeance,
Victime de l'amour et de mon imprudence,

Je n'ai pas su tromper : j'en recueille le fruit.
Dans l'art des trahisons j'étais trop mal instruit.
Rome se plaint toujours de la foi du Numide ;
La tyrannique Rome est cent fois plus perfide.
Mon cœur fut trop ouvert : ah ! tu l'avais prévu.

Et dans les précédentes :

Un moment a tout fait : des miens abandonné,
Dans mon propre palais je vois un autre maître !
Sophonisbe est esclave ! on me destine à l'être !
Quel exemple pour vous, malheureux Africains !
Rois et peuples séduits qui servez les Romains,
Quand pourrez-vous sortir de ce grand esclavage ?
Quoi ! je dévore ici mon opprobre et ma rage !
J'ai perdu Sophonisbe, et mon empire, et moi !
O ciel ! c'est Scipion, c'est lui que je revoi ;
C'est Rome qui dans lui se montre toute entière, etc.

m Après ces vers, dans les anciennes éditions, on lisait les vers suivans :

Rome, de tant de rois auguste vengeresse,
Ne s'informe jamais s'ils ont une maîtresse.
Les soupirs des amans, leurs pleurs et leurs débats
Ne font point, croyez-moi, le destin des états.

n Je me rends, je bannis la douleur qui m'obsède.
Lorsque Scipion parle, il faut que tout lui cède.
Pour disposer de moi j'ai dû vous consulter,
Et le faible au puissant ne doit rien contester.
Ma femme est votre esclave, et mon ame est soumise.
Ordonnez-vous enfin qu'à Rome on la conduise ?

o   MASSINISSE.

Nous sommes désarmés : ces murs sont ma prison.
Mais je puis, après tout, retrouver quelques armes.

SOPHONISBE.

Songez-y : terminez tant d'indignes alarmes.
Trop de honte nous suit, et c'est trop de revers ;
J'ai deux fois aujourd'hui passé du trône aux fers.
Hâtez-vous : Annibal me vengera peut-être.
Mais qu'il me venge ou non, je veux mourir sans maître.

VARIANTES

Malheureux Massinisse ! ô cher et tendre époux !
Sophonisbe du moins sera libre par vous.
MASSINISSE.
Tu le veux, chère épouse ! il le faut, je t'admire.
Tu me préviens, suis-moi : Rome n'a point d'empire
Sur un cœur aussi noble, aussi grand que le tien.
Nous ne servirons pas, je t'en réponds.
SOPHONISBE.
Eh bien !
En mourant de ta main j'expirerai contente.
O mânes de Syphax, ombre à mes yeux présente,
Mânes moins malheureux ! vous me l'aviez prédit,
Oui, je vais vous rejoindre, et mon sort s'accomplit.
De mon lit nuptial au tombeau descendue,
Mon ombre sans rougir va paraître à ta vue.
Je te rapporte un cœur qui n'était point à toi ;
Mais jusqu'à ton trépas je t'ai gardé ma foi.
Enfers qui m'attendez, Euménides, Tartare,
Je ne vous craindrai point : Rome était plus barbare.
Allons, je trouverai dans l'empire infernal
Les monceaux de Romains qu'a frappés Annibal,
Des victimes sans nombre et des Scipions mêmes :
Trasimène est chargé de mes honneurs suprêmes.
Viens m'arracher la vie, époux trop généreux,
Et tu me vengeras après, si tu le peux.
MASSINISSE.
Que vais-je faire ! Allons, Sophonisbe, demeure.
Quoi ! Scipion vivrait, et je veux qu'elle meure !
Qu'elle meure ! et par moi !
SOPHONISBE.
Viens, marche sur mes pas ;
Et si tu peux trembler, j'affermirai ton bras.

p Dans les anciennes éditions, ce monologue commençait par les vers suivans :

Perfide Scipion, détestable Lélie,
Vos cruautés encore ont pris soin de ma vie !
Quel ami, quel poignard me pourra secourir ?
Aurai-je donc perdu jusqu'au droit de mourir ?
Le plus vil des humains dispose de son être,

Et termine à son gré des jours dont il est maître;
Et moi, pour obtenir deux morts que je prétends,
Il me faudrait descendre à prier mes tyrans!
Dieux des Carthaginois! etc.

q Voici comment cette scène était terminée dans les anciennes éditions:

Et le vieux Fabius, et le censeur Caton,
Se cacheront dans l'ombre en voyant Scipion.
Quand le peuple est pour nous, la cabale expirante
Ramasse en vain les traits de sa rage impuissante.
Je sais que cet éclat ne vous peut éblouir:
Vous êtes au dessus, mais il en faut jouir.

Le censeur Caton pouvait faire une équivoque. Caton était non seulement le censeur, mais l'ennemi de Scipion qu'il suivit en Afrique comme questeur, et qu'il retourna bientôt accuser auprès du sénat. Mais, dans ce temps, Caton n'avait pas occupé la charge de censeur, charge qui ne se donnait qu'à des personnages consulaires, et qu'il ne remplit que long-temps après.

r Voici comme la pièce était terminée dans les anciennes éditions:

La reine à son destin sait plier son courage.
Elle s'est fait d'abord une effroyable image
De suivre au Capitole un char victorieux,
De présenter ses fers aux genoux de vos dieux,
A travers une foule orageuse et cruelle
Dont les yeux menaçans seront fixés sur elle:
Massinisse a bientôt dissipé cette horreur.
Sophonisbe a connu quel est votre grand cœur;
Elle sait que dans Rome elle doit vous attendre;
Elle est prête à partir. Mais daignez condescendre
Jusqu'à faire écarter des soldats indiscrets,
Qui veillent à sa porte et troublent ses apprêts.
Ce palais est à vous; vos troupes répandues
En remplissent assez toutes les avenues;
Votre captive enfin ne peut vous échapper:
La reine est résignée et ne peut vous tromper.

Massinisse à vos pieds vient se mettre en otage.
L'humanité vous parle, écoutez son langage,
Et permettez du moins qu'en son appártement
La reine, à qui je suis, resté libre un moment.

SCIPION.
(à un centurion.) (à Phædime.)
Il est trop juste. Allez. Que Sophonisbe apprenne
Qu'à Rome, en ma maison, toujours servie en reine,
Elle n'y recevra que les soins, les honneurs
Que l'on doit à son rang, et même à ses malheurs.
Le Tibre avec respect verra sur son rivage
Le noble rejeton des héros de Carthage.
(Phædime sort.)
(à un tribun.)
Vous, jusques à ma flotte ayez soin de guider
Et la reine et les siens qu'il vous faudra garder,
Mais en mêlant surtout à votre vigilance
Des plus profonds respects la noble bienséance.
Les ordres du sénat, qu'il faut exécuter,
Sont de vaincre les rois, non de les insulter.
Gardons-nous d'étaler un orgueil ridicule
Que nous impute à tort un peuple trop crédule.
Conservez des Romains la modeste hauteur ;
Le soin de se vanter rabaisse la grandeur :
Et dédaignant toujours des vanités frivoles,
Soyez grand par les faits et simple en vos paroles.
Mais Massinisse vient, et la douleur l'abat.

SCENE III.

SCIPION, LELIE, MASSINISSE; LICTEURS.

LELIE.
Pourvu qu'il obéisse, il suffit au sénat.

SCIPION.
Il lui fait, je l'avoue, un rare sacrifice.

LÉLIE.
Il remplit son devoir.

SCIPION.
Approchez, Massinisse ;
Ne vous repentez pas de votre fermeté.

MASSINISSE, *troublé et chancelant.*
Il m'en faut en effet.

SCIPION.
Parlez en liberté.

MASSINISSE.
La victime par vous si long-temps désirée
S'est offerte elle-même ; elle vous est livrée.
Scipion, j'ai plus fait que je n'avais promis.
Tout est prêt.

SCIPION.
La raison vous rend à vos amis.
Vous revenez à moi : pardonnez à Lélie
Cette sévérité qui passe et qu'on oublie :
L'intérêt de l'état exigeait nos rigueurs,
Rome y fera bientôt succéder ses faveurs.
(Il tend la main à Massinisse, qui recule.)
Point de ressentiment ; goûtez l'honneur suprême
D'avoir réparé tout, en vous domptant vous-même.

MASSINISSE.
Epargnez-vous, seigneur, un vain remerciement :
Il m'en coûte assez cher en cet affreux moment.
Il m'en coûte, ah ! grands dieux !
(Il se laisse tomber sur une banquette.)

LÉLIE.
Sa passion fatale
Dans son cœur combattu renaît par intervalle.

SCIPION, *à Massinisse, en lui prenant la main.*
Cessez à vos regrets de vous abandonner.
Je conçois vos chagrins ; je sais leur pardonner.
(à Lélie.)
Je suis homme, Lélie ; il porte un cœur, il aime.
(à Massinisse)
Je le plains. Calmez-vous.

MASSINISSE.
Je reviens à moi-même.
Dans ce trouble mortel qui m'avait abattu,
Dans ce mal passager, n'ai-je pas entendu
Que Scipion parlait, et qu'il plaignait un homme
Qui partagea sa gloire et qui vainquit pour Rome ?
(Il se relève.)

SCIPION.
Tels sont mes sentimens. Reprenez vos esprits.

VARIANTES

Rome de vos exploits doit payer tout le prix.
Ne me regardez plus d'un œil sombre et farouche;
Croyez que votre état m'intéresse et me touche.
Massinisse, achevez cet effort généreux,
Qui de notre amitié va resserrer les nœuds.
Vous pleurez!

MASSINISSE.

Qui? moi! non.

SCIPION.

Ce regret qui vous presse
N'est aux yeux d'un ami qu'un reste de faiblesse
Que votre ame subjugue, et que vous oublierez.

MASSINISSE.

Si vous avez un cœur, vous vous en souviendrez.

SCIPION.

Allons, conduisez-moi dans la chambre prochaine,
Où je devais paraître aux regards de la reine.
Qu'elle accepte à la fin mes soins respectueux.

(On ouvre la porte; Sophonisbe paraît étendue sur une banquette;
un poignard est enfoncé dans son sein.)

MASSINISSE.

Tiens, la voilà! perfide! elle est devant tes yeux.
La connais-tu?

SCIPION.

Cruel!

SOPHONISBE, *à Massinisse penché vers elle.*

Viens, que ta main chérie
Achève de m'ôter ce fardeau de la vie.
Digne époux, je meurs libre, et je meurs dans tes bras.

MASSINISSE, *se retournant.*

Je vous la rends, Romains; elle est à vous.

SCIPION.

Hélas!

Malheureux! qu'as-tu fait?

MASSINISSE, *reprenant sa force.*

Ses volontés, les miennes.
Sur ses bras tout sanglans viens essayer tes chaînes.
Approche; où sont tes fers?

LÉLIE.

O spectacle d'horreur!

DE SOPHONISBE.

MASSINISSE, à *Scipion.*
Tu recules d'effroi! que devient ton grand cœur?
(Il se met entre Sophonisbe et les Romains.)
Monstres, qui par mes mains avez commis mon crime,
Allez au Capitole offrir votre victime;
Montrez à votre peuple, autour d'elle empressé,
Ce cœur, ce noble cœur que vous avez percé.
Jouis de ce triomphe. Es-tu content, barbare?
Tu le dois à mes soins, c'est moi qui le prépare.
Ai-je assez satisfait ta triste vanité,
Et de tes jeux romains l'infame atrocité?
Tu n'oses contempler sa mort et ta victoire!
Tu détournes les yeux, tu frémis de ta gloire,
Tu crains de voir ce sang que toi seul fais couler!
Grands dieux! c'est Scipion qu'enfin j'ai fait trembler!
Détestable Romain, si les dieux qui m'entendent
Accordent les faveurs que les mourans demandent,
Si, devançant le temps, le grand voile du sort
Se tire à nos regards au moment de la mort,
Je vois dans l'avenir Sophonisbe vengée,
Rome à son tour sanglante, à son tour saccagée,
Expiant dans son sang ses triomphes affreux,
Et les fers et l'opprobre accablant tes neveux.
Je vois vingt nations de toi-même ignorées,
Que le Nord vomira des mers hyperborées;
Dans votre indigne sang vos temples renversés,
Ces temples qu'Annibal a du moins menacés;
Tous les vils descendans des Catons, des Émiles,
Aux fers des étrangers tendant des bras serviles;
Ton Capitole en cendre, et tes dieux pleins d'effroi
Détruits par des tyrans moins funestes que toi.
Avant que Rome tombe au gré de ma furie,
Va mourir oublié, chassé de ta patrie.
Je meurs, mais dans la mienne; et c'est en te bravant.
Le poison que j'ai pris agit trop lentement.
Ce fer que j'enfonçai dans le sein de ma femme
(Il tire le poignard du sein de Sophonisbe, s'en frappe, et tombe auprès d'elle.)
Joint mon sang à son sang, mon ame à sa grande ame.
Va, je ne veux pas même un tombeau de tes mains.
LÉLIE.
Que tous deux sont à plaindre!

SCIPION.

Ils sont morts en Romains.
Qu'un pompeux mausolée, honoré d'âge en âge,
Éternise leurs noms, leurs feux et leur courage ;
Et nous, en déplorant un destin si fatal,
Remplissons tous le nôtre, allons vers Annibal.
Que Rome soit ingrate, ou me rende justice,
Triomphons de Carthage, et non de Massinisse.

⁵ Le vers

Tous les vils descendans des Catons, des Émiles,

n'était pas assez conforme a l'histoire. Le vieux Caton, le premier homme de cette famille qui ait été connu, n'était alors qu'un officier de Scipion, brouillé avec son général. Les Émiles durent leur lustre principal à Paul Émile, qui ne devint célèbre qu'entre les deux dernières guerres puniques.

Le nom de Néron, que le fils d'Agrippine a rendu si odieux, était le surnom d'une des branches de la famille Claudia, l'une des plus illustres de la république romaine. C'était à un Claudius Nero que Rome avait dû son salut dans cette seconde guerre punique : il avait eu le principal honneur de la défaite d'Asdrubal, événement qui décida le succès de cette guerre.

FIN DES VARIANTES DE SOPHONISBE.

LES
LOIS DE MINOS,
TRAGÉDIE EN CINQ ACTES,
NON REPRÉSENTÉE.

ÉPITRE DÉDICATOIRE

A MONSEIGNEUR

LE DUC DE RICHELIEU,

PAIR ET MARÉCHAL DE FRANCE, GOUVERNEUR DE GUIENNE,
PREMIER GENTILHOMME DE LA CHAMBRE DU ROI, ETC.

Monseigneur,

Il y a plus de cinquante ans que vous daignez m'aimer. Je dirai à notre doyen de l'Académie, avec Varron (car il faut toujours citer quelque ancien, pour en imposer aux modernes) : *Est aliquid sacri in antiquis necessitudinibus.*
Ce n'est pas qu'on ne soit aussi très invariablement attaché à ceux qui nous ont prévenus depuis par des bienfaits, et à qui nous devons une reconnaissance éternelle, mais *antiqua necessitudo* est toujours la plus grande consolation de la vie.
La nature m'a fait votre doyen, et l'Académie vous a fait le nôtre : permettez donc qu'à de si justes titres je vous dédie une tragédie qui serait moins mauvaise si je ne l'avais pas faite loin de vous. J'atteste tous ceux qui vivent avec moi que le feu de ma jeunesse m'a fait composer ce petit drame en moins de huit jours, pour nos amusemens de campagne; qu'il n'était point destiné au théâtre de Paris, et qu'il n'en est pas meilleur pour tout cela. Mon but était d'essayer encore

si l'on pouvait faire réussir en France une tragédie profane qui ne fût pas fondée sur une intrigue d'amour; ce que j'avais tenté autrefois dans *Mérope,* dans *Oreste,* dans d'autres pièces, et ce que j'aurais voulu toujours exécuter. Mais le libraire Valade, qui est sans doute un de vos beaux esprits de Paris, s'étant emparé d'un manuscrit de la pièce, selon l'usage, l'a embellie de vers composés par lui ou par ses amis, et a imprimé le tout sous mon nom, aussi proprement que cette rapsodie méritait de l'être. Ce n'est point la tragédie de Valade que j'ai l'honneur de vous dédier; c'est la mienne, en dépit de l'envie.

Cette envie, comme vous savez, est l'ame du monde : elle établit son trône, pour un jour ou deux, dans le parterre à toutes les pièces nouvelles, et s'en retourne bien vite à la cour, où elle demeure la plus grande partie de l'année.

Vous le savez, vous, le digne disciple du maréchal de Villars dans la plus brillante et la plus noble de toutes les carrières. Vous vîtes ce héros qui sauva la France, qui sut si bien faire la guerre et la paix, ne jouir de sa réputation qu'à l'âge de quatre-vingts ans.

Il fallut qu'il enterrât son siècle pour qu'un nouveau siècle lui rendît publiquement justice. On lui reprochait jusqu'à ses prétendues richesses, qui n'approchaient pas à beaucoup près de celles des traitans de ces temps-là; mais ceux qui étaient si bassement jaloux de sa fortune n'osaient pas dans le fond de leur cœur envier sa gloire, et baissaient les yeux devant lui.

Quand son successeur vengeait la France et l'Espagne dans l'île de Minorque, l'envie ne criait-elle pas qu'il ne prendrait jamais Mahon, qu'il fallait envoyer un autre général à sa place? Et Mahon était déja pris.

Vous fîtes des jaloux dans plus d'un genre : mais ce n'est ni au général ni au plus aimable des Français que je m'adresse ici, je ne parle qu'à mon doyen. Comme il sait le grec aussi bien que moi, je lui citerai d'abord Hésiode, qui dans l'ἔργα καὶ ἡμέραι, connu de tous les courtisans, dit en termes formels :

Καὶ κεραμεὺς κεραμεῖ κοτέει, καὶ τέκτονι τέκτων,
Καὶ πτωχὸς πτωχῷ φθονέει, καὶ ἀοιδὸς ἀοιδῷ. V. 25, 26.

« Le potier est ennemi du potier, le maçon du maçon, le gueux
« porte envie au gueux, le chanteur au chanteur. »

Horace disait plus noblement :

. . . . *Diram qui contudit hydram*
Comperit invidiam supremo fine domari.

« Le vainqueur de l'hydre ne put vaincre l'envie qu'en mourant. »

Boileau dit à Racine.

Sitôt que d'Apollon un génie inspiré
Trouve loin du vulgaire un chemin ignoré,
En cent lieux contre lui les cabales s'amassent ;
Ses rivaux obscurcis autour de lui croassent ;
Et son trop de lumière, importunant les yeux,
De ses propres amis lui fait des envieux.
La mort seule ici-bas, en terminant sa vie,
Peut calmer sur son nom l'injustice et l'envie,
Faire au poids du bon sens peser tous ses écrits,
Et donner à ses vers leur légitime prix.

Tout cela est d'un ancien usage, et cette étiquette subsistera long-temps. Vous savez que je commentai Corneille, il y a quelques années, par une détestable envie ; et que ce commentaire, auquel vous contribuâtes par vos générosités à l'exemple du roi, était fait pour accabler ce qui restait de la famille et du nom de ce grand homme. Vous pouvez voir, dans ce commentaire, que l'abbé d'Aubignac, prédicateur ordinaire de la cour, qui croyait avoir fait une pratique du théâtre et une tragédie, appelait Corneille Mascarille, et le traitait comme le plus méprisable des hommes ; il se mettait contre lui à la tête de toute la canaille de la littérature.

Les ci-devant soi-disant jésuites accusèrent Racine de cabaler pour le jansénisme, et le firent mourir de chagrin. Aujourd'hui, si un homme réussit un peu pour quelque temps, ses rivaux ou ceux qui prétendent l'être disent d'abord que c'est une mode qui passera comme les pantins et les convulsions; ensuite ils prétendent qu'il n'est qu'un plagiaire; enfin ils soupçonnent qu'il est athée; ils en avertissent les porteurs de chaise de Versailles, afin qu'ils le disent à leurs pratiques, et que la chose revienne à quelque homme bien zélé, bien morne et bien méchant, qui en fera son profit.

Les calomnies pleuvent sur quiconque réussit. Les gens de lettres sont assez comme M. Chicaneau et madame la comtesse de Pimbêche :

> Qu'est-ce qu'on vous a fait ? — On m'a dit des injures.

Il y aura toujours dans la république des lettres un petit canton où cabalera le *Pauvre Diable* * avec ses semblables; mais aussi, monseigneur, il se trouvera toujours en France des ames nobles et éclairées, qui sauront rendre justice aux talens, qui pardonneront aux fautes inséparables de l'humanité, qui encourageront tous les beaux arts. Et à qui appartiendra-t-il plus d'en être le soutien qu'au neveu de leur principal fondateur? c'est un devoir attaché à votre nom.

C'est à vous de maintenir la pureté de notre langue, qui se corrompt tous les jours; c'est à vous de ramener la belle littérature et le bon goût, dont nous avons vu les restes fleurir encore. Il vous appartient de protéger la véritable philosophie, également éloignée de l'irréligion et du fanatisme. Quelles autres mains que les vôtres sont faites pour porter au trône les fleurs et les fruits du génie français, et pour en écarter la calomnie qui s'en approche toujours, quoique toujours chassée? A quel autre qu'à vous les académiciens pourraient-ils avoir recours dans leurs travaux et dans leurs afflictions ? et quelle gloire pour vous, dans un âge où l'ambition est assouvie, et où les vains plaisirs ont disparu comme un songe, d'être, dans

* *Voyez* la petite pièce intitulée *le Pauvre Diable*.

un loisir honorable, le père de vos confrères! L'ame du grand Armand s'applaudirait plus que jamais d'avoir fondé l'Académie française.

Après avoir fait *OEdipe* et *les Lois de Minos*, à près de soixante années l'un de l'autre; et après avoir été calomnié et persécuté pendant ces soixante années, sans en faire que rire, je sors presque octogénaire (c'est-à-dire beaucoup trop tard) d'une carrière épineuse dans laquelle un goût irrésistible m'engagea trop long-temps.

Je souhaite que la scène française, élevée dans le grand siècle de Louis XIV au dessus du théâtre d'Athènes et de toutes les nations, reprenne la vie après moi, qu'elle se purge de tous les défauts que j'y ai portés, et qu'elle acquière les beautés que je n'ai pas connues.

Je souhaite qu'au premier pas que fera dans cette carrière un homme de génie, tous ceux qui n'en ont point ne s'ameutent pas pour le faire tomber, pour l'écraser dans sa chute, et pour l'opprimer par les plus absurdes impostures;

Qu'il ne soit pas mordu par les folliculaires, comme toute chair bien saine l'est par les insectes, ces insectes et ces folliculaires ne mordant que pour vivre.

Je souhaite que la calomnie ne députe point quelques uns de ses serpens à la cour pour perdre ce génie naissant, en cas que la cour, par hasard, entende parler de ses talens.

Puissent les tragédies n'être désormais ni une longue conversation partagée en cinq actes par des violons, ni un amas de spectacles grotesques, appelé par les Anglais *show*, et par nous, la rareté, la curiosité!

Puisse-t-on n'y plus traiter l'amour comme un amour de comédie dans le goût de Térence, avec déclaration, jalousie, rupture et raccommodement!

Qu'on ne substitue point à ces langueurs amoureuses des aventures incroyables et des sentimens monstrueux, exprimés en vers plus monstrueux encore, et remplis de maximes dignes de Cartouche et de son style.

Que, dans le désespoir secret de ne pouvoir approcher de nos grands maîtres, on n'aille pas emprunter des haillons affreux, chez les étrangers, quand on a les plus riches étoffes dans son pays.

Que tous les vers soient harmonieux et bien faits; mérite absolument nécessaire, sans lequel la poésie n'est jamais qu'un monstre, mérite auquel presque aucun de nous n'a pu parvenir depuis *Athalie*.

Que cet art ne soit pas aussi méprisé qu'il est noble et difficile.

Que le faxhal * et les comédiens de bois ne fassent pas absolument déserter *Cinna* et *Iphigénie*.

Que personne n'ose plus se faire valoir par la témérité de condamner des spectacles approuvés, entretenus, payés par les rois très chrétiens, par les empereurs, par tous les princes de l'Europe entière. Cette témérité serait aussi absurde que l'était la bulle *in cœnâ Domini*, si sagement supprimée.

Enfin, j'ose espérer que la nation ne sera pas toujours en contradiction avec elle-même sur ce grand art comme sur tant d'autres choses.

Vous aurez toujours en France des esprits cultivés et des talens; mais tout étant devenu lieu commun, tout étant problématique à force d'être discuté, l'extrême abondance et la satiété ayant pris la place de l'indigence où nous étions avant le grand siècle, le dégoût du public succédant à cette ardeur qui nous animait du temps des grands hommes, la multitude des journaux, et des brochures, et des dictionnaires satiriques, occupant le loisir de ceux qui pourraient s'instruire dans quelques bons livres utiles, il est fort à craindre que le goût ne reste que chez un petit nombre d'esprits éclairés, et que les arts ne tombent chez la nation.

C'est ce qui arriva aux Grecs après Démosthène, Sophocle et Euripide; ce fut le sort des Romains après Cicéron, Virgile

---

* Le *Vaux-Hall*. C'était volontairement, et non par inadvertance, que Voltaire écrivait *faxhal*. (*Note de M. Renouard.*)

ÉPITRE DÉDICATOIRE.

et Horace; ce sera le nôtre. Déja pour un homme à talens qui s'élève, dont on est jaloux, et qu'on voudrait perdre, il sort de dessous terre mille demi-talens, qu'on accueille pendant deux jours, qu'on précipite ensuite dans un éternel oubli, et qui sont remplacés par d'autres éphémères.

On est accablé sous le nombre infini des livres faits avec d'autres livres; et dans ces nouveaux livres inutiles, il n'y a rien de nouveau que des tissus de calomnies infames, vomies par la bassesse contre le mérite.

La tragédie, la comédie, le poëme épique, la musique, sont des arts véritables : on nous prodigue des leçons, des discussions sur tous ces arts; mais que le grand artiste est rare!

L'écrivain le plus méprisable et le plus bas peut dire son avis sur trois siècles sans en connaître aucun, et calomnier lâchement, pour de l'argent, ses contemporains qu'il connaît encore moins. On le souffre, parce qu'on l'oublie : on laisse tranquillement ces colporteurs, devenus auteurs, juger les grands hommes sur les quais de Paris, comme on laisse les nouvellistes décider dans un café du destin des états; mais si dans cette fange un génie s'élève, il faut tout craindre pour lui.

Pardonnez-moi, monseigneur, ces réflexions : je les soumets à votre jugement et à celui de l'Académie, dont j'espère que vous serez long-temps l'ornement et le doyen.

Recevez avec votre bonté ordinaire ce témoignage du respectueux et tendre attachement d'un vieillard plus sensible à votre bienveillance qu'aux maladies dont ses derniers jours sont tourmentés.

PERSONNAGES.

TEUCER, roi de Crète.
MÉRIONE, } archontes.
DICTIME,
PHARÈS, grand-sacrificateur.
AZÉMON, } guerriers de Cydonie.
DATAME,
ASTÉRIE, captive.
UN HÉRAUT.
PLUSIEURS GUERRIERS CYDONIENS.
SUITE, ETC.

La scène est à Gortine, ville de Crète.

LES
LOIS DE MINOS,
TRAGÉDIE.

ACTE PREMIER.

Le théâtre représente les portiques d'un temple, des tours sur les côtés, des cyprès sur le devant.

SCÈNE I.

TEUCER, DICTIME.

TEUCER.

Quoi! toujours, cher ami, ces archontes, ces grands,
Feront parler les lois pour agir en tyrans!
Minos, qui fut cruel, a régné sans partage;
Mais il ne m'a laissé qu'un pompeux esclavage,
Un titre, un vain éclat, le nom de majesté,
L'appareil du pouvoir, et nulle autorité.
J'ai prodigué mon sang, je règne, et l'on me brave.
Ma pitié, ma bonté pour cette jeune esclave
Semble dicter l'arrêt qui condamne ses jours;
Si je l'avais proscrite, elle aurait leur secours.
Tel est l'esprit des grands depuis que la naissance
A cessé de donner la suprême puissance;

Jaloux d'un vain honneur, mais qu'on peut partager,
Ils n'ont choisi des rois que pour les outrager [1].

DICTIME.

Ce trône a ses périls; je les connais sans doute;
Je les ai vus de près; je sais ce qu'il en coûte.
J'aimais Idoménée; il mourut exilé
En pleurant sur un fils par lui-même immolé [2] :
Par le sang de ce fils il crut plaire à la Crète;
Mais comment subjuguer la fureur inquiète
De ce peuple inconstant, orageux, égaré,
Vive image des mers dont il est entouré?
Ses flots sont élevés, mais c'est contre le trône;
Une sombre tempête en tout temps l'environne.
Le sort vous a réduit à combattre à la fois
Les durs Cydoniens et vos jaloux Crétois,
Les uns dans les conseils, les autres par les armes;
Et chaque instant pour vous redouble nos alarmes :
Hélas! des meilleurs rois c'est souvent le destin;
Leurs pénibles travaux se succèdent sans fin :
Mais que votre pitié pour cette infortunée,
Par le cruel Pharès à mourir condamnée,
N'ait pas, à votre exemple, attendri tous les cœurs;
Que ce saint homicide ait des approbateurs;
Qu'on ait justifié cet usage exécrable;
C'est là ce qui m'étonne, et cette horreur m'accable.

TEUCER.

Que veux-tu! ces guerriers sous les armes blanchis,
Vieux superstitieux aux meurtres endurcis,
Destructeurs des remparts où l'on gardait Hélène,
Ont vu d'un œil tranquille égorger Polixène [3].

ACTE I, SCÈNE I.

Ils redoutaient Calchas; ils tremblent à mes yeux
Sous un Calchas nouveau, plus implacable qu'eux.
Tel est l'aveuglement dont la Grèce est frappée:
Elle est encor barbare [4]; et de son sang trempée,
A des dieux destructeurs elle offre ses enfans:
Ses fables sont nos lois, ses dieux sont nos tyrans.
Thèbes, Mycène, Argos, vivront dans la mémoire;
D'illustres attentats ont fait toute leur gloire.
La Grèce a des héros, mais injustes, cruels,
Insolens dans le crime, et tremblans aux autels.
Ce mélange odieux m'inspire trop de haine.
Je chéris la valeur, mais je la veux humaine.
Ce sceptre est un fardeau trop pesant pour mon bras,
S'il le faut soutenir par des assassinats:
Je suis né trop sensible; et mon ame attendrie
Se soulève aux dangers de la jeune Astérie;
J'admire son courage, et je plains sa beauté.
Ami, je crains les dieux; mais dans ma piété
Je croirais outrager leur suprême justice,
Si je pouvais offrir un pareil sacrifice.

DICTIME.

On dit que de Cydon les belliqueux enfans
Du fond de leurs forêts viendront dans peu de temps
Racheter leurs captifs, et surtout cette fille
Que le sort des combats arrache à sa famille.
On peut traiter encore; et peut-être qu'un jour
De la paix parmi nous le fortuné retour
Adoucirait nos mœurs, à mes yeux plus atroces
Que ces fiers ennemis qu'on nous peint si féroces.
Nos Grecs sont bien trompés : je les crois glorieux

De cultiver les arts, et d'inventer des dieux;
Cruellement séduits par leur propre imposture,
Ils ont trouvé des arts, et perdu la nature.
Ces durs Cydoniens 5 dans leurs antres profonds
Sans autels et sans trône, errans et vagabonds,
Mais libres, mais vaillans, francs, généreux, fidèles,
Peut-être ont mérité d'être un jour nos modèles;
La nature est leur règle, et nous la corrompons.

TEUCER.

Quand leur chef paraîtra nous les écouterons;
Les archontes et moi, selon nos lois antiques,
Donnerons audience à ces hommes rustiques:
Reçois-les, et surtout qu'ils puissent ignorer
Les sacrés attentats qu'on ose préparer.
Je ne te cèle point combien mon ame émue
De ces Cydoniens abhorre l'entrevue.
Je hais, je dois haïr ces sauvages guerriers,
De ma famille entière insolens meurtriers;
J'ai peine à contenir cette horreur qu'ils m'inspirent:
Mais ils offrent la paix où tous mes vœux aspirent;
J'étoufferai la voix de mes ressentimens,
Je vaincrai mes chagrins, qui résistaient au temps:
Il en coûte à mon cœur, tu connais sa blessure;
Ils vont renouveler ma perte et mon injure.
Mais faut-il en punir un objet innocent?
Livrerai-je Astérie à la mort qui l'attend?
On vient. Puissent les dieux, que ma justice implore,
Ces dieux trop mal servis, ces dieux qu'on déshonore,
Inspirer la clémence, accorder à mes vœux
Une loi moins cruelle et moins indigne d'eux!

SCÈNE II.

TEUCER, DICTIME; *le pontife* PHARÈS *avance avec* LE SACRIFICATEUR *à sa droite :* le ROI *est à sa gauche, accompagné des* ARCHONTES *de la Crète.*

PHARÈS, *au roi et aux archontes.*
Prenez place, seigneurs, au temple de Gortine [6];
Adorez et vengez la puissance divine.
(Ils montent sur une estrade et s'asseyent dans le même ordre.
Pharès continue.)
Prêtres de Jupiter, organes de ses lois,
Confidens de nos dieux, et vous, roi des Crétois,
Vous, archontes vaillans qui marchez à la guerre
Sous les drapeaux sacrés du maître du tonnerre,
Voici le jour de sang, ce jour si solennel,
Où je dois présenter aux marches de l'autel
L'holocauste attendu que notre loi commande.
De sept ans en sept ans [7] nous devons en offrande
Une jeune captive aux mânes des héros;
Ainsi dans ses décrets nous l'ordonna Minos,
Quand lui-même il vengeait sur les enfans d'Égée
La majesté des dieux, et la mort d'Androgée.
Nos suffrages, Teucer, vous ont donné son rang:
Vous ne le tenez point des droits de votre sang;
Nous vous avons choisi quand par Idoménée
L'île de Jupiter se vit abandonnée.
Soyez digne du trône où vous êtes monté;
Soutenez de nos lois l'inflexible équité.

Jupiter veut le sang de la jeune captive
Qu'en nos derniers combats on prit sur cette rive.
On la croit de Cydon. Ces peuples odieux,
Ennemis de nos lois, et proscrits par nos dieux,
Des repaires sanglans de leurs antres sauvages
Ont cent fois de la Crète infesté les rivages;
Toujours en vain punis, ils ont toujours brisé
Le joug de l'esclavage à leur tête imposé.
(à Teucer.)
Remplissez à la fin votre juste vengeance.
Une épouse, une fille à peine en son enfance,
Aux champs de Bérécinthe, en vos premiers combats,
sous leurs toits embrasés mourantes dans vos bras,
Demandent à grands cris qu'on apaise leurs mânes.
   Exterminez, grands dieux, tous ces peuples profanes.
Le vil sang d'une esclave, à nos autels versé,
Est d'un bien faible prix pour le ciel offensé.
C'est du moins un tribut que l'on doit à mon temple;
Et la terre coupable a besoin d'un exemple.

TEUCER.

Vrais soutiens de l'état, guerriers victorieux,
Favoris de la gloire, et vous, prêtres des dieux,
Dans cette longue guerre où la Crète est plongée,
J'ai perdu ma famille, et ce fer l'a vengée;
Je pleure encor sa perte : un coup aussi cruel
Saignera pour jamais dans ce cœur paternel.
J'ai dans le champ d'honneur immolé mes victimes;
Le meurtre et le carnage alors sont légitimes;
Nul ne m'enseignera ce que mon bras vengeur
Devait à ma famille, à l'état, à mon cœur :
Mais l'autel ruisselant du sang d'une étrangère

ACTE I, SCÈNE II.

Peut-il servir la Crète et consoler un père?
    Plût aux dieux que Minos, ce grand législateur,
De notre république auguste fondateur,
N'eût jamais commandé de pareils sacrifices!
L'homicide en effet rend-il les dieux propices?
Avons-nous plus d'états, de trésors et d'amis,
Depuis qu'Idoménée eut égorgé son fils?
Guerriers, c'est par vos mains qu'aux feux vengeurs en
J'ai vu tomber les murs de la superbe Troie.   [proie,
Nous répandons le sang des malheureux mortels;
Mais c'est dans les combats, et non point aux autels.
Songez que de Calchas et de la Grèce unie
Le ciel n'accepta point le sang d'Iphigénie [8].
Ah! si pour nous venger le glaive est dans nos mains,
Cruels aux champs de Mars, ailleurs soyons humains;
Ne peut-on voir la Crète heureuse et florissante
Que par l'assassinat d'une fille innocente?
Les enfans de Cydon seront-ils plus soumis?
Sans en être plus craints nous serons plus haïs.
Au souverain des dieux rendons un autre hommage;
Méritons ses bontés, mais par notre courage:
Vengeons-nous, combattons, qu'il seconde nos coups;
Et vous, prêtres des dieux, faites des vœux pour nous.

PHARÈS.

Nous les formons ces vœux; mais ils sont inutiles
Pour les esprits altiers et les cœurs indociles.
La loi parle, il suffit : vous n'êtes en effet
Que son premier organe et son premier sujet;
C'est Jupiter qui règne : il veut qu'on obéisse;
Et ce n'est pas à vous de juger sa justice.

S'il daigna devant Troie accorder un pardon
Au sang que dans l'Aulide offrait Agamemnon,
Quand il veut il fait grace : écoutez en silence
La voix de sa justice ou bien de sa clémence;
Il commande à la terre, à la nature, au sort;
Il tient entre ses mains la naissance et la mort.
Quel nouvel intérêt vous agite et vous presse?
Nul de nous ne montra ces marques de faiblesse
Pour le dernier objet qui fut sacrifié;
Nous ne connaissons point cette fausse pitié.
Vous voulez que Cydon cède au joug de la Crète;
Portez celui des dieux dont je suis l'interprète:
Mais voici la victime.

(On amène Astérie couronnée de fleurs et enchaînée.)

SCÈNE III.

LES PRÉCÉDENS; ASTÉRIE.

DICTIME.

A son aspect, seigneur,
La pitié qui vous touche a pénétré mon cœur.
Que dans la Grèce encore il est de barbarie!
Que ma triste raison gémit sur ma patrie!

PHARÈS.

Captive des Crétois, remise entre mes mains,
Avant d'entendre ici l'arrêt de tes destins,
C'est à toi de parler, et de faire connaître
Quel est ton nom, ton rang, quels mortels t'ont fait

ASTÉRIE.   [naître.

Je veux bien te répondre. Astérie est mon nom;

ACTE I, SCÈNE III.

Ma mère est au tombeau; le vieillard Azémon,
Mon digne et tendre père, a dès mon premier âge
Dans mon cœur qu'il forma fait passer son courage.
De rang, je n'en ai point; la fière égalité
Est notre heureux partage et fait ma dignité.

PHARÈS.

Sais-tu que Jupiter ordonne de ta vie?

ASTÉRIE.

Le Jupiter de Crète aux yeux de ma patrie
Est un fantôme vain que ton impiété
Fait servir de prétexte à ta férocité.

PHARÈS.

Apprends que ton trépas, qu'on doit à tes blasphèmes,
Est déja préparé par mes ordres suprêmes.

ASTÉRIE.

Je le sais, de ma mort indigne et lâche auteur;
Je le sais, inhumain; mais j'espère un vengeur.
Tous mes concitoyens sont justes et terribles;
Tu les connais, tu sais s'ils furent invincibles.
Les foudres de ton dieu, par un aigle portés,
Ne te sauveront pas de leurs traits mérités:
Lui-même, s'il existe, et s'il régit la terre,
S'il naquit parmi vous, s'il lance le tonnerre [9],
Il saura bien sur toi, monstre de cruauté,
Venger son divin nom si long-temps insulté.
Puisse tout l'appareil de ton infame fête,
Tes couteaux, ton bûcher, retomber sur ta tête!
Puisse le temple horrible où mon sang va couler,
Sur ma cendre, sur toi, sur les tiens s'écrouler!
Périsse ta mémoire! et s'il faut qu'elle dure,

Qu'elle soit en horreur à toute la nature !
Qu'on abhorre ton nom ! qu'on déteste tes dieux !
Voilà mes vœux, mon culte, et mes derniers adieux.

 Et toi que l'on dit roi, toi qui passes pour juste,
Toi dont un peuple entier chérit l'empire auguste,
Et qui du tribunal où les lois t'ont porté,
Sembles tourner sur moi des yeux d'humanité,
Plains-tu mon infortune en voulant mon supplice ?
Non, de mes assassins tu n'es pas le complice.

MÉRIONE, *archonte, à Teucer.*

On ne peut faire grace, et votre autorité
Contre un usage antique, et partout respecté,
Opposerait, seigneur, une force impuissante.

TEUCER.

Que je livre au trépas sa jeunesse innocente...

MÉRIONE.

Il faut du sang au peuple, et vous le connaissez ;
Ménagez ses abus, fussent-ils insensés.
La loi qui vous révolte est injuste peut-être ;
Mais en Crète elle est sainte, et vous n'êtes pas maître
De secouer un joug dont l'état est chargé.
Tout pouvoir a sa borne, et cède au préjugé.

TEUCER.

Quand il est trop barbare, il faut qu'on l'abolisse.

MÉRIONE.

Respectons plus Minos.

TEUCER.

     Aimons plus la justice[a].
Et pourquoi dans Minos voulez-vous révérer
Ce que dans Busiris on vous vit abhorrer ?

ACTE I, SCÈNE IV.

Oui, j'estime en Minos le guerrier politique ;
Mais je déteste en lui le maître tyrannique.
Il obtint dans la Crète un absolu pouvoir :
Je suis moins roi que lui, mais je crois mieux valoir ;
En un mot à mes yeux votre offrande est un crime.
(à Dictime.)
Viens, suis-moi.

PHARÈS *se lève, les sacrificateurs aussi, et descendent de l'estrade.*

Qu'aux autels on traîne la victime.

TEUCER.

Vous osez...

SCÈNE IV.

LES PRÉCÉDENS ; UN HÉRAUT *arrive, le caducée à la main.*

(Le roi, les archontes, les sacrificateurs, sont debout.)

LE HÉRAUT.

De Cydon les nombreux députés
Ont marché vers nos murs, et s'y sont présentés.
De l'olivier sacré les branches pacifiques,
Symbole de concorde, ornent leurs mains rustiques :
Ils disent que leur chef est parti de Cydon,
Et qu'il vient des captifs apporter la rançon.

PHARÈS.

Il n'est point de rançon, quand le ciel fait connaître
Qu'il demande à nos mains un sang dont il est maître.

TEUCER.

La loi veut qu'on diffère ; elle ne souffre pas

Que l'étendard de paix et celui du trépas
Étalent à nos yeux un coupable assemblage.
Aux droits des nations nous ferions trop d'outrage.
Nous devons distinguer (si nous avons des mœurs)
Le temps de la clémence et le temps des rigueurs :
C'est par là que le ciel, si l'on en croit nos sages,
Des malheureux humains attira les hommages;
Ce ciel peut-être enfin lui veut sauver le jour.
Allez, qu'on la ramène en cette même tour
Que je tiens sous ma garde, et dont on l'a tirée
Pour être en holocauste à vos glaives livrée.
Sénat, vous apprendrez un jour à pardonner.

ASTÉRIE.

Je te rends grace, ô roi! si tu veux m'épargner;
Mon supplice est injuste autant qu'épouvantable :
Et, quoique j'y portasse un front inaltérable,
Quoique aux lieux où le ciel a daigné me nourrir,
Nos premières leçons soient d'apprendre à mourir,
Le jour m'est cher... hélas! mais s'il faut que je meure,
C'est une cruauté que d'en différer l'heure.

(On l'emmène.)

TEUCER.

Le conseil est rompu. Vous, braves combattans,
Croyez que de Cydon les farouches enfans
Pourront malaisément désarmer ma colère.
Si je vois en pitié cette jeune étrangère,
Le glaive que je porte est toujours suspendu
Sur ce peuple ennemi par qui j'ai tout perdu.
Je sais qu'on doit punir, comme on doit faire grace,
Protéger la faiblesse, et réprimer l'audace;

Tels sont mes sentimens. Vous pouvez décider
Si j'ai droit à l'honneur d'oser vous commander,
Et si j'ai mérité ce trône qu'on m'envie.
Allez; blâmez le roi, mais aimez la patrie;
Servez-la; mais surtout, si vous craignez les dieux,
Apprenez d'un monarque à les connaître mieux.

FIN DU PREMIER ACTE.

ACTE SECOND.

SCÈNE I.

DICTIME, gardes; DATAME, les cydoniens,
dans le fond.

DICTIME.

Où sont ces députés envoyés à mon maître ?
Qu'on les fasse approcher... Mais je les vois paraître.
Quel est celui de vous dont Datame est le nom ?

DATAME.

C'est moi.

DICTIME.

Quel est celui qui porte une rançon,
Et qui croit, par des dons aux Crétois inutiles,
Racheter des captifs enfermés dans nos villes ?

DATAME.

Nous ne rougissons pas de proposer la paix.
Je l'aime; je la veux, sans l'acheter jamais.
Le vieillard Azémon, que mon pays révère,
Qui m'instruisit à vaincre, et qui me sert de père,
S'est chargé, m'a-t-il dit, de mettre un digne prix
A nos concitoyens par les vôtres surpris.
Nous venons les tirer d'un infame esclavage,
Nous venons pour traiter.

ACTE II, SCÈNE I.

DICTIME.
Est-il ici?

DATAME.
Son âge
A retardé sa course, et je puis en son nom
De la belle Astérie annoncer la rançon.
Du sommet des rochers qui divisent les nues
J'ai volé, j'ai franchi des routes inconnues,
Tandis que ce vieillard, qui nous suivra de près,
A percé les détours de nos vastes forêts;
Par le fardeau des ans sa marche est ralentie.

DICTIME.
Il apporte, dis-tu, la rançon d'Astérie?

DATAME.
Oui. J'ignore à ton roi ce qu'il peut présenter;
Cydon ne produit rien qui puisse vous flatter.
Vous allez ravir l'or au sein de la Colchide;
Le ciel nous a privés de ce métal perfide;
Dans notre pauvreté que pouvons-nous offrir?

DICTIME.
Votre cœur et vos bras, dignes de nous servir.

DATAME.
Il ne tiendrait qu'à vous; long-temps nos adversaires,
Si vous l'aviez voulu, nous aurions été frères.
Ne prétendez jamais parler en souverains;
Remettez dès ce jour Astérie en nos mains.

DICTIME.
Sais-tu quel est son sort?

DATAME.
Elle me fut ravie.

A peine ai-je touché cette terre ennemie :
J'arrive : je demande Astérie à ton roi,
A tes dieux, à ton peuple, à tout ce que je vois ;
Je viens ou la reprendre ou périr avec elle.
Une Hélène coupable, une illustre infidèle,
Arma dix ans vos Grecs indignement séduits ;
Une cause plus juste ici nous a conduits ;
Nous vous redemandons la vertu la plus pure :
Rendez-moi mon seul bien ; réparez mon injure.
Tremblez de m'outrager ; nous avons tous promis
D'être jusqu'au tombeau vos plus grands ennemis ;
Nous mourrons dans les murs de vos cités en flammes,
Sur les corps expirans de vos fils, de vos femmes...
(à Dictime.)
Guerrier, qui que tu sois, c'est à toi de savoir
Ce que peut le courage armé du désespoir.
Tu nous connais : préviens le malheur de la Crète.

DICTIME.

Nous savons réprimer cette audace indiscrète.
J'ai pitié de l'erreur qui paraît t'emporter.
Tu demandes la paix, et viens nous insulter !
Calme tes vains transports ; apprends, jeune barbare,
Que pour toi, pour les tiens, mon prince se déclare ;
Qu'il épargne souvent le sang qu'on veut verser ;
Qu'il punit à regret, qu'il sait récompenser :
Qu'intrépide aux combats, clément dans la victoire,
Il préfère surtout la justice à la gloire ;
Mérite de lui plaire.

DATAME.

Et quel est donc ce roi ?

ACTE II, SCÈNE I.

S'il est grand, s'il est bon, que ne vient-il à moi?
Que ne me parle-t-il... La vertu persuade.
Je veux l'entretenir.

DICTIME.

Le chef de l'ambassade
Doit paraître au sénat avec tes compagnons.
Il faut se conformer aux lois des nations.

DATAME.

Est-ce ici son palais?

DICTIME.

Non; ce vaste édifice
Est le temple où des dieux j'ai prié la justice
De détourner de nous les fléaux destructeurs,
D'éclairer les humains, de les rendre meilleurs.
Minos bâtit ces murs fameux dans tous les âges,
Et cent villes de Crète y portent leurs hommages.

DATAME.

Qui? Minos? ce grand fourbe et ce roi si cruel;
Lui, dont nous détestons et le trône et l'autel;
Qui les teignit de sang; lui, dont la race impure
Par des amours affreux étonna la nature[10];
Lui, qui du poids des fers nous voulut écraser,
Et qui donna des lois pour nous tyranniser;
Lui, qui du plus pur sang que votre Grèce honore
Nourrit sept ans ce monstre appelé Minotaure;
Lui qu'enfin vous peignez, dans vos mensonges vains,
Au bord de l'Achéron jugeant tous les humains,
Et qui ne mérita, par ses fureurs impies,
Que d'éternels tourmens sous les mains des furies?
Parle : est-ce là ton sage? est-ce là ton héros?

Crois-tu nous effrayer à ce nom de Minos?
Oh! que la renommée est injuste et trompeuse!
Sa mémoire à la Grèce est encor précieuse;
Ses lois et ses travaux sont par nous abhorrés.
On méprise en Cydon ce que vous adorez;
On y voit en pitié les fables ridicules
Que l'imposture étale à vos peuples crédules.

DICTIME.

Tout peuple a ses abus, et les nôtres sont grands;
Mais nous avons un prince ennemi des tyrans,
Ami de l'équité, dont les lois salutaires
Aboliront bientôt tant de lois sanguinaires.
Prends confiance en lui, sois sûr de ses bienfaits:
Je jure par les dieux...

DATAME.

     Ne jure point; promets...
Promets-nous que ton roi sera juste et sincère;
Qu'il rendra dès ce jour Astérie à son père...
De ses autres bienfaits nous pouvons le quitter.
Nous n'avons rien à craindre et rien à souhaiter;
La nature pour nous fut assez bienfesante:
Aux creux de nos vallons sa main toute puissante
A prodigué ses biens pour prix de nos travaux;
Nous possédons les airs, et la terre, et les eaux;
Que nous faut-il de plus? Brillez dans vos cent villes
De l'éclat fastueux de vos arts inutiles;
La culture des champs, la guerre, sont nos arts;
L'enceinte des rochers a formé nos remparts:
Nous n'avons jamais eu, nous n'aurons point de maître.
Nous voulons des amis; méritez-vous de l'être?

DICTIME.

Oui, Teucer en est digne; oui, peut-être aujourd'hui,
En le connaissant mieux, vous combattrez pour lui.

DATAME.

Nous!

DICTIME.

Vous-même. Il est temps que nos haines finissent,
Que, pour leur intérêt, nos deux peuples s'unissent.
Je ne te réponds pas que ta dure fierté
Ne puisse de mon roi blesser la dignité;

(à sa suite.)

Mais il l'estimera. Vous, allez; qu'on prépare
Ce que les champs de Crète ont produit de plus rare;
Qu'on traite avec respect ces guerriers généreux.

(Ils sortent.)

Puissent tous les Crétois penser un jour comme eux!
Que leur franchise est noble, ainsi que leur courage!
Le lion n'est point né pour souffrir l'esclavage :
Qu'ils soient nos alliés, et non pas nos sujets.
Leur mâle liberté peut servir nos projets.
J'aime mieux leur audace et leur candeur hautaine
Que les lois de la Crète et tous les arts d'Athène.

SCÈNE II.

TEUCER, DICTIME; GARDES.

TEUCER.

Il faut prendre un parti : ma triste nation
N'écoute que la voix de la sédition;
Ce sénat orgueilleux contre moi se déclare[b];

On affecte ce zèle implacable et barbare
Que toujours les méchans feignent de posséder,
A qui souvent les rois sont contraints de céder :
J'entends de mes rivaux la funeste industrie
Crier de tous côtés : Religion, patrie !
Tout prêts à m'accuser d'avoir trahi l'état
Si je m'oppose encore à cet assassinat.
Le nuage grossit, et je vois la tempête
Qui, sans doute, à la fin tombera sur ma tête.

DICTIME.

J'oserais proposer, dans ces extrémités,
De vous faire un appui des mêmes révoltés,
Des mêmes habitans de l'âpre Cydonie,
Dont nous pourrions guider l'impétueux génie :
Fiers ennemis d'un joug qu'ils ne peuvent subir,
Mais, amis généreux, ils pourraient nous servir.
Il en est un surtout dont l'ame noble et fière
Connaît l'humanité dans son audace altière :
Il a pris sur les siens, égaux par la valeur,
Ce secret ascendant que se donne un grand cœur ;
Et peu de nos Crétois ont connu l'avantage
D'atteindre à sa vertu, quoique dure et sauvage.
Si de pareils soldats pouvaient marcher sous vous,
On verrait tous ces grands si puissans, si jaloux
De votre autorité qu'ils osent méconnaître,
Porter le joug paisible, et chérir un bon maître.
Nous voulions asservir des peuples généreux :
Fesons mieux, gagnons-les ; c'est là régner sur eux.

TEUCER.

Je le sais. Ce projet peut sans doute être utile ;

Mais il ouvre la porte à la guerre civile :
A ce remède affreux faut-il m'abandonner?
Faut-il perdre l'état pour le mieux gouverner?
Je veux sauver les jours d'une jeune barbare;
Du sang des citoyens serai-je moins avare?
Il le faut avouer, je suis bien malheureux!
N'ai-je donc des sujets que pour m'armer contre eux?
Pilote environné d'un éternel orage,
Ne pourrai-je obtenir qu'un illustre naufrage?
Ah! je ne suis pas roi si je ne fais le bien.

DICTIME.

Quoi donc! contre les lois la vertu ne peut rien!
Le préjugé fait tout! Pharès impitoyable
Maintiendra malgré vous cette loi détestable!
Il domine au sénat! on ne veut désormais
Ni d'offres de rançon, ni d'accord, ni de paix!

TEUCER.

Quel que soit son pouvoir, et l'orgueil qui l'anime,
Va, le cruel du moins n'aura point sa victime;
Va, dans ces mêmes lieux profaués si long-temps,
J'arracherai leur proie à ces monstres sanglans.

DICTIME.

Puissiez-vous accomplir cette sainte entreprise!

TEUCER.

Il faut bien qu'à la fin le ciel la favorise.
Et lorsque les Crétois, un jour plus éclairés,
Auront enfin détruit ces attentats sacrés
(Car il faut les détruire, et j'en aurai la gloire),
Mon nom, respecté d'eux, vivra dans la mémoire.

DICTIME.

La gloire vient trop tard, et c'est un triste sort.
Qui n'est de ses bienfaits payé qu'après la mort,
Obtînt-il des autels, est encor trop à plaindre.

TEUCER.

Je connais, cher ami, tout ce que je dois craindre;
Mais il faut bien me rendre à l'ascendant vainqueur
Qui parle en sa défense, et domine en mon cœur.
Gardes, qu'en ma présence à l'instant on conduise
Cette Cydonienne entre nos mains remise.

(Les gardes sortent.)

Je prétends lui parler avant que, dans ce jour,
On ose l'arracher du fond de cette tour,
Et la rendre au cruel armé pour son supplice,
Qui presse au nom des dieux ce sanglant sacrifice.
Demeure. La voici : sa jeunesse, ses traits,
Toucheraient tous les cœurs, hors celui de Pharès.

SCÈNE III.

TEUCER, DICTIME, ASTÉRIE; GARDES.

ASTÉRIE.

Que prétend-on de moi? quelle rigueur nouvelle,
Après votre promesse, à la mort me rappelle?
Allume-t-on les feux qui m'étaient destinés?
O roi! vous m'avez plainte, et vous m'abandonnez!

TEUCER.

Non; je veille sur vous, et le ciel me seconde.

ASTÉRIE.

Pourquoi me tirez-vous de ma prison profonde?

TEUCER.

Pour vous rendre au climat qui vous donna le jour ;
Vous reverrez en paix votre premier séjour :
Malheureuse étrangère, et respectable fille,
Que la guerre arracha du sein de sa famille,
Souvenez-vous de moi loin de ces lieux cruels.
Soyez prête à partir... Oubliez nos autels...
Une escorte fidèle aura soin de vous suivre.
Vivez... Qui mieux que vous a mérité de vivre !

ASTÉRIE.

Ah, seigneur ! ah, mon roi ! je tombe à vos genoux ;
Tout mon cœur qui m'échappe a volé devant vous ;
Image des vrais dieux, qu'ici l'on déshonore,
Recevez mon encens : en vous je les adore.
Vous seul, vous m'arrachez aux monstres infernaux
Qui, me parlant en dieux, n'étaient que mes bourreaux.
Malgré ma juste horreur de servir sous un maître,
Esclave auprès de vous, je me plairais à l'être.

TEUCER.

Plus je l'entends parler, plus je suis attendri...
Est-il vrai qu'Azémon, ce père si chéri,
Qui, près de son tombeau, vous regrette et vous pleure,
Pour venir vous reprendre a quitté sa demeure ?

ASTÉRIE.

On le dit. J'ignorais, au fond de ma prison,
Ce qui s'est pu passer dans ma triste maison.

TEUCER.

Savez-vous que Datame, envoyé par un père,
Venait nous proposer un traité salutaire,
Et que des jours de paix pouvaient être accordés ?

ASTÉRIE.

Datame! lui, seigneur! que vous me confondez!
Il serait dans les mains du sénat de la Crète?
Parmi mes assassins?

TEUCER.

Dans votre ame inquiète
J'ai porté, je le vois, de trop sensibles coups;
Ne craignez rien pour lui. Serait-il votre époux?
Vous serait-il promis? est-ce un parent, un frère?
Parlez; son amitié m'en deviendra plus chère.
Plus on vous opprima, plus je veux vous servir.

ASTÉRIE.

De quelle ombre de joie, hélas! puis-je jouir?
Qui vous porte à me tendre une main protectrice?
Quels dieux en ma faveur ont parlé?

TEUCER.

La justice.

ASTÉRIE.

Les flambeaux de l'hymen n'ont point brillé pour moi,
Seigneur; Datame m'aime, et Datame a ma foi;
Nos sermens sont communs *d*, et ce nœud vénérable
Est plus sacré pour nous, et plus inviolable
Que tout cet appareil formé dans vos états
Pour asservir des cœurs qui ne se donnent pas.
Le mien n'est plus à moi. Le généreux Datame
Allait me rendre heureuse en m'obtenant pour femme,
Quand vos lâches soldats, qui dans les champs de Mars
N'oseraient sur Datame arrêter leurs regards,
Ont ravi loin de lui des enfans sans défense,
Et devant vos autels ont traîné l'innocence :

Ce sont là les lauriers dont ils se sont couverts.
Un prêtre veut mon sang, et j'étais dans ses fers.

TEUCER.

Ses fers... ils sont brisés, n'en soyez point en doute;
C'est pour lui qu'ils sont faits; et, si le ciel m'écoute,
Il peut tomber un jour au pied de cet autel
Où sa main veut sur vous porter le coup mortel.
Je vous rendrai l'époux dont vous êtes privée,
Et pour qui du trépas les dieux vous ont sauvée;
Il vous suivra bientôt : rentrez; que cette tour,
De la captivité jusqu'ici le séjour,
Soit un rempart du moins contre la barbarie.
On vient. Ce sera peu d'assurer votre vie;
J'abolirai nos lois, ou j'y perdrai le jour.

ASTÉRIE.

Ah! que vous méritez, seigneur, une autre cour,
Des sujets plus humains, un culte moins barbare!

TEUCER.

Allez : avec regret de vous je me sépare;
Mais de tant d'attentats, de tant de cruauté,
Je dois venger mes dieux, vous et l'humanité.

ASTÉRIE.

Je vous crois, et de vous je ne puis moins attendre.

SCÈNE IV.

TEUCER, DICTIME, MÉRIONE.

MÉRIONE.

Seigneur, sans passion pourrez-vous bien m'entendre?

TEUCER.

Parlez.

MÉRIONE.

Les factions ne me gouvernent pas,
Et vous savez assez que, dans nos grands débats,
Je ne me suis montré le fauteur ni l'esclave
Des sanglans préjugés d'un peuple qui vous brave.
Je voudrais, comme vous, exterminer l'erreur
Qui séduit sa faiblesse et nourrit sa fureur.
Vous pensez arrêter d'une main courageuse
Un torrent débordé dans sa course orageuse;
Il vous entraînera, je vous en averti.
Pharès a pour sa cause un violent parti,
Et d'autant plus puissant contre le diadème,
Qu'il croit servir le ciel et vous venger vous-même.
« Quoi! dit-il, dans nos champs la fille de Teucer,
« A son père arrachée, expira sous le fer;
« Et, du sang le plus vil indignement avare,
« Teucer dénaturé respecte une barbare...
« Lui seul est inhumain, seul à la cruauté
« Dans son cœur insensible il joint l'impiété;
« Il veut parler en roi, quand Jupiter ordonne;
« L'encensoir du pontife offense sa couronne:
« Il outrage à la fois la nature et le ciel,

« Et contre tout l'empire il se rend criminel... »
Il dit; et vous jugez si ces accens terribles
Retentiront long-temps sur ces ames flexibles
Dont il peut exciter ou calmer les transports,
Et dont son bras puissant gouverne les ressorts.

TEUCER.

Je vois qu'il vous gouverne et qu'il sut vous séduire.
M'apportez-vous son ordre, et pensez-vous m'instruire?

MÉRIONE.

Je vous donne un conseil.

TEUCER.

Je n'en ai pas besoin.

MÉRIONE.

Il vous serait utile.

TEUCER.

Épargnez-vous ce soin;
Je sais prendre, sans vous, conseil de ma justice.

MÉRIONE.

Elle peut sous vos pas creuser un précipice:
Tout noble, dans notre île, a le droit respecté [11]
De s'opposer d'un mot à toute nouveauté.

TEUCER.

Quel droit!

MÉRIONE.

Notre pouvoir balance ainsi le vôtre;
Chacun de nos égaux est un frein l'un à l'autre.

TEUCER.

Oui, je le sais; tout noble est tyran tour à tour.

MÉRIONE.

De notre liberté condamnez-vous l'amour?

TEUCER.

Elle a toujours produit le public esclavage.

MÉRIONE.

Nul de nous ne peut rien s'il lui manque un suffrage.

TEUCER.

La discorde éternelle est la loi des Crétois.

MÉRIONE.

Seigneur, vous l'approuviez quand de vous on fit choix.

TEUCER.

Je la blâmais dès lors; enfin je la déteste :
Soyez sûr qu'à l'état elle sera funeste.

MÉRIONE.

Au moins, jusqu'à ce jour, elle en fut le soutien;
Mais vous parlez en prince.

TEUCER.

     En homme, en citoyen;
Et j'agis en guerrier, quand mon honneur l'exige :
A ce dernier parti gardez qu'on ne m'oblige.

MÉRIONE.

Vous pourriez hasarder, dans ces dissensions,
De véritables droits pour des prétentions...
Consultez mieux l'esprit de notre république.

TEUCER.

Elle a trop consulté la licence anarchique.

MÉRIONE.

Seigneur, entre elle et vous marchant d'un pas égal,
Autrefois votre ami, jamais votre rival,
Je vous parle en son nom.

TEUCER.

     Je réponds, Mérione,

ACTE II, SCÈNE IV.

Au nom de la nature, et pour l'honneur du trône.

MÉRIONE.

Nos lois...

TEUCER.

      Laissez vos lois, elles me font horreur;
Vous devriez rougir d'être leur protecteur.

MÉRIONE.

Proposez une loi plus humaine et plus sainte;
Mais ne l'imposez pas : seigneur, point de contrainte;
Vous révoltez les cœurs, il faut persuader.
La prudence et le temps pourront tout accorder.

TEUCER.

Que le prudent me quitte, et le brave me suive.
Il est temps que je règne, et non pas que je vive.

MÉRIONE.

Régnez; mais redoutez les peuples et les grands.

TEUCER.

Ils me redouteront. Sachez que je prétends
Être impunément juste et vous apprendre à l'être.
Si vous ne m'imitez, respectez votre maître...
Et nous, allons, Dictime, assembler nos amis,
S'il en reste à des rois insultés et trahis.

FIN DU SECOND ACTE.

ACTE TROISIÈME.

SCÈNE I.

DATAME; CYDONIENS.

DATAME.

Pensent-ils m'éblouir par la pompe royale,
Par ce faste imposant que la richesse étale?
Croit-on nous amollir? ces palais orgueilleux
Ont de leur appareil effarouché mes yeux;
Ce fameux labyrinthe, où la Grèce raconte
Que Minos autrefois ensevelit sa honte,
N'est qu'un repaire obscur, un spectacle d'horreur;
Ce temple, où Jupiter avec tant de splendeur
Est descendu, dit-on, du haut de l'empyrée,
N'est qu'un lieu de carnage à sa première entrée [12];
Et les fronts de beliers égorgés et sanglans
Sont de ces murs sacrés les honteux ornemens:
Ces nuages d'encens qu'on prodigue à toute heure
N'ont point purifié son infecte demeure.
Que tous ces monumens si vantés, si chéris,
Quand on les voit de près, inspirent de mépris!

UN CYDONIEN.

Cher Datame, est-il vrai qu'en ces pourpris funestes
On n'offre que du sang aux puissances célestes?
Est-il vrai que ces Grecs, en tous lieux renommés,

ACTE III, SCÈNE I.

Ont immolé des Grecs aux dieux qu'ils ont formés ?
La nature à ce point serait-elle égarée ?

DATAME.

A des flots d'imposteurs on dit qu'elle est livrée,
Qu'elle n'est plus la même, et qu'elle a corrompu
Ce doux présent des dieux, l'instinct de la vertu :
C'est en nous qu'il réside ; il soutient nos courages :
Nous n'avons point de temple en nos déserts sauvages ;
Mais nous servons le ciel, et ne l'outrageons pas
Par des vœux criminels et des assassinats.
Puissions-nous fuir bientôt cette terre cruelle,
Délivrer Astérie, et partir avec elle !

LE CYDONIEN.

Rendons tous les captifs entre nos mains tombés,
Par notre pitié seule au glaive dérobés,
Esclave pour esclave ; et quittons la contrée
Où notre pauvreté, qui dût être honorée,
N'est aux yeux des Crétois qu'un objet de dédain ;
Ils descendaient vers nous par un accueil hautain.
Leurs bontés m'indignaient. Regagnons nos asiles,
Fuyons leurs dieux, leurs mœurs, et leurs bruyantes
Ils sont cruels et vains, polis et sans pitié.   [villes.
La nature entre nous mit trop d'inimitié.

DATAME.

Ah ! surtout de leurs mains reprenons Astérie.
Pourriez-vous reparaître aux yeux de la patrie
Sans lui rendre aujourd'hui son plus bel ornement ?
Son père est attendu de moment en moment :
En vain je la demande aux peuples de la Crète ;
Aucun n'a satisfait ma douleur inquiète,

Aucun n'a mis le calme en mon cœur éperdu ;
Par des pleurs qu'il cachait un seul m'a répondu.
Que veulent, cher ami, ce silence et ces larmes ?
Je voulais à Teucer apporter mes alarmes ;
Mais on m'a fait sentir que, graces à leurs lois,
Des hommes tels que nous n'approchent point les rois :
Nous sommes leurs égaux dans les champs de Bellone :
Qui peut donc avoir mis entre nous et leur trône
Cet immense intervalle, et ravir aux mortels
Leur dignité première et leurs droits naturels ?
Il ne fallait qu'un mot, la paix était jurée ;
Je voyais Astérie à son époux livrée ;
On payait sa rançon, non du brillant amas
Des métaux précieux que je ne connais pas,
Mais des moissons, des fruits, des trésors véritables
Qu'arrachent à nos champs nos mains infatigables :
Nous rendions nos captifs; Astérie avec nous
Revolait à Cydon dans les bras d'un époux.
Faut-il partir sans elle et venir la reprendre
Dans des ruisseaux de sang et des monceaux de cendre ?

SCÈNE II.

LES PRÉCÉDENS ; UN CYDONIEN *arrivant.*

LE CYDONIEN.
Ah ! savez-vous le crime...

DATAME.
                      O ciel ! que me dis-tu ?
Quel désespoir est peint sur ton front abattu ?
Parle, parle.

ACTE III, SCÈNE II.

LE CYDONIEN.

Astérie...

DATAME.

Eh bien?

LE CYDONIEN.

Cet édifice,
Ce lieu qu'on nomme temple, est prêt pour son supplice.

DATAME.

Pour Astérie !

LE CYDONIEN.

Apprends que dans ce même jour,
En cette même enceinte, en cet affreux séjour,
De je ne sais quels grands la horde forcenée
Aux bûchers dévorans l'a déja condamnée :
Ils apaisent ainsi Jupiter offensé.

DATAME.

Elle est morte ?

LE PREMIER CYDONIEN.

Ah, grand Dieu !

LE SECOND CYDONIEN.

L'arrêt est prononcé ;
On doit l'exécuter dans ce temple barbare :
Voilà, chers compagnons, la paix qu'on nous prépare !
Sous un couteau perfide, et qu'ils ont consacré,
Son sang offert aux dieux va couler à leur gré,
Et dans un ordre auguste ils livrent à la flamme
Ces restes précieux adorés par Datame.

DATAME.

Je me meurs.

(Il tombe entre les bras d'un Cydonien.)

LE PREMIER CYDONIEN.

Peut-on croire un tel excès d'horreurs?

UN CYDONIEN.

Il en est encore un bien cruel à nos cœurs,
Celui d'être en ces lieux réduits à l'impuissance
D'assouvir sur eux tous notre juste vengeance,
De frapper ces tyrans de leurs couteaux sacrés,
De noyer dans leur sang ces monstres révérés.

DATAME, *revenant à lui.*

Qui? moi! je ne pourrais, ô ma chère Astérie!
Mourir sur les bourreaux qui t'arrachent la vie...
Je le pourrai, sans doute... O mes braves amis!
Montrez ces sentimens que vous m'avez promis:
Périssez avec moi. Marchons.

(On entend une voix d'une des tours.)

Datame! arrête!

DATAME.

Ciel... d'où part cette voix? quels dieux ont sur ma tête
Fait au loin dans les airs retentir ces accens?
Est-ce une illusion qui vient troubler mes sens?

(La même voix.)

Datame...

DATAME.

C'est la voix d'Astérie elle-même!
Ciel, qui la fis pour moi, Dieu vengeur, Dieu suprême!
Ombre chère et terrible à mon cœur désolé,
Est-ce du sein des morts qu'Astérie a parlé?

UN CYDONIEN.

Je me trompe, ou du fond de cette tour antique
Sa voix faible et mourante à son amant s'explique.

DATAME.

Je n'entends plus ici la fille d'Azémon ;
Serait-ce là sa tombe? est-ce là sa prison ?
Les Crétois auraient-ils inventé l'une et l'autre ?

LE CYDONIEN.

Quelle horrible surprise est égale à la nôtre !

DATAME.

Des prisons ! est-ce ainsi que ces adroits tyrans
Ont bâti, pour régner, les tombeaux des vivans ?

UN CYDONIEN.

N'aurons-nous point de trait, d'armes et de machines !
Ne pourrons-nous marcher sur leurs vastes ruines !

DATAME *avance vers la tour.*

Quel nouveau bruit s'entend? Astérie! ah, grands dieux!
C'est elle, je la vois, elle marche en ces lieux...
Mes amis, elle marche à l'affreux sacrifice ;
Et voilà les soldats armés pour son supplice.
Elle en est entourée *. Allons, c'est à ses pieds
Qu'il faut, en la vengeant, mourir sacrifiés.

SCÈNE III.

LES CYDONIENS; DICTIME.

DICTIME.

Où pensez-vous aller? et qu'est-ce que vous faites ?
Quel transport vous égare, aveugles que vous êtes ?
Dans leur course rapide ils ne m'écoutent pas.

---

* On voit dans l'enfoncement Astérie entourée de la garde que le roi Teucer lui avait donnée.

Ah ! que de cette esclave ils suivent donc les pas ;
Qu'ils s'écartent surtout de ces autels horribles
Dressés par la vengeance à des dieux inflexibles ;
Qu'ils sortent de la Crète. Ils n'ont vu parmi nous
Que de justes sujets d'un éternel courroux :
Ils nous détesteront ; mais ils rendront justice
A la main qui dérobe Astérie au supplice ;
Ils aimeront mon roi dans leurs affreux déserts...
Mais de quels cris soudains retentissent les airs !
Je me trompe, ou de loin j'entends le bruit des armes.
Que ce jour est funeste et fait pour les alarmes !
Ah ! nos mœurs, et nos lois, et nos rites affreux,
Ne pouvaient nous donner que des jours malheureux !
Revolons vers le roi.

SCÈNE IV.

TEUCER, DICTIME.

TEUCER.

Demeure, cher Dictime,
Demeure. Il n'est plus temps de sauver la victime ;
Tous mes soins sont trahis ; ma raison, ma bonté,
Ont en vain combattu contre la cruauté ;
En vain, bravant des lois la triste barbarie,
Au sein de ses foyers je rendais Astérie ;
L'humanité plaintive, implorant mes secours,
Du fer déja levé défendait ses beaux jours ;
Mon cœur s'abandonnait à cette pure joie
D'arracher aux tyrans leur innocente proie ;
Datame a tout détruit.

ACTE III, SCÈNE IV.

DICTIME.

Comment? quels attentats?

TEUCER

Ah! les sauvages mœurs ne s'adoucissent pas
Datame...

DICTIME.

Quelle est donc sa fatale imprudence?

TEUCER.

Il paiera de sa tête une telle insolence.
Lui, s'attaquer à moi! tandis que ma bonté
Ne veillait, ne s'armait que pour sa sûreté;
Lorsque déja ma garde, à mon ordre attentive,
Allait loin de ce temple enlever la captive,
Suivi de tous les siens il fond sur mes soldats.
Quel est donc ce complot que je ne connais pas?
Étaient-ils contre moi tous deux d'intelligence?
Était-ce là le prix qu'on dût à ma clémence?
J'y cours; le téméraire, en sa fougue emporté,
Ose lever sur moi son bras ensanglanté:
Je le presse, il succombe, il est pris avec elle.
Ils périront : voilà tout le fruit de mon zèle;
Je fesais deux ingrats. Il est trop dangereux
De vouloir quelquefois sauver des malheureux.
J'avais trop de bonté pour un peuple farouche
Qu'aucun frein ne retient, qu'aucun respect ne touche,
Et dont je dois surtout à jamais me venger.
Où ma compassion m'allait-elle engager?
Je trahissais mon sang, je risquais ma couronne;
Et pour qui?

DICTIME.

Je me rends, et je les abandonne.
Si leur faute est commune, ils doivent l'expier;
S'ils sont tous deux ingrats, il les faut oublier.

TEUCER.

Ce n'est pas sans regret; mais la raison l'ordonne.

DICTIME.

L'inflexible équité, la majesté du trône,
Ces parvis tout sanglans, ces autels profanés,
Votre intérêt, la loi, tout les a condamnés.

TEUCER.

D'Astérie en secret la grace, la jeunesse,
Peut-être malgré moi me touche et m'intéresse;
Mais je ne dois penser qu'à servir mon pays;
Ces sauvages humains sont mes vrais ennemis.
Oui, je réprouve encore une loi trop sévère;
Mais il est des mortels dont le dur caractère,
Insensible aux bienfaits, intraitable, ombrageux,
Exige un bras d'airain toujours levé sur eux.
D'ailleurs ai-je un ami dont la main téméraire
S'armât pour un barbare et pour une étrangère?
Ils ont voulu périr, c'en est fait; mais du moins
Que mes yeux de leur mort ne soient pas les témoins!

SCÈNE V.

TEUCER, DICTIME; UN HÉRAUT.

TEUCER.

Que sont-ils devenus?

LE HÉRAUT.

Leur fureur inouïe
D'un trépas mérité sera bientôt suivie :
Tout le peuple à grands cris presse leur châtiment :
Le sénat indigné s'assemble en ce moment.
Ils périront tous deux dans la demeure sainte
Dont ils ont profané la redoutable enceinte.

TEUCER.

Ainsi l'on va conduire Astérie au trépas.

LE HÉRAUT.

Rien ne peut la sauver.

TEUCER.

Je lui tendais les bras;
Ma pitié me trompait sur cette infortunée :
Ils ont fait, malgré moi, leur noire destinée.
L'arrêt est-il porté?

LE HÉRAUT.

Seigneur, on doit d'abord
Livrer sur nos autels Astérie à la mort;
Bientôt tout sera prêt pour ce grand sacrifice;
On réserve Datame aux horreurs du supplice :
On ne veut point sans vous juger son attentat,
Et la seule Astérie occupe le sénat.

TEUCER.

C'est Dâtame, en effet, c'est lui seul qui l'immole ;
Mes efforts étaient vains, et ma bonté frivole.
Revolons aux combats ; c'est mon premier devoir,
C'est là qu'est ma grandeur, c'est là qu'est mon pouvoir :
Mon autorité faible est ici désarmée :
J'ai ma voix au sénat, mais je règne à l'armée.

LE HÉRAUT.

Le père d'Astérie, accablé par les ans,
Les yeux baignés de pleurs, arrive à pas pesans,
Se soutenant à peine, et d'une voix tremblante
Dit qu'il apporte ici pour sa fille innocente
Une juste rançon dont il peut se flatter
Que votre cœur humain pourra se contenter.

TEUCER.

Quelle simplicité dans ces mortels agrestes !
Ce vieillard a choisi des momens bien funestes ;
De quel trompeur espoir son cœur s'est-il flatté ?
Je ne le verrai point : il n'est plus de traité.

LE HÉRAUT.

Il a, si je l'en crois, des présens à vous faire
Qui vous étonneront.

TEUCER.

    Trop infortuné père !
Je ne puis rien pour lui. Dérobez à ses yeux
Du sang qu'on va verser le spectacle odieux.

LE HÉRAUT.

Il insiste ; il nous dit qu'au bout de sa carrière
Ses yeux ses fermeraient sans peine à la lumière,
S'il pouvait à vos pieds se jeter un moment.

ACTE III, SCÈNE V.

Il demandait Datame avec empressement.

TEUCER.

Malheureux!

DICTIME.

Accordons, seigneur, à sa vieillesse
Ce vain soulagement qu'exige sa faiblesse.

TEUCER.

Ah! quand mes yeux ont vu, dans l'horreur des combats,
Mon épouse et ma fille expirer dans mes bras,
Les consolations dans ce moment terrible
Ne descendirent point dans mon ame sensible;
Je n'en avais cherché que dans mes vains projets
D'éclairer les humains, d'adoucir mes sujets,
Et de civiliser l'agreste Cydonie:
Du ciel qui conduit tout la sagesse infinie
Réserve, je le vois, pour de plus heureux temps
Le jour trop différé de ces grands changemens.
Le monde avec lenteur marche vers la sagesse [13],
Et la nuit des erreurs est encor sur la Grèce [g].

Que je vous porte envie, ô rois trop fortunés,
Vous qui faites le bien dès que vous l'ordonnez!
Rien ne peut captiver votre main bienfesante,
Vous n'avez qu'à parler, et la terre est contente.

FIN DU TROISIÈME ACTE.

ACTE QUATRIÈME.

SCÈNE I.

LE VIEILLARD AZÉMON, *accompagné d'*UN ESCLAVE *qui lui donne la main.*

AZÉMON.

Quoi ! nul ne vient à moi dans ces lieux solitaires !
Je ne retrouve point mes compagnons, mes frères !
Ces portiques fameux, où j'ai cru que les rois
Se montraient en tout temps à leurs heureux Crétois,
Et daignaient rassurer l'étranger en alarmes,
Ne laissent voir au loin que des soldats en armes ;
Un silence profond règne sur ces remparts :
Je laisse errer en vain mes avides regards ;
Datame, qui devait dans cette cour sanglante
Précéder d'un vieillard la marche faible et lente,
Datame devant moi ne s'est point présenté ;
On n'offre aucun asile à ma caducité.
Il n'en est pas ainsi dans notre Cydonie ;
Mais l'hospitalité loin des cours est bannie.
O mes concitoyens, simples et généreux,
Dont le cœur est sensible autant que valeureux !
Que pourrez-vous penser quand vous saurez l'outrage
Dont la fierté crétoise a pu flétrir mon âge ?
Ah ! si le roi savait ce qui m'amène ici,

ACTE IV, SCÈNE II.

Qu'il se repentirait de me traiter ainsi !
Une route pénible et la triste vieillesse
De mes sens fatigués accablent la faiblesse.

(Il s'assied.)

Goûtons sous ces cyprès un moment de repos :
Le ciel bien rarement l'accorde à nos travaux.

SCÈNE II.

AZÉMON, *sur le devant;* TEUCER, *dans le fond,*
précédé du HÉRAUT.

AZÉMON, *au héraut.*

Irai-je donc mourir aux lieux qui m'ont vu naître,
Sans avoir dans la Crète entretenu ton maître ?

LE HÉRAUT.

Étranger malheureux, je t'annonce mon roi ;
Il vient avec bonté : parle, rassure-toi.

AZÉMON.

Va, puisqu'à ma prière il daigne condescendre,
Qu'il rende grace aux dieux de me voir, de m'entendre.

TEUCER.

Eh bien ! que prétends-tu, vieillard infortuné ?
Quel démon destructeur, à ta perte obstiné,
Te force à déserter ton pays, ta famille,
Pour être ici témoin du malheur de ta fille ?

AZÉMON, *s'étant levé.*

Si ton cœur est humain, si tu veux m'écouter,
Si le bonheur public a de quoi te flatter,
Elle n'est point à plaindre, et, graces à mon zèle,

Un heureux avenir se déploiera pour elle ;
Je viens la racheter.

TEUCER.

Apprends que désormais
Il n'est plus de rançon, plus d'espoir, plus de paix.
Quitte ce lieu terrible ; une ame paternelle
Ne doit point habiter cette terre cruelle.

AZÉMON.

Va, crains que je ne parte.

TEUCER.

Ainsi donc de son sort
Tu seras le témoin ! tes yeux verront sa mort !

AZÉMON.

Elle ne mourra point. Datame a pu t'instruire
Du dessein qui m'amène et qui dut le conduire.

TEUCER.

Datame de ta fille a causé le trépas.
Loin de l'affreux bûcher précipite tes pas ;
Retourne, malheureux, retourne en ta patrie ;
Achève en gémissant les restes de ta vie.
La mienne est plus cruelle ; et, tout roi que je suis,
Les dieux m'ont éprouvé par de plus grands ennuis :
Ton peuple a massacré ma fille avec sa mère ;
Tu ressens comme moi la douleur d'être père.
Va, quiconque a vécu dut apprendre à souffrir ;
On voit mourir les siens avant que de mourir.
Pour toi, pour ton pays, Astérie est perdue ;
Sa mort par mes bontés fut en vain suspendue ;
La guerre recommence, et rien ne peut tarir
Les nouveaux flots de sang déja prêts à courir.

AZÉMON.

Je pleurerais sur toi plus que sur ma patrie,
Si tu laissais trancher les beaux jours d'Astérie.
Elle vivra, crois-moi; j'ai des gages certains
Qui toucheraient les cœurs de tous ses assassins.

TEUCER.

Ah, père infortuné! quelle erreur te transporte!

AZÉMON.

Quand tu contempleras la rançon que j'apporte,
Sois sûr que ces trésors à tes yeux présentés
Ne mériteront pas d'en être rebutés;
Ceux qu'Achille reçut du souverain de Troie
N'égalaient pas les dons que mon pays t'envoie.

TEUCER.

Cesse de t'abuser; remporte tes présens.
Puissent les dieux plus doux consoler tes vieux ans!
Mon père, à tes foyers j'aurai soin qu'on te guide.

SCÈNE III.

TEUCER, DICTIME, AZÉMON; LE HÉRAUT, GARDES.

DICTIME.

Ah! quittez les parvis de ce temple homicide,
Seigneur; du sacrifice on fait tous les apprêts:
Ce spectacle est horrible, et la mort est trop près.
Le seul aspect des rois, ailleurs si favorable,
Porte partout la vie, et fait grace au coupable.
Vous ne verriez ici qu'un appareil de mort;

D'un barbare étranger on va trancher le sort.
Mais vous savez quel sang d'abord on sacrifie;
Quel zèle a préparé cet holocauste impie.
Comme on est aveuglé! mes raisons ni mes pleurs
N'ont pu de notre loi suspendre les rigueurs.
Le peuple, impatient de cette mort cruelle,
L'attend comme une fête auguste et solennelle;
L'autel de Jupiter est orné de festons :
On y porte à l'envi son encens et ses dons.
Vous entendrez bientôt la fatale trompette :
A ce lugubre son qui trois fois se répète,
Sous le fer consacré la victime à genoux...
Pour la dernière fois, seigneur, retirons-nous,
Ne souillons point nos yeux d'un culte abominable.

TEUCER.

Hélas! je pleure encor ce vieillard vénérable.
Va, surtout qu'on ait soin de ses malheureux jours,
Dont la douleur bientôt va terminer le cours :
Il est père, et je plains ce sacré caractère.

AZÉMON.

Je te plains encor plus... et cependant j'espère.

TEUCER.

Fuis, malheureux, te dis-je.

AZÉMON, *l'arrêtant.*

Avant de me quitter,
Écoute encore un mot : tu vas donc présenter
D'Astérie à tes dieux les entrailles fumantes?
De tes prêtres crétois les mains toutes sanglantes
Vont chercher l'avenir dans son sein déchiré!
Et tu permets ce crime?

ACTE IV, SCÈNE III.

TEUCER.

Il m'a désespéré,
Il m'accable d'effroi; je le hais, je l'abhorre;
J'ai cru le prévenir, je le voudrais encore :
Hélas! je prenais soin de ses jours innocens;
Je rendais Astérie à ses tristes parens.
Je sens quelle est ta perte et ta douleur amère...
C'en est fait.

AZÉMON.

Tu voulais la remettre à son père!
Va, tu la lui rendras*. Enfin donc en ces lieux
On apporte à tes pieds ces dons dignes des dieux.

TEUCER.

Que vois-je!

AZÉMON.

Ils ont jadis embelli tes demeures,
Ils t'ont appartenu... Tu gémis et tu pleures...
Ils sont pour Astérie; il faut les conserver :
Tremble, malheureux roi, tremble de t'en priver.
Astérie est le prix qu'il est temps que j'obtienne.
Elle n'est point ma fille... apprends qu'elle est la tienne.

TEUCER.

O ciel!

DICTIME.

O Providence!

AZÉMON.

Oui, reçois de ma main

---

* Deux Cydoniens apportent une cassette couverte de lames d'or.

Ces gages, ces écrits, témoins de son destin,
(Il tire de la cassette un écrit qu'il donne à Teucer, qui l'examine en tremblant.)
Ce pyrope éclatant qui brilla sur sa mère,
Quand le sort des combats, à nous deux si contraire,
T'enleva ton épouse, et qu'il la fit périr;
Voilà cette rançon que je venais t'offrir;
Je te l'avais bien dit, elle est plus précieuse
Que tous les vains trésors de ta cour somptueuse.

TEUCER, *s'écriant.*

Ma fille!

DICTIME.

Justes dieux!

TEUCER, *embrassant Azémon.*

Ah, mon libérateur!
Mon père! mon ami! mon seul consolateur!

AZÉMON.

De la nuit du tombeau mes mains l'avaient sauvée;
Comme un gage de paix je l'avais élevée;
Je l'ai vu croître en grace, en beautés, en vertus:
Je te la rends; les dieux ne la demandent plus.

TEUCER, *à Dictime.*

Ma fille... Allons, suis-moi.

DICTIME.

Quels momens!

TEUCER.

Ah! peut-être
On l'entraîne à l'autel! et déja le grand-prêtre...
Gardes qui me suivez, secondez votre roi...

(On entend la trompette.)

ACTE IV, SCÈNE III.

Ouvrez-vous, temple horrible*! Ah! qu'est-ce que je voi?
Ma fille!

PHARÈS.

Qu'elle meure!

TEUCER.

Arrête! qu'elle vive!

AZÉMON.

Astérie!

PHARÈS, *à Teucer*.

Oses-tu délivrer ma captive?

TEUCER.

Misérable! oses-tu lever ce bras cruel...
Dieux! bénissez les mains qui brisent votre autel;
C'était l'autel du crime.

(Il renverse l'autel et tout l'appareil du sacrifice.)

PHARÈS.

Ah! ton audace impie,
Sacrilége tyran, sera bientôt punie.

ASTÉRIE, *à Teucer*.

Sauveur de l'innocence, auguste protecteur,
Est-ce vous dont le bras équitable et vengeur
De mes jours malheureux a renoué la trame?
Ah! si vous les sauvez, sauvez ceux de Datame;
Étendez jusqu'à lui vos secours bienfesans.
Je ne suis qu'une esclave.

DICTIME.

O bienheureux momens!

---

* Il enfonce la porte; le temple s'ouvre. On voit Pharès entouré de sacrificateurs. Astérie est à genoux au pied de l'autel : elle se retourne vers Pharès en étendant la main, et en le regardant avec horreur; et Pharès, le glaive à la main, est prêt à frapper.

TEUCER.

Vous esclave! ô mon sang! sang des rois! fille chère!
Ma fille! ce vieillard t'a rendue à ton père.

ASTÉRIE.

Qui? moi!

TEUCER.

Mêle tes pleurs aux pleurs que je répands;
Goûte un destin nouveau dans mes embrassemens;
Image de ta mère à mes vieux ans rendue,
Joins ton ame étonnée à mon ame éperdue.

ASTÉRIE.

O mon roi!

TEUCER.

Dis mon père... il n'est point d'autre nom.

ASTÉRIE.

Hélas! est-il bien vrai, généreux Azémon?

AZÉMON.

J'en atteste les dieux.

TEUCER.

Tout est connu.

ASTÉRIE.

Mon père!

TEUCER, *à ses gardes.*

Qu'on délivre Datame en ce moment prospère...
Vous, écoutez.

ASTÉRIE.

O ciel! ô destins inouïs!
Oui, si je suis à vous, Datame est votre fils;
Je vois, je reconnais votre ame paternelle.

ACTE IV, SCÈNE III.

DICTIME.

Seigneur, voyez déja la faction cruelle
Dans le fond de ce temple environner Pharès :
Déja de la vengeance ils font tous les apprêts;
On court de tous côtés; des troupes fanatiques
Vont, le fer dans les mains, inonder ces portiques.
Regardez Mérione, on marche autour de lui;
Tout votre ami qu'il est, il paraît leur appui.
Est-ce là ce héros que j'ai vu devant Troie?
Quelle fureur aveugle à mes yeux se déploie?
L'inflexible Pharès a-t-il dans tous les cœurs
Des poisons de son ame allumé les ardeurs?
Il n'entendit jamais la voix de la nature;
Il va vous accuser de fraude, d'imposture.
Datame, en sa puissance, et de ses fers chargé,
A reçu son arrêt, et doit être égorgé.

ASTÉRIE.

Datame! ah! prévenez le plus grand de ses crimes.

TEUCER.

Va, ni lui ni ses dieux n'auront plus de victimes;
Va, l'on ne verra plus de pareils attentats [h].

DICTIME.

Tranquille il frapperait votre fille en vos bras;
Et le peuple à genoux, témoin de son supplice,
Des dieux dans son trépas bénirait la justice.

TEUCER.

Quand il saura quel sang sa main voulut verser,
Le barbare, crois-moi, n'osera m'offenser.
Quoi que Datame ait fait, je veux qu'on le révère.
Tout prend dans ce moment un nouveau caractère :

Je ferai respecter les droits des nations.

DICTIME.

Ne vous attendez pas, dans ces émotions,
Que l'orgueil de Pharès s'abaisse à vous complaire;
Il atteste les lois, mais il prétend les faire.

TEUCER.

Il y va de sa vie, et j'aurais de ma main,
Dans ce temple, à l'autel, immolé l'inhumain,
Si le respect des dieux n'eût vaincu ma colère.
Je n'étais point armé contre le sanctuaire;
Mais tu verras qu'enfin je sais être obéi.
S'il ne me rend Datame, il en sera puni,
Dût sous l'autel sanglant tomber mon trône en cendre.
   (à Astérie.)
Je cours y donner ordre, et vous pouvez m'attendre.

ASTÉRIE.

Seigneur... sauvez Datame... approuvez notre amour :
Mon sort est en tout temps de vous devoir le jour.

TEUCER, *au héraut.*

Prends soin de ce vieillard qui lui servit de père
Sur les sauvages bords d'une terre étrangère;
Veille sur elle.

AZÉMON.

O roi! ce n'est qu'en ton pays
Que ton cœur paternel aura des ennemis...
         (Teucer sort avec Dictime et ses gardes.)
O toi, divinité qui régis la nature,
Tu n'as pas foudroyé cette demeure impure,
Qu'on ose nommer temple, et qu'avec tant d'horreur
Du sang des nations on souille en ton honneur!

C'est en ces lieux de mort, en ce repaire infame,
Qu'on allait immoler Astérie et Datame!
Providence éternelle, as-tu veillé sur eux?
Leur as-tu préparé des destins moins affreux?
Nous n'avons point d'autels où le faible t'implore [14] :
Dans nos bois, dans nos champs, je te vois, je t'adore;
Ton temple est, comme toi, dans l'univers entier :
Je n'ai rien à t'offrir, rien à sacrifier;
C'est toi qui donnes tout. Ciel! protége une vie
Qu'à celle de Datame, hélas! j'avais unie.

ASTÉRIE.

S'il nous faut périr tous, si tel est notre sort,
Nous savons vous et moi comme on brave la mort;
Vous me l'avez appris, vous gouvernez mon ame,
Et je mourrai du moins entre vous et Datame.

FIN DU QUATRIÈME ACTE.

ACTE CINQUIÈME.

SCÈNE I.

TEUCER, AZÉMON, MÉRIONE; LE HÉRAUT, SUITE.

TEUCER, *au héraut.*
Allez ; dites-leur bien que, dans leur arrogance,
Trop long-temps pour faiblesse ils ont pris ma clémence ;
Que de leurs attentats mon courage est lassé ;
Que cet autel affreux, par mes mains renversé,
Est mon plus digne exploit et mon plus grand trophée ;
Que de leurs factions enfin l'hydre étouffée,
Sur mon trône avili, sur ma triste maison,
Ne distillera plus les flots de son poison ;
Il faut changer de lois, il faut avoir un maître [1].
(Le héraut sort.)
(à Mérione.)
Et vous, qui ne savez ce que vous devez être,
Vous qui, toujours douteux entre Pharès et moi,
Vous êtes cru trop grand pour servir votre roi,
Prétendez-vous encore, orgueilleux Mérione,
Que vous pouvez abattre ou soutenir mon trône ?
Ce roi dont vous osez vous montrer si jaloux,
Pour vaincre et pour régner n'a pas besoin de vous ;
Votre audace aujourd'hui doit être détrompée.
Ou pour ou contre moi tirez enfin l'épée :

ACTE V, SCÈNE I.

Il faut, dans le moment, les armes à la main,
Me combattre, ou marcher sous votre souverain.

MÉRIONE.

S'il faut servir vos droits, ceux de votre famille,
Ceux qu'un retour heureux accorde à votre fille,
Je vous offre mon bras, mes trésors et mon sang :
Mais si vous abusez de ce suprême rang
Pour fouler à vos pieds les lois de la patrie,
Je la défends, seigneur, au péril de ma vie.
Père et monarque heureux, vous avez résolu
D'usurper malgré nous un empire absolu,
De courber sous le joug de la grandeur suprême
Les ministres des dieux, et les grands, et moi-même ;
Des vils Cydoniens vous osez vous servir
Pour opprimer la Crète et pour nous asservir :
Mais, de quelque grand nom qu'en ces lieux on vous nomme,
Sachez que tout l'état l'emporte sur un homme [k].

TEUCER.

Tout l'état est dans moi... Fier et perfide ami,
Je ne vous connais plus que pour mon ennemi :
Courez à vos tyrans.

MÉRIONE.

Vous le voulez?

TEUCER.

J'espère
Vous punir tous ensemble. Oui, marchez, téméraire ;
Oui, combattez sous eux, je n'en suis point jaloux ;
Je les méprise assez pour les joindre avec vous.

(Mérione sort.)

(à Azémon.)

Et toi, cher étranger, toi dont l'ame héroïque

M'a forcé, malgré moi, d'aimer ta république;
Toi sans qui j'eusse été, dans ma triste grandeur,
Un exemple éclatant d'un éternel malheur;
Toi par qui je suis père, attends sous ces ombrages
Ou le comble ou la fin de mes sanglans outrages :
Va, tu me reverras mort ou victorieux.

(Il sort.)

AZÉMON.

Ah! tu deviens mon roi... Rendez-moi, justes dieux,
Avec mes premiers ans la force de le suivre!
Que ce héros triomphe, ou je cesse de vivre!
Datame et tous les siens, dans ces lieux rassemblés,
N'y seraient-ils venus que pour être immolés?
Que devient Astérie... Ah! mes douleurs nouvelles
Me font encor verser des larmes paternelles.

SCÈNE II.

ASTÉRIE, AZÉMON; GARDES.

ASTÉRIE.

Ciel! où porter mes pas? et quel sera mon sort?

AZÉMON.

Garde-toi d'avancer vers les champs de la mort.
Ma fille! de ce nom mon amitié t'appelle;
Digne sang d'un vrai roi, fuis l'enceinte cruelle,
Fuis le temple exécrable où les couteaux levés
Allaient trancher les jours que j'avais conservés.
Tremble.

ASTÉRIE.

Qui? moi, trembler! vous qui m'avez conduite,

ACTE V, SCENE II.

Ce n'était pas ainsi que vous m'aviez instruite.
Le roi, Datame et vous, vous êtes en danger;
C'est moi seule, c'est moi qui dois le partager.

AZÉMON.

Ton père le défend.

ASTÉRIE.

Mon devoir me l'ordonne.

AZÉMON.

Sans armes et sans force, hélas! tout m'abandonne.
Aux combats autrefois ces lieux m'ont vu courir :
Va, nous ne pouvons rien.

ASTÉRIE, *voulant sortir.*

Ne puis-je pas mourir?

AZÉMON, *se mettant au devant d'elle.*

Tu n'en fus que trop près.

ASTÉRIE.

Cette mort que j'ai vue
Sans doute était horrible à mon ame abattue :
Inutile au héros qui vivait dans mon cœur,
J'expirais en victime, et tombais sans honneur;
La mort avec Datame est du moins généreuse :
La gloire adoucira ma destinée affreuse.
Les filles de Cydon, toujours dignes de vous,
Suivent dans les combats leurs parens, leurs époux,
Et quand la main des dieux me donne un roi pour père,
Quand je connais mon sang, faut-il qu'il dégénère?
Les plaintes, les regrets et les pleurs sont perdus.
Reprenez avec moi vos antiques vertus;
Et, s'il en est besoin, raffermissez mon ame.
J'ai honte de pleurer sans secourir Datame [1].

SCÈNE III.

LES PRÉCÉDENS; DATAME.

DATAME.

Il apporte à tes pieds sa joie et sa douleur.

ASTÉRIE.

Que dis-tu?

AZÉMON.

Quoi! mon fils?

ASTÉRIE.

Teucer n'est pas vainqueur?

DATAME.

Il l'est, n'en doutez pas; je suis le seul à plaindre.

ASTÉRIE.

Vous vivrez tous les deux : qu'aurais-je encore à crain-
O ciel! ô Providence! enfin triomphe aussi   [dre?
De tous ces dieux affreux que l'on adore ici!

DATAME.

Il avait à combattre, en ce jour mémorable,
Des tyrans de l'état le parti redoutable,
Les archontes, Pharès, un peuple furieux,
Qui, trahissant son père, a cru servir ses dieux.
Nous entendions leurs cris, tels que sur nos rivages
Les sifflemens des vents appellent les orages;
Et nous étions réduits au désespoir honteux
De ne pouvoir mourir en combattant contre eux.
  Teucer a pénétré dans la prison profonde
Où, cachés aux rayons du grand astre du monde,

On nous avait chargés du poids honteux des fers,
Pour être avec toi-même en sacrifice offerts,
Ainsi que leurs agneaux, leurs beliers, leurs génisses,
Dont le sang, disent-ils, plaît à leurs dieux propices.
Il nous arme à l'instant. Je reprends mon carquois,
Mes dards, mes javelots, dont ma main tant de fois
Moissonna dans nos champs leur troupe fugitive.
Bientôt de ces Crétois une foule craintive
Fuit, et laisse un champ libre au héros que je sers.
La foudre est moins rapide en traversant les airs.
Il vole à ce grand chef, à ce fier Mérione;
Il l'abat à ses pieds : aux fers on l'abandonne;
On l'enchaîne à mes yeux. Ceux qui, le glaive en main,
Couraient pour le venger, l'accompagnent soudain :
Je les vois, sous mes coups, roulant dans la poussière.
Tout couvert de leur sang, je vole au sanctuaire,
A cette enceinte horrible et si chère aux Crétois,
Où de leur Jupiter les détestables lois
Avaient proscrit ta tête en holocauste offerte;
Où, des voiles de mort indignement couverte,
On t'a vue à genoux, le front ceint d'un bandeau,
Prête à verser ton sang sous les coups d'un bourreau :
Ce bourreau sacrilége était Pharès lui-même;
Il conservait encor l'autorité suprême
Qu'un délire sacré lui donna si long-temps
Sur les serfs odieux de ce temple habitans.
Ils l'entouraient en foule, ardens à le défendre,
Appelant Jupiter qui ne peut les entendre,
Et poussant jusqu'au ciel des hurlemens affreux.
Je les écarte tous; je vole au milieu d'eux;

Je l'atteins, je le perce; il tombe, et je m'écrie :
« Barbare, je t'immole à ma chère Astérie! »
De ma juste vengeance et d'amour transporté,
J'ai traîné jusqu'à toi son corps ensanglanté :
Tu peux le voir, tu peux jouir de ta victime;
Tandis que tous les siens, étonnés de leur crime,
Sont tombés en silence, et saisis de terreur,
Le front dans la poussière, aux pieds de leur vainqueur.

AZÉMON.

Mon fils! je meurs content.

ASTÉRIE.

O nouvelle patrie!
Ce jour est donc pour moi le plus beau de ma vie!
Cher amant! cher époux!

DATAME.

J'ai ton cœur, j'ai ta foi;
Mais ce jour de ta gloire est horrible pour moi.

ASTÉRIE.

Est-il quelque danger que mon amant redoute?
Non, Datame est heureux.

DATAME.

Je l'eusse été, sans doute,
Lorsque, dans nos forêts et parmi nos égaux,
Ton grand cœur attendri donnait à mes travaux
Sur cent autres guerriers la noble préférence;
Quand ta main fut le prix de ma persévérance,
Je me croyais à toi : la fille d'Azémon
Pouvait avec plaisir s'honorer de mon nom.
Tu le sais, digne ami, ta bonté paternelle
Encourageait l'amour qui m'enflamma pour elle [m].

AZÉMON.

Et je dois l'approuver encor plus que jamais.

ASTÉRIE.

Tes exploits, mon estime, et tes nouveaux bienfaits,
Seraient-ils un obstacle au succès de ta flamme?
Qui, dans le monde entier, peut m'ôter à Datame?

DATAME.

Au sortir du combat, à ton père, à ton roi,
J'ai demandé ta main, j'ai réclamé ta foi,
Non pas comme le prix de mon faible service,
Mais comme un bien sacré fondé sur la justice,
Un bien qui m'appartient, puisque tu l'as promis;
Sanglant, environné de morts et d'ennemis,
Je vivais, je mourais pour la seule Astérie.

ASTÉRIE.

Eh bien, est-il en Crète une ame assez hardie
Pour t'oser disputer l'objet de ton amour?

DATAME.

Ceux qu'on appelle grands dans cette étrange cour,
Et qui semblent prétendre à cet honneur insigne,
Déclarent qu'un soldat ne peut en être digne.....
S'ils osaient devant moi...

AZÉMON.
     Respectable soldat,
Astérie est ta femme, ou Teucer est ingrat.

ASTÉRIE.

Il ne peut l'être.

DATAME.
    On dit que dans cette contrée
La majesté des rois serait déshonorée.

Je ne m'attendais pas que d'un pareil affront,
Dans les champs de la Crète, on pût couvrir mon front.

ASTÉRIE.

Il fait rougir le mien.

DATAME.

La main d'une princesse
Ne peut favoriser qu'un prince de la Grèce.
Voilà leurs lois, leurs mœurs.

ASTÉRIE.

Elles sont à mes yeux
Ce que la Crète entière a de plus odieux.
De ces fameuses lois, qu'on vante avec étude,
La première, en ces lieux, serait l'ingratitude...
La loi qui m'immolait à leurs dieux en fureur
Ne fut pas plus injuste, et n'eut pas plus d'horreur.
Je respecte mon père, et je me sens peut-être
Digne du sang des rois où j'ai puisé mon être;
Je l'aime : il m'a deux fois ici donné le jour;
Mais je jure par lui, par toi, par mon amour,
Que s'il tentait la foi que ce cœur t'a donnée,
Si du plus grand des rois il m'offrait l'hyménée,
Je lui préférerais Datame et mes déserts :
Datame est mon seul bien dans ce vaste univers.
Je foulerais aux pieds trône, sceptre, couronne.
Datame est plus qu'un roi.

SCÈNE IV.

LES PRECÉDENS, TEUCER; MÉRIONE, *enchaîné*;
CYDONIENS, SOLDATS, PEUPLE.

TEUCER.

Ton père te le donne;
Il est à toi. Nos lois se taisent devant lui.

ASTÉRIE.

Ah! vous seul êtes juste.

TEUCER.

Oui, tout change aujourd'hui;
Oui, je détruis en tout l'antique barbarie:
Commençons tous les trois une nouvelle vie.
Qu'Azémon soit témoin de vos nœuds éternels;
Ma main va les former à de nouveaux autels.
Soldats, livrez ce temple aux fureurs de la flamme:
(On voit le temple en feu, et une partie qui tombe dans le fond du théâtre.)
Pour mon digne héritier reconnaissez Datame;
Reconnaissez ma fille, et servez-nous tous trois
Sous de plus justes dieux, sous de plus saintes lois.

(à Astérie.)

Le peuple, en apprenant de qui vous êtes née,
En détestant la loi qui vous a condamnée,
Éperdu, consterné, rentre dans son devoir,
Abandonne à son prince un suprême pouvoir... 15

(à Mérione.)

Vis, mais pour me servir, superbe Mérione:
Ton maître t'a vaincu, ton maître te pardonne.

La cabale et l'envie avaient pu t'éblouir;
Et ton seul châtiment sera de m'obéir...
Braves Cydoniens, goûtez des jours prospères;
Libres ainsi que moi, ne soyez que mes frères :
Aimez les lois, les arts; ils vous rendront heureux...
Honte du genre humain, sacrifices affreux,
Périsse pour jamais votre indigne mémoire,
Et qu'aucun monument n'en conserve l'histoire...
Nobles, soyez soumis, et gardez vos honneurs...
Prêtres, et grands, et peuple, adoucissez vos mœurs;
Servez Dieu désormais dans un plus digne temple;
Et que la Grèce instruite imite votre exemple.

DATAME.

Demi-dieu sur la terre, ô grand homme! ô grand roi!
Règne, règne à jamais sur mon peuple et sur moi.
Je ne méritais pas le trône où l'on m'appelle;
Mais j'adore Astérie, et me crois digne d'elle ».

FIN DES LOIS DE MINOS.

VARIANTES

DE LA TRAGÉDIE DES LOIS DE MINOS.

a   MÉRIONE.
Tout pouvoir a son terme, et cède au préjugé.
TEUCER.
Il le faut abolir quand il est trop barbare.
MÉRIONE.
Mais la loi de Minos contre vous se déclare.

b   TEUCER, DICTIME.

TEUCER.
Ainsi le fanatisme et la sédition
Animeront toujours ma triste nation ;
Ce conseil de guerriers contre moi se déclare.
On affecte... etc.

c Savez-vous que Datame, envoyé par un père
Pour venir proposer une paix salutaire,
Est encore en ces lieux aux meurtres destinés ?
ASTÉRIE.
Quel trouble a pénétré dans mes sens étonnés !
Datame... Il est connu du grand roi de la Crète.
Datame est parmi vous...
TEUCER.
Dans votre ame inquiète... etc.

. . . .
Parlez, son amitié m'en deviendra plus chère.
ASTÉRIE.
Seigneur, l'hymen encor ne nous a point unis ;
Mais Datame a ma foi ; ce guerrier m'est promis :
Nos sermens sont communs... etc.

Délivrer Astérie, et partir avec elle.
Son père et son amant viennent la demander.
Sans elle point de paix ; rien ne peut s'accorder.

Sans elle, en ce séjour, on ne m'eût vu descendre
Que pour l'ensanglanter et le réduire en cendre.

Ces vers terminaient la scène.

f TEUCER.
Exige un bras d'airain toujours levé sur eux.
Je sauvais Astérie, et je voulais encore
Détruire pour jamais un temple que j'abhorre.
Il n'y faut plus penser : nos amis incertains
Sont loin de seconder nos généreux desseins ;
Ils n'entreprendront point un combat téméraire
Pour les jours d'un soldat et ceux d'une étrangère.

g L'auteur a supprimé les quatre vers suivans :

Les dieux me sont témoins que si j'avais voulu
Exercer sur la Crète un pouvoir absolu,
C'eût été pour sauver ma triste république
D'une loi détestable et d'un joug tyrannique.
Que je vous porte envie... etc.

h DATAME.
Ah ! prévenez ce crime épouvantable.

TEUCER.
Je sais que le faux zèle est toujours implacable ;
Mais je ne craindrai plus de pareils attentats.

i . . . .
Je suis roi, je suis père, et veux agir en maître.

k Sachez qu'un peuple entier l'emporte sur un homme.

l ASTÉRIE.
Ne puis-je pas mourir ?
La mort avec Datame est du moins glorieuse.
La gloire adoucira ma destinée affreuse.
J'irai, j'imiterai ces compagnes de Mars
Qu'Ilion vit combattre au pied de ses remparts,
Que Teucer admira, qui vivront d'âge en âge.
Pour de plus chers objets je ferai davantage.
Dois-je ici des tyrans attendre en paix les coups
Levés sur mon amant, sur mon père et sur vous ?

Cessez de me contraindre et d'avilir mon ame :
J'ai honte de pleurer sans secourir Datame.

m Quand ton cœur fut à moi, la fille d'Azémon
Pouvait avec plaisir s'honorer de mon nom.
Le flambeau de l'Hymen, porté par la Victoire,
Eût de nos deux maisons éternisé la gloire.
Les lauriers de ton père allaient s'unir aux miens,
Respectés et chéris de nos concitoyens.
Tu le sais, Azémon : ta bonté paternelle
Approuva cet amour qui m'enflamma pour elle.

n   DATAME.
Après avoir détruit de funestes erreurs,
Ta présence, grand prince, a subjugué nos cœurs.
Je ne méritais pas le trône où tu m'appelles ;
Mais j'adore Astérie : il me rend digne d'elle.
Demi-dieu sur la terre ! ô grand homme ! ô grand roi !
Règne, règne à jamais sur mon peuple et sur moi.
Aux sermens que je fais également fidèle,
Brûlant d'amour pour toi, pour mon roi plein de zèle,
Puissé-je en l'imitant justifier son choix,
Mais toujours son sujet, suivre toujours ses lois !

FIN DES VARIANTES DES LOIS DE MINOS.

NOTES

DE LA TRAGÉDIE DES LOIS DE MINOS.

¹ *Ils n'ont choisi des rois que pour les outrager.*

Il ne faut pas s'imaginer qu'il y eût en Grèce un seul roi despotique. La tyrannie asiatique était en horreur; ils étaient les premiers magistrats, comme encore aujourd'hui, vers le septentrion, nous voyons plusieurs monarques assujétis aux lois de leur république. On trouve une grande preuve de cette vérité dans l'*OEdipe* de Sophocle, quand OEdipe en colère contre Créon crie, Thèbes! Créon dit : « Thèbes, il m'est « permis, comme à vous, de crier Thèbes! Thèbes! » Et il ajoute « qu'il serait bien fâché d'être roi; que sa condition « est beaucoup meilleure que celle d'un monarque; qu'il est « plus libre et plus heureux. » Vous verrez les mêmes sentimens dans l'*Électre* d'Euripide, dans *les Suppliantes*, et dans presque toutes les tragédies grecques. Leurs auteurs étaient les interprètes des opinions et des mœurs de toute la nation.

² *En pleurant sur un fils par lui-même immolé.*

Le parricide consacré d'Idoménée en Crète n'est pas le premier exemple de ces sacrifices abominables qui ont souillé autrefois presque toute la terre. *Voyez* les notes suivantes.

³ *Ont vu d'un œil tranquille égorger Polixène.*

Les poëtes et les historiens disent qu'on immola Polixène aux mânes d'Achille; et Homère décrit le divin Achille sacrifiant de sa main douze citoyens troyens aux mânes de Patrocle. C'est à peu près l'histoire des premiers barbares que nous avons trouvés dans l'Amérique septentrionale. Il paraît, par tout ce qu'on nous raconte des anciens temps de la Grèce, que ses habitans n'étaient que des sauvages superstitieux et sanguinaires, chez lesquels il y eut quelques bardes qui chantèrent des dieux ridicules et des guerriers très grossiers vivant de rapine; mais ces bardes étalèrent des images frappantes et sublimes qui subjuguent toujours l'imagination.

⁴ Elle est encor barbare...

Il faut bien que les peuples d'Occident, à commencer par les Grecs, fussent des barbares du temps de la guerre de Troie. Euripide, dans un fragment qui nous est resté de la tragédie des *Crétois*, dit que dans leur île les prêtres mangeaient de la chair crue aux fêtes nocturnes de Bacchus. On sait d'ailleurs que, dans plusieurs de ces antiques orgies, Bacchus était surnommé mangeur de chair crue.

Mais ce n'était pas seulement dans l'usage de cette nourriture que consistait alors la barbarie grecque; il ne faut qu'ouvrir les poëmes d'Homère pour voir combien les mœurs étaient féroces.

C'est d'abord un grand roi qui refuse avec outrage de rendre à un prêtre sa fille dont ce prêtre apportait la rançon; c'est Achille qui traite ce roi de lâche et de chien. Diomède blesse Vénus et Mars qui revenaient d'Éthiopie, où ils avaient soupé avec tous les dieux. Jupiter, qui a déja pendu sa femme une fois, la menace de la pendre encore. Agamemnon dit aux Grecs assemblés que Jupiter machine contre lui la plus noire des perfidies. Si les dieux sont perfides, que doivent être les hommes?

Et que dirons-nous de la générosité d'Achille envers Hector? Achille invulnérable, à qui les dieux ont fait une armure défensive très inutile; Achille secondé par Minerve, dont Platon fit depuis le Logos divin, le Verbe; Achille qui ne tue Hector que parce que la Sagesse, fille de Jupiter, le Logos, a trompé ce héros par le plus infame mensonge, et par le plus abominable prestige; Achille enfin ayant tué si aisément, pour tout exploit, le pieux Hector, ce prince mourant prie son vainqueur de rendre son corps sanglant à ses parens; Achille lui répond : « Je voudrais te hacher par morceaux, et te manger tout cru. » Cela pourrait justifier les prêtres crétois, s'ils n'étaient pas faits pour servir d'exemple.

Achille ne s'en tient pas là, il perce les talons d'Hector, y passe une lanière, et le traîne ainsi par les pieds dans la campagne. Homère ne dormait pas quand il chantait ces exploits de cannibales ; il avait la fièvre chaude, et les Grecs étaient atteints de la rage.

Voilà pourtant ce qu'on est convenu d'admirer de l'Euphrate au mont Atlas, parce que ces horreurs absurdes furent célébrées dans une langue harmonieuse, qui devint la langue universelle.

⁵ *Ces durs Cydoniens.*

La petite province de Cydon est au nord de l'île de Crète. Elle défendit long-temps sa liberté, et fut enfin assujétie par les Crétois, qui le furent ensuite à leur tour par les Romains, par les empereurs grecs, par les Sarrasins, par les croisés, par les Vénitiens, par les Turcs. Mais par qui les Turcs le seront-ils ?

⁶ . . . . *Au temple de Gortine.*

La ville de Gortine était la capitale de la Crète, où l'on avait élevé le fameux temple de Jupiter.

⁷ *De sept ans en sept ans.*

Le but de cette tragédie est de prouver qu'il faut abolir une loi quand elle est injuste.

L'histoire ancienne, c'est-à-dire la fable, a dit depuis long-temps que ce grand législateur Minos, propre fils de Jupiter, et tant loué par le divin Platon, avait institué des sacrifices de sang humain.

Ce bon et sage législateur immolait tous les ans sept jeunes Athéniens ; du moins Virgile le dit :

> In foribus lethum Androgei : tum pendere pœnas
> Cecropidæ jussi, (miserum!) septena quotaunis
> Corpora natorum...

Ce qui est aujourd'hui moins rare qu'un tel sacrifice, c'est qu'il y a vingt opinions différentes de nos profonds scoliastes sur le nombre des victimes, et sur le temps où elles étaient sacrifiées au monstre prétendu, connu sous le nom de Minotaure, monstre qui était évidemment le petit-fils du sage Minos.

Quel qu'ait été le fondement de cette fable, il est très vraisemblable qu'on immolait des hommes en Crète comme dans tant d'autres contrées. Sanchoniathon, cité par Eusèbe*, prétend que cet acte de religion fut institué de temps immémorial. Ce Sanchoniathon vivait long-temps avant l'époque où l'on place Moïse, et huit cents ans après Thaut, l'un des législateurs de l'Égypte, dont les Grecs firent depuis le premier Mercure.

Voici les paroles de Sanchoniathon, traduites par Philon de Biblos, rapportées par Eusèbe :

« Chez les anciens, dans les grandes calamités, les chefs de
« l'état achetaient le salut du peuple en immolant aux dieux
« vengeurs les plus chers de leurs enfans. Iloüs (ou Chronos,
« selon les Grecs, ou Saturne, que les Phéniciens appellent
« Israël, et qui fut depuis placé dans le ciel) sacrifia ainsi son
« propre fils dans un grand danger où se trouvait la république.
« Ce fils s'appelait Jeüd; il l'avait eu d'une fille nommée An-
« nobret; et ce nom de Jeüd signifie en phénicien *premier-né*. »

Telle est la première offrande à l'Être éternel, dont la mémoire soit restée parmi les hommes; et cette première offrande est un parricide.

Il est difficile de savoir précisément si les Brachmanes avaient cette coutume avant les peuples de Phénicie et de Syrie; mais il est malheureusement certain que dans l'Inde ces sacrifices sont de la plus haute antiquité, et qu'ils n'y sont pas encore abolis de nos jours, malgré les efforts des mahométans.

Les Anglais, les Hollandais, les Français, qui ont déserté leur pays pour aller commercer et s'égorger dans ces beaux

---

* *Préparation évangélique*, liv. 1.

climats, ont vu très souvent de jeunes veuves riches et belles se précipiter par dévotion sur le bûcher de leurs maris, en repoussant leurs enfans qui leur tendaient les bras, et qui les conjuraient de vivre pour eux. C'est ce que la femme de l'amiral Roussel vit, il n'y a pas long-temps, sur les bords du Gange.

> Tantum relligio potuit suadere malorum!
> LUCR., 1, 102.

Les Égyptiens ne manquaient pas de jeter en cérémonie une fille dans le Nil, quand ils craignaient que ce fleuve ne parvînt pas à la hauteur nécessaire.

Cette horrible coutume dura jusqu'au règne de Ptolémée Lagus ; elle est probablement aussi ancienne que leur religion et leurs temples. Nous ne citons pas ces coutumes de l'antiquité pour faire parade d'une science vaine, mais c'est en gémissant de voir que les superstitions les plus barbares semblent être un instinct de la nature humaine, et qu'il faut un effort de raison pour les abolir.

Lycaon et Tantale, servant aux dieux leurs enfans en ragoût, étaient deux pères superstitieux, qui commirent un parricide par piété. Il est beau que les mythologistes aient imaginé que les dieux punirent ce crime, au lieu d'agréer cette offrande.

S'il y a quelque fait avéré dans l'histoire ancienne, c'est la coutume de la petite nation connue depuis en Palestine sous le nom de Juifs. Ce peuple, qui emprunta le langage, les rites et les usages de ses voisins, non seulement immola ses ennemis aux différentes divinités qu'il adora jusqu'à la transmigration de Babylone, mais il immola ses enfans mêmes. Quand une nation avoue qu'elle a été très long-temps coupable de ces abominations, il n'y a pas moyen de disputer contre elle, il faut la croire.

Outre le sacrifice de Jephté, qui est assez connu, les Juifs avouent qu'ils brûlaient leurs fils et leurs filles en l'honneur de leur dieu Moloch, dans la vallée de Topheth. Moloch signifie à la lettre le Seigneur. *Ædificaverunt excelsa Topheth, quæ est in valle filii Ennom : ut incenderent filios suos et filias suas igni.* « Ils ont bâti les hauts lieux de Topheth, qui est dans la vallée « du fils d'Ennom, pour y mettre en cendre leurs fils et leurs « filles par le feu. (*Jérémie*, VII, 31.)

Si les Juifs jetaient souvent leurs enfans dans le feu pour plaire à la Divinité, ils nous apprennent aussi qu'ils les fesaient mourir quelquefois dans l'eau. Ils leur écrasaient la tête à coups de pierre au bord des ruisseaux. « Vous immolez aux dieux « vos enfans dans des torrens sous des pierres. » (*Isaïe*, LVII.)

Il s'est élevé une grande dispute entre les savans sur le premier sacrifice de trente-deux filles, offert au dieu Adonaï, après la bataille gagnée par la horde juive sur la horde madianite, dans le petit désert de Madian arabe, sous le commandement d'Éléazar, du temps de Moïse : on ne sait pas positivement en quelle année.

Le livre sacré intitulé *les Nombres* nous dit (*Nomb*, XXXI) que les Juifs ayant tué dans le combat tous les mâles de la horde madianite, et cinq rois de cette horde, avec un prophète, et Moïse leur ayant ordonné, après la bataille, de tuer toutes les femmes, toutes les veuves, et tous les enfans à la mamelle, on partagea ensuite le butin, qui était de quarante mille neuf cents livres en or, à compter le sicle à six francs de notre monnaie d'aujourd'hui; plus, six cent soixante-quinze mille brebis, soixante-douze mille bœufs, soixante et un mille ânes, trente-deux mille filles vierges; le tout étant le reste des dépouilles, et les vainqueurs étant au nombre de douze mille, dont il n'y en eut pas un de tué.

Or, du butin partagé entre tous les Juifs, il y eut trente-deux filles pour la part du Seigneur.

Plusieurs commentateurs ont jugé que cette part du Seigneur fut un holocauste, un sacrifice de ces trente-deux filles, puisqu'on ne peut dire qu'on les voua aux autels, attendu qu'il n'y eut jamais de religieuses chez les Juifs; et que s'il y avait eu des vierges consacrées en Israël, on n'aurait pas pris des Madianites pour le service de l'autel : car il est clair que ces Madianites étaient impurs, puisqu'ils n'étaient pas Juifs. On a donc conclu que ces trente-deux filles avaient été immolées. C'est un point d'histoire que nous laissons aux doctes à discuter.

Ils ont prétendu aussi que le massacre de tout ce qui était en vie dans Jéricho fut un véritable sacrifice; car ce fut un anathème, un vœu, une offrande; et tout se fit avec la plus grande solennité : après sept processions augustes autour de la ville pendant sept jours, on fit sept fois le tour de la ville, les lévites portant l'arche d'alliance, et devant l'arche sept autres prêtres sonnant du cornet; à la septième procession de ce septième jour, les murs de Jéricho tombèrent d'eux-mêmes. Les Juifs immolèrent tout dans cette cité, vieillards, enfans, femmes, filles, animaux de toute espèce, comme il est dit dans l'histoire de Josué.

Le massacre du roi Agag fut incontestablement un sacrifice, puisqu'il fut immolé par le prêtre Samuel, qui le dépeça en morceaux avec un couperet, malgré la promesse et la foi du roi Saül, qui l'avait reçu à rançon comme son prisonnier de guerre.

Vous verrez dans l'*Essai sur les mœurs et l'esprit des nations* les preuves que les Gaulois et les Teutons, ces Teutons dont Tacite fait semblant d'aimer tant les mœurs honnêtes, fesaient de ces exécrables sacrifices aussi communément qu'ils couraient au pillage, et qu'ils s'enivraient de mauvaise bière.

La détestable superstition de sacrifier des victimes humaines semble être si naturelle aux peuples sauvages, qu'au rapport de Procope, un certain Théodebert, petit-fils de Clovis, et roi du pays messin, immola des hommes pour avoir un heureux succès dans une course qu'il fit en Lombardie pour la piller. Il ne manquait que des bardes tudesques pour chanter de tels exploits.

Ces sacrifices du roi messin étaient probablement un reste de l'ancienne superstition des Francs ses ancêtres. Nous ne savons que trop à quel point cette exécrable coutume avait prévalu chez les anciens Welches que nous appelons Gaulois : c'était là cette simplicité, cette bonne foi, cette naïveté gauloise que nous avons tant vantée. C'était le bon temps quand des druides, ayant pour temples des forêts, brûlaient les enfans de leurs concitoyens dans des statues d'osier plus hideuses que ces druides mêmes.

Les sauvages des bords du Rhin avaient aussi des espèces de druidesses, des sorcières sacrées, dont la dévotion consistait à égorger solennellement des petits garçons et des petites filles dans de grands bassins de pierre, dont quelques uns subsistent encore, et que le professeur Schœpflin a dessinés dans son *Alsatia illustrata*. Ce sont là les monumens de cette partie du monde, ce sont là nos antiquités. Les Phidias, les Praxitèle, les Scopas, les Miron, en ont laissé de différentes.

Jules César ayant conquis tous ces pays sauvages voulut les civiliser : il défendit aux druides ces actes de dévotion, sous peine d'être brûlés eux-mêmes, et fit abattre les forêts où ces homicides religieux avaient été commis. Mais ces prêtres persistèrent dans leurs rites; ils immolèrent en secret des enfans, disant qu'il vaut mieux obéir à Dieu qu'aux hommes; que César n'était grand pontife qu'à Rome; que la religion druidique était la seule véritable, et qu'il n'y avait point de salut sans brûler des petites filles dans de l'osier, ou sans les égorger dans de grandes cuves.

Nos sauvages ancêtres ayant laissé dans nos climats la mémoire de ces coutumes, l'inquisition n'eut pas de peine à les renouveler. Les bûchers qu'elle alluma furent de véritables sacrifices. Les cérémonies les plus augustes de la religion, processions, autels, bénédictions, encens, prières, hymnes chantées à grands chœurs, tout y fut employé, et ces hymnes étaient les propres cantiques de ces mêmes infortunés que nous y traînons, et que nous appelons nos pères et nos maîtres.

Ce sacrifice n'avait nul rapport à la jurisprudence humaine; car assurément ce n'était pas un crime contre la société de manger dans sa maison, les portes bien fermées, d'un agneau cuit avec des laitues amères, le 14 de la lune de mars. Il est clair qu'en cela on ne fait de mal à personne ; mais on péchait contre Dieu, qui avait aboli cette ancienne cérémonie par l'organe de ses nouveaux ministres.

On voulait donc venger Dieu, en brûlant ces Juifs entre un autel et une chaire de vérité, dressés exprès dans la place publique. L'Espagne bénira dans les siècles à venir celui qui a émoussé le couteau sacré et sacrilége de l'inquisition. Un temps viendra enfin où l'Espagne aura peine à croire que l'inquisition ait existé.

Plusieurs moralistes ont regardé la mort de Jean Hus et de Jérôme de Prague comme le plus pompeux sacrifice* qu'on ait jamais fait sur la terre. Les deux victimes furent conduites au bûcher solennel par un électeur palatin et par un électeur de Brandebourg : quatre-vingts princes ou seigneurs de l'empire y assistèrent. L'empereur Sigismond brillait au milieu d'eux, comme le soleil au milieu des astres, selon l'expression d'un savant prélat allemand. Des cardinaux, vêtus de longues robes traînantes, teintes en pourpre, rebrassées d'hermine, couverts d'un immense chapeau aussi de pourpre, auquel pendaient quinze houppes d'or, siégeaient sur la même ligne que l'empereur, au dessus de tous les princes. Une foule d'évêques et d'abbés étaient au dessous ayant sur leurs têtes de hautes mitres étincelantes de pierres précieuses. Quatre cents docteurs, sur un banc plus bas, tenaient des livres à la main : vis-à-vis on voyait vingt-sept ambassadeurs de toutes les couronnes de l'Europe, avec tout leur cortége. Seize mille gentilshommes remplissaient les gradins hors de rang, destinés pour les curieux.

Dans l'arène de ce vaste cirque étaient placés cinq cents

---

* De ce récit on semblerait devoir conclure que ces deux exécutions eurent lieu le même jour; mais il y eut dix mois d'intervalle entre le supplice de Jean Hus et celui de Jérôme de Prague. *Voyez* Voltaire lui-même, *Essai sur les mœurs*, et *Annales de l'Empire*. (*Note de M. Renouard.*)

joueurs d'instrumens qui se fesaient entendre alternativement avec la psalmodie. Dix-huit mille prêtres de tous les pays de l'Europe écoutaient cette harmonie; et sept cent dix-huit courtisanes magnifiquement parées, entremêlées avec eux (quelques auteurs disent dix-huit cents), composaient le plus beau spectacle que l'esprit humain ait jamais imaginé.

Ce fut dans cette auguste assemblée qu'on brûla Jean et Jérôme en l'honneur du même Jésus-Christ qui ramenait la brebis égarée sur ses épaules; et les flammes, en s'élevant, dit un auteur du temps, allèrent réjouir le ciel empyrée.

Il faut avouer, après un tel spectacle, que lorsque le Picard Jean Chauvin offrit le sacrifice de l'Espagnol Michel Servet, dans une pile de fagots verts, c'était donner les marionnettes après l'opéra.

Tous ceux qui ont immolé ainsi d'autres hommes, pour avoir eu des opinions contraires aux leurs, n'ont pu certainement les sacrifier qu'à Dieu.

Que Polyeucte et Néarque, animés d'un zèle indiscret, aillent troubler une fête qu'on célèbre pour la prospérité de l'empereur; qu'ils brisent les autels, les statues, dont les débris écrasent les femmes et les enfans, ils ne sont coupables qu'envers les hommes qu'ils ont pu tuer; et quand on les condamne à mort, ce n'est qu'un acte de justice humaine : mais quand il ne s'agit que de punir des dogmes erronés, des propositions mal sonnantes, c'est un véritable sacrifice à la Divinité.

On pourrait encore regarder comme un sacrifice notre Saint-Barthélemi, dont nous célébrons l'anniversaire dans cette année centenaire 1772, s'il y avait eu plus d'ordre et de dignité dans l'exécution.

Ne fut-ce pas un vrai sacrifice que la mort d'Anne Dubourg, prêtre et conseiller au parlement, également respecté dans ces deux ministères? N'a-t-on pas vu d'autres barbaries plus atroces, qui soulèveront long-temps les esprits attentifs et les cœurs sensibles dans l'Europe entière? N'a-t-on pas vu dévouer à une mort affreuse, et à la torture, plus cruelle que la mort, deux enfans qui ne méritaient qu'une correction paternelle ? Si ceux qui ont commis cette atrocité ont des enfans, s'ils ont eu le loisir de réfléchir sur cette horreur, si les reproches qui ont frappé leurs oreilles de toutes parts ont pu amollir leurs cœurs, peut-être verseront-ils quelques larmes en lisant cet écrit. Mais aussi n'est-il pas juste que les auteurs de cet horrible assassinat public soient à jamais en exécration au genre humain ?

8 . . . . N'accepta point le sang d'Iphigénie.

Plusieurs anciens auteurs assurent qu'Iphigénie fut en effet sacrifiée : d'autres imaginèrent la fable de Diane et de la biche. Il est encore plus vraisemblable que, dans ces temps barbares, un père ait sacrifié sa fille, qu'il ne l'est qu'une déesse, nommée Diane, ait enlevé cette victime, et mis une biche à sa place : mais cette fable prévalut; elle eut cours dans toute l'Asie comme dans la Grèce, et servit de modèle à d'autres fables.

9 S'il naquit parmi vous, s'il lance le tonnerre.

Les Crétois disaient Minos fils de dieu, comme les Thébains disaient Bacchus et Hercule fils de dieu, comme les Argiens le disaient de Castor et de Pollux, les Romains de Romulus, comme enfin les Tartares l'ont dit de Gengis-Kan, comme toute la fable l'a chanté de tant de héros et de législateurs, ou de gens qui ont passé pour tels.

Les doctes ont examiné sérieusement si Jupiter, le maître des dieux et le père de Minos, était né véritablement en Crète, et si ce Jupiter avait été enterré à Gortis, ou Gortine, ou Cortine.

C'est dommage que Jupiter soit un nom latin. Les doctes ont prétendu encore que ce nom latin venait de *Jovis*, dont on avait fait *Jovis pater*, *Jov piter*, *Jupiter*, et que ce *Jov* venait de *Jehovah* ou *Hiao*, ancien nom de Dieu en Syrie, en Égypte, en Phénicie.

Ceux qu'on appelle théologiens, dit Cicéron, comptent trois Jupiter, deux d'Arcadie, et un de Crète. *Principio Joves tres numerant ii qui theologi appellantur*.*

Il est à remarquer que tous les peuples qui ont admis ce Jupiter, ce Jov, l'ont tous armé du tonnerre. Ce fut l'attribut réservé au souverain des dieux en Asie, en Grèce, à Rome; non pas en Égypte, parce qu'il n'y tonne presque jamais. La théologie dont parle Cicéron ne fut pas établie par les philosophes. Celui qui a dit :

> Primus in orbe deos fecit timor, ardua cœlo
> Fulmina quum caderent,

n'a pas eu tort. Il y a bien plus de gens qui craignent qu'il n'y en a qui raisonnent et qui aiment. S'ils avaient raisonné, ils auraient conçu que Dieu, l'auteur de la nature, envoie la rosée comme le tonnerre et la grêle; qu'il a fait des lois suivant lesquelles le temps est serein dans un canton, tandis qu'il est orageux dans un autre, et que ce n'est point du tout par mauvaise humeur qu'il fait tomber la foudre à Babylone, tandis qu'il ne la lance jamais sur Memphis. La résignation aux ordres éternels et immuables de la Providence universelle est une vertu; mais l'idée qu'un homme frappé du tonnerre est puni par les dieux n'est qu'une pusillanimité ridicule.

10 Par des amours affreux étonna la nature.

Non seulement Platon et Aristote attestent que Minos, ce lieutenant de police des enfers, autorisa l'amour des garçons; mais les aventures de ses deux filles ne supposent pas qu'elles eussent reçu une excellente éducation. N'admirez-vous pas les scoliastes, qui, pour sauver l'honneur de Pasiphaé, imaginèrent qu'elle avait été amoureuse d'un gentilhomme crétois, nommé Tauros, que Minos fit mettre à la Bastille de Crète, sous la garde de Dédale?

Mais n'admirez-vous pas davantage les Grecs, qui imagi-

---

* *De Natura deorum*, lib. III.

nèrent la fable de la vache d'airain ou de bois, dans laquelle Pasiphaé s'ajusta si bien, que le vrai taureau dont elle était folle y fut trompé?

Ce n'était pas assez de mouler cette vache, il fallait qu'elle fût en chaleur, ce qui était difficile. Quelques commentateurs de cette fable abominable ont osé dire que la reine fit entrer d'abord une génisse amoureuse dans le creux de cette statue, et se mit ensuite à sa place. L'amour est ingénieux; mais voilà un bien exécrable emploi du génie. Il est vrai qu'à la honte non pas de l'humanité, mais d'une vile espèce d'hommes brute et dépravée, ces horreurs ont été trop communes; témoin le fameux *novimus et qui te* de Virgile; témoin le bouc qui eut les faveurs d'une belle Égyptienne de Mendès, lorsque Hérodote était en Égypte; témoin les lois juives portées contre les hommes et les femmes qui s'accouplent avec les animaux, et qui ordonnent qu'on brûle l'homme et la bête; témoin la notoriété publique de ce qui se passe encore en Calabre; témoin l'avis nouvellement imprimé d'un bon prêtre luthérien de Livonie, qui exhorte les jeunes garçons de Livonie et d'Estonie à ne plus tant fréquenter les génisses, les ânesses, les brebis et les chèvres.

La grande difficulté est de savoir au juste si ces conjonctions affreuses ont jamais pu produire quelques monstres. Le grand nombre des amateurs du merveilleux, qui prétendent avoir vu des fruits de ces accouplemens, et surtout des singes avec les filles, n'est pas une raison invincible pour qu'on les admette; ce n'est pas non plus une raison absolue de les rejeter. Nous ne connaissons pas assez tout ce que peut la nature. Saint Jérôme rapporte des histoires de centaures et de satyres, dans son livre des *Pères du désert*. Saint Augustin, dans son trente-troisième sermon à ses frères du désert, a vu des hommes sans tête, qui avaient deux gros yeux sur leur poitrine, et d'autres qui n'avaient qu'un œil au milieu du front; mais il faudrait avoir une bonne attestation pour toute l'histoire de Minos, de Pasiphaé, de Thésée, d'Ariane, de Dédale et d'Icare. On appelait autrefois esprits forts ceux qui avaient quelque doute sur cette tradition.

On prétend qu'Euripide composa une tragédie de *Pasiphaé;* elle est du moins comptée parmi celles qui lui sont attribuées, et qui sont perdues. Le sujet était un peu scabreux ; mais quand on a lu *Polyphême,* on peut croire que *Pasiphaé* fut mise sur le théâtre.

11   Tout noble, dans notre ile, a le droit respecté...

C'est le *liberum veto* des Polonais, droit cher et fatal qui a causé beaucoup plus de malheurs qu'il n'en a prévenu. C'était le droit des tribuns de Rome, c'était le bouclier du peuple entre les mains de ses magistrats ; mais quand cette arme est dans les mains de quiconque entre dans une assemblée, elle peut devenir une arme offensive trop dangereuse, et faire périr toute une république. Comment a-t-on pu convenir qu'il suffirait d'un ivrogne pour arrêter les délibérations de cinq ou six mille sages, supposé qu'un pareil nombre de sages puisse exister? Le feu roi de Pologne, Stanislas Leczinski, dans son loisir en Lorraine, écrivit souvent contre ce *liberum veto,* et contre cette anarchie dont il prévit les suites. Voici les paroles mémorables qu'on trouve dans son livre intitulé *la Voix du citoyen,* imprimé en 1749 : « Notre tour viendra, « sans doute, où nous serons la proie de quelque fameux con- « quérant; peut-être même les puissances voisines s'accorde- « ront-elles à partager nos états. » (Page 19.) La prédiction vient de s'accomplir : le démembrement de la Pologne est le châtiment de l'anarchie affreuse dans laquelle un roi sage, humain, éclairé, pacifique, a été assassiné dans sa capitale, et n'a échappé à la mort que par un prodige. Il lui reste un royaume plus grand que la France, et qui pourra devenir un jour florissant, si on peut y détruire l'anarchie, comme elle vient d'être détruite dans la Suède, et si la liberté peut y subsister avec la royauté.

12 . . . . N'est qu'un lieu de carnage.

C'était à l'entrée du temple qu'on tuait les victimes. Le sanctuaire était réservé pour les oracles, les consultations et les autres simagrées. Les bœufs, les moutons, les chèvres étaient immolés dans le péristère.

Ces temples des anciens, excepté ceux de Vénus et de Flore, n'étaient au fond que des boucheries en colonnades. Les aromates qu'on y brûlait étaient absolument nécessaires pour dissiper un peu la puanteur de ce carnage continuel; mais quelque peine qu'on prît pour jeter au loin les restes des cadavres, les boyaux, la fiente de tant d'animaux, pour laver le pavé couvert de sang, de fiel, d'urine et de fange, il était bien difficile d'y parvenir.

L'historien Flavien Josèphe dit qu'on immola deux cent cinquante mille victimes en deux heures de temps, à la pâque qui précéda la prise de Jérusalem. On sait combien ce Josèphe était exagérateur; quelles ridicules hyperboles il employa pour faire valoir sa misérable nation; quelle profusion de prodiges impertinens il étala; avec quel mépris ces mensonges furent reçus par les Romains; comme il fut relancé par Apion, et comme il répondit par de nouvelles hyperboles à celles qu'on lui reprochait. On a remarqué qu'il aurait fallu plus de cinquante mille prêtres bouchers pour examiner, pour tuer en cérémonie, pour dépecer, pour partager tant d'animaux. Cette exagération est inconcevable; mais enfin il est certain que les victimes étaient nombreuses dans cette boucherie comme dans toutes les autres. L'usage de réserver les meilleurs morceaux pour les prêtres était établi par toute la terre connue, excepté dans les Indes et dans les pays au-delà du Gange. C'est ce qui a fait dire à un célèbre poëte anglais:

The priests eat roast beef, and the people stare.

« Les prêtres sont à table, et le sot peuple admire. »

On ne voyait dans les temples que des étaux, des broches,

des grils, des couteaux de cuisine, des écumoires, de longues fourchettes de fer, des cuillers ou des cuillères à pot, de grandes jarres pour mettre la graisse, et tout ce qui peut inspirer le dégoût et l'horreur. Rien ne contribuait plus à perpétuer cette dureté et cette atrocité de mœurs qui porta enfin les hommes à sacrifier d'autres hommes, et jusqu'à leurs propres enfans; mais les sacrifices de l'inquisition, dont nous avons tant parlé, ont été cent fois plus abominables. Nous avons substitué les bourreaux aux bouchers.

Au reste, de toutes les grosses masses appelées temples en Égypte et à Babylone, et du fameux temple d'Éphèse, regardé comme la merveille des temples, aucun ne peut être comparé en rien à Saint-Pierre de Rome, pas même à Saint-Paul de Londres, pas même à Sainte-Geneviève de Paris, que bâtit aujourd'hui M. Soufflot, et auquel il destine un dôme plus svelte que celui de Saint-Pierre, et d'un artifice admirable. Si les anciennes nations revenaient au monde, elles préféreraient sans doute les belles musiques de nos églises à des boucheries, et les sermons de Tillotson et de Massillon à des augures.

[13] Le monde avec lenteur marche vers la sagesse.

A ne juger que par les apparences, et suivant les faibles conjectures humaines, par quelle multitude épouvantable de siècles et de révolutions n'a-t-il pas fallu passer avant que nous eussions un langage tolérable, une nourriture facile, des vêtemens et des logemens commodes! Nous sommes d'hier, et l'Amérique est de ce matin.

Notre Occident n'a aucun monument antique : et que sont ceux de la Syrie, de l'Égypte, des Indes, de la Chine? toutes ces ruines se sont élevées sur d'autres ruines. Il est très vraisemblable que l'île Atlantide (dont les îles Canaries sont des restes), étant engloutie dans l'Océan, fit refluer les eaux vers la Grèce, et que vingt déluges locaux détruisirent tout vingt fois avant que nous existassions. Nous sommes des fourmis qu'on écrase sans cesse, et qui se renouvellent; et pour que ces fourmis rebâtissent leurs habitations, et pour qu'elles inventent quelque chose qui ressemble à une police et à une morale, que de siècles de barbarie! Quelle province n'a pas ses sauvages!

Tout philosophe peut dire :

> In qua scribebam barbara terra fuit.
> OVID., *Trist.*

14 Nous n'avons point d'autels où le faible t'implore.

Plusieurs peuples furent long-temps sans temples et sans autels, et surtout les peuples nomades. Les petites hordes errantes, qui n'avaient point encore de ville forte, portaient de village en village leurs dieux dans des coffres, sur des charrettes traînées par des bœufs ou par des ânes, ou sur le dos des chameaux, ou sur les épaules des hommes. Quelquefois leur autel était une pierre, un arbre, une pique.

Les Iduméens, les peuples de l'Arabie Pétrée, les Arabes du désert de Syrie, quelques Sabéens, portaient dans des cassettes les représentations grossières d'une étoile.

Les Juifs, très long-temps avant de s'emparer de Jérusalem, eurent le malheur de porter sur une charrette l'idole du dieu Moloch, et d'autres idoles dans le désert. *Portastis tabernaculum Moloch vestro*, et imaginem idolorum vestrorum, sidus dei vestri, quæ fecistis vobis.*

Il est dit dans l'*Histoire des Juges* qu'un Jonathan, fils de Gersam, fils aîné de Moïse, fut le prêtre d'une idole portative que la tribu de Dan** avait dérobée à la tribu d'Éphraïm.

Les petits peuples n'avaient donc que des dieux de campagne, s'il est permis de se servir de ce mot, tandis que les grandes nations s'étaient signalées depuis plusieurs siècles par des temples magnifiques. Hérodote vit l'ancien temple de Tyr, qui était bâti douze cents ans avant celui de Salomon. Les

---

* *Amos*, chap. v, v. 26.

** *Juges*, chap. XVIII.

temples d'Égypte étaient beaucoup plus anciens. Platon, qui voyagea long-temps dans ce pays, parle de leurs statues qui avaient dix mille ans d'antiquité, ainsi que nous l'avons déja remarqué ailleurs, sans pouvoir trouver de raisons dans les livres profanes, ni pour le nier, ni pour le croire.

Voici les propres paroles de Platon, au second livre des *Lois* : « Si on veut y faire attention, on trouvera en Égypte
« des ouvrages de peinture et de sculpture, faits depuis dix
« mille ans, qui ne sont pas moins beaux que ceux d'aujour-
« d'hui, et qui furent exécutés précisément suivant les mêmes
« règles. Quand je dis dix mille ans, ce n'est pas une façon de
« parler, c'est dans la vérité la plus exacte. »

Ce passage de Platon, qui ne surprit personne en Grèce, ne doit pas nous étonner aujourd'hui. On sait que l'Égypte a des monumens de sculpture et de peinture qui durent depuis plus de quatre mille ans au moins ; et dans un climat si sec et si égal, ce qui a subsisté quarante siècles en peut subsister cent, humainement parlant.

Les chrétiens, qui, dans les premiers temps, étaient des hommes simples, retirés de la foule, ennemis des richesses et du tumulte, des espèces de thérapeutes, d'esséniens, de caraïtes, de brachmanes (si on peut comparer le saint au profane); les chrétiens, dis-je, n'eurent ni temples ni autels pendant plus de cent quatre-vingts ans. Ils avaient en horreur l'eau lustrale, l'encens, les cierges, les processions, les habits pontificaux. Ils n'adoptèrent ces rites des nations, ne les épurèrent et ne les sanctifièrent qu'avec le temps. « Nous sommes
« partout, excepté dans les temples, » dit Tertullien. Athénagore, Origène, Tatien, Théophile, déclarent qu'il ne faut point de temple aux chrétiens. Mais celui de tous qui en rend raison avec le plus d'énergie est Minutius Félix, écrivain du troisième siècle de notre ère vulgaire.

Putatis autem nos occultare quod colimus, si delubra et aras non habemus ? Quod enim simulacrum Deo fingam, quum, si rectè existimes, sit Dei homo ipse simulacrum ? Templum quod exstruam, quum totus hic mundus, ejus opere fabricatus, eum capere non possit; et quum homo latius maneam, intra unam œdiculam vim tantæ majestatis includam? Nonne melius in nostra dedicandus est mente? in nostro imo consecrandus est pectore?

« Pensez-vous que nous cachions l'objet de notre culte,
« pour n'avoir ni autel ni temple? Quelle image pourrions-
« nous faire de Dieu, puisqu'aux yeux de la raison l'homme
« est l'image de Dieu même? Quel temple lui élèverai-je, lors-
« que le monde qu'il a construit ne peut le contenir? Comment
« enfermerai-je la majesté de Dieu dans une maison, quand
« moi, qui ne suis qu'un homme, je m'y trouverais trop
« serré? Ne vaut-il pas mieux lui dédier un temple dans notre
« esprit, et le consacrer dans le fond de notre cœur? »

Cela prouve que non seulement nous n'avions alors aucun temple, mais que nous n'en voulions point; et qu'en cachant aux gentils nos cérémonies et nos prières, nous n'avions aucun objet de nos adorations à dérober à leurs yeux.

Les chrétiens n'eurent donc des temples que vers le commencement du règne de Dioclétien, ce héros guerrier et philosophe qui les protégea dix-huit années entières, mais séduit enfin et devenu persécuteur. Il est probable qu'ils auraient pu obtenir long-temps auparavant du sénat et des empereurs la permission d'ériger des temples, comme les Juifs avaient celle de bâtir des synagogues à Rome; mais il est encore plus probable que les Juifs, qui payaient très chèrement ce droit, empêchèrent les chrétiens d'en jouir. Ils les regardaient comme des dissidens, comme des frères dénaturés, comme des branches pourries de l'ancien tronc. Ils les persécutaient, les calomniaient avec une fureur implacable.

Aujourd'hui plusieurs sociétés chrétiennes n'ont point de temples : tels sont les primitifs, nommés quakers, les anabaptistes, les dunkards, les piétistes, les moraves et d'autres. Les primitifs même de Pensylvanie n'y ont point érigé de ces temples superbes qui ont fait dire à Juvénal :

Dicite, pontifices, in sancto quid facit aurum?

et qui ont fait dire à Boileau, avec plus de hardiesse et de sévérité :

> Le prélat, par la brigue aux honneurs parvenu,
> Ne sut plus qu'abuser d'un ample revenu ;
> Et, pour toute vertu, fit, au dos d'un carrosse,
> A côté d'une mitre armorier sa crosse.

Mais Boileau, en parlant ainsi, ne pensait qu'à quelques prélats de son temps, ambitieux, ou avares, ou persécuteurs : il oubliait tant d'évêques généreux, doux, modestes, indulgens, qui ont été les exemples de la terre.

Nous ne prétendons pas inférer de là que l'Égypte, la Chaldée, la Perse, les Indes, aient cultivé les arts depuis les milliers de siècles que tous ces peuples s'attribuent. Nous nous en rapportons à nos livres sacrés, sur lesquels il ne nous est pas permis de former le moindre doute.

15 . . . . Un suprême pouvoir.

On n'entend pas ici par suprême pouvoir cette autorité arbitraire, cette tyrannie que le jeune Gustave troisième, si digne de ce grand nom de Gustave, vient d'abjurer et de proscrire solennellement, en rétablissant la concorde, et en fesant régner les lois avec lui. On entend par suprême pouvoir cette autorité raisonnable, fondée sur les lois mêmes, et tempérée par elles ; cette autorité juste et modérée, qui ne peut sacrifier la liberté et la vie d'un citoyen à la méchanceté d'un flatteur, qui se soumet elle-même à la justice, qui lie inséparablement l'intérêt de l'état à celui du trône, qui fait d'un royaume une grande famille gouvernée par un père. Celui qui donnerait une autre idée de la monarchie serait coupable envers le genre humain.

FIN DES NOTES DES LOIS DE MINOS.

LES PÉLOPIDES,

OU

ATRÉE ET THYESTE,

TRAGÉDIE EN CINQ ACTES,

NON REPRÉSENTÉE.

AVERTISSEMENT

DES ÉDITEURS DE L'ÉDITION DE KEHL.

Nous imprimons ici la tragédie des *Pélopides*, telle que nous l'avons trouvée dans les papiers de M. de Voltaire. Il s'occupait, dans ses derniers jours, de corriger cette pièce et de mettre la dernière main à celle d'*Agathocle*. Il travaillait dans ce même temps à un nouveau projet pour le Dictionnaire de l'Académie française ; et il préparait une nouvelle défense de Louis XIV et des hommes illustres de son siècle, contre les imputations et les anecdotes suspectes que renferment les *Mémoires de Saint-Simon*. Il voulait prévenir l'effet que ces Mémoires pourraient produire, s'ils devenaient publics dans un temps où il ne restera plus personne assez voisin des événemens pour démentir avec avantage des faits avancés par un contemporain. Tels étaient, à plus de quatre-vingt-quatre ans, son activité, son amour pour la vérité, son zèle pour l'honneur de sa patrie.

AVERTISSEMENT

DES EDITEURS DE L'ÉDITION EN 41 VOLUMES.

Feu M. Naigeon, qui a dirigé la petite édition stéréotype imprimée par MM. Didot, a employé dans la tragédie des *Pélopides,* des corrections écrites par M. de Voltaire lui-même sur un exemplaire de M. Clos; et il les a présentées au public comme les dernières qui eussent été faites par l'auteur. C'est une erreur manifeste. Il suffit de comparer l'édition de M. Naigeon avec celle des éditeurs de Kehl, pour se convaincre que ces corrections inédites étaient très anciennes, et qu'elles ont subi depuis des améliorations considérables. Quoique M. de Voltaire eût changé le dénouement des *Pélopides,* comme on le voit par les variantes dans l'édition de Kehl, cette pièce n'était pas encore telle qu'il la voulait, et dans ses derniers jours il la corrigeait de nouveau. Ce travail, qu'il n'eut pas le temps d'achever, a néanmoins fourni quelques corrections aux éditeurs de Kehl. Nous avons dû suivre la leçon qu'ils ont adoptée, parce qu'elle est évidemment la meilleure. Au reste, pour ne rien laisser à désirer au public, nous joignons aux variantes de l'édition de Kehl les corrections de l'exemplaire de M. Clos, qui ont été portées dans le texte de l'édition stéréotype. Les gens de goût pourront comparer et juger.

FRAGMENT D'UNE LETTRE.

Je n'ai jamais cru que la tragédie dût être à l'eau rose. L'églogue en dialogues intitulée *Bérénice*, à laquelle madame Henriette d'Angleterre fit travailler Corneille et Racine, était indigne du théâtre tragique : aussi Corneille n'en fit qu'un ouvrage ridicule ; et ce grand maître Racine eut beaucoup de peine, avec tous les charmes de sa diction éloquente, à sauver la stérile petitesse du sujet. J'ai toujours regardé la famille d'Atrée, depuis Pélops jusqu'à Iphigénie, comme l'atelier où l'on a dû forger les poignards de Melpomène. Il lui faut des passions furieuses, de grands crimes, des remords violens. Je ne la voudrais ni fadement amoureuse, ni raisonneuse. Si elle n'est pas terrible, si elle ne transporte pas nos ames, elle m'est insipide.

Je n'ai jamais conçu comment ces Romains, qui devaient être si bien instruits par la poétique d'Horace, ont pu parvenir à faire de la tragédie d'*Atrée et Thyeste* une déclamation si plate et si fastidieuse. J'aime mieux l'horreur dont Crébillon a rempli sa pièce.

Cette horreur aurait fort réussi sans quatre défauts qu'on lui a reprochés. Le premier, c'est la rage qu'un homme montre de se venger d'une offense qu'on lui a faite il y a vingt ans. Nous ne nous intéressons à de telles fureurs, nous ne les pardonnons, que quand elles sont excitées par une injure récente qui doit troubler l'ame de l'offensé, et qui émeut la nôtre.

Le second, c'est qu'un homme qui, au premier acte, médite une action détestable, et qui, sans aucune intrigue, sans obstacle et sans danger, l'exécute au cinquième, est beaucoup plus froid encore qu'il n'est horrible. Et quand il mangerait le fils de son frère, et son frère même, tout crus sur le théâtre, il n'en serait que plus froid et plus dégoûtant, parce qu'il n'a eu aucune passion qui ait touché, parce qu'il n'a point été en péril, parce qu'on n'a rien craint pour lui, rien souhaité, rien senti.

> Inventez des ressorts qui puissent m'attacher.

Le troisième défaut est un amour inutile, qui a paru froid, et qui ne sert, dit-on, qu'à remplir le vide de la pièce.

Le quatrième vice, et le plus révoltant de tous, est la diction incorrecte du poëme. Le premier devoir, quand on écrit, est de bien écrire. Quand votre pièce serait conduite comme l'*Iphigénie* de Racine, les vers sont-ils mauvais, votre pièce ne peut être bonne.

Si ces quatre péchés capitaux m'ont toujours révolté; si je n'ai jamais pu, en qualité de prêtre des Muses, leur donner l'absolution, j'en ai commis vingt dans cette tragédie des *Pélopides*. Plus je perds de temps à composer des pièces de théâtre, plus je vois combien l'art est difficile. Mais Dieu me préserve de perdre encore plus de temps à recorder des acteurs et des actrices! Leur art n'est pas moins rare que celui de la poésie.

PERSONNAGES.

ATRÉE.
THYESTE.
ÉROPE, fille d'Eurysthée, femme d'Atrée.
HIPPODAMIE, veuve de Pélops.
POLÉMON, archonte d'Argos, ancien gouverneur d'Atrée et de Thyeste.
MÉGARE, nourrice d'Érope.
IDAS, officier d'Atrée.

La scène est dans le parvis du temple.

LES PÉLOPIDES,

TRAGÉDIE.

ACTE PREMIER.

SCÈNE I.

HIPPODAMIE, POLÉMON.

HIPPODAMIE.

Voilà donc tout le fruit de tes soins vigilans !
Tu vois si le sang parle au cœur de mes enfans.
En vain, cher Polémon, ta tendresse éclairée
Guida les premiers ans de Thyeste et d'Atrée :
Ils sont nés pour ma perte, ils abrégent mes jours.
Leur haine invétérée et leurs cruels amours
Ont produit tous les maux où mon esprit succombe.
Ma carrière est finie ; ils ont creusé ma tombe :
Je me meurs !

POLÉMON.

Espérez un plus doux avenir.
Deux frères divisés pourraient se réunir.
Nos archontes sont las de la guerre intestine
Qui des peuples d'Argos annonçait la ruine.
On veut éteindre un feu prêt à tout embraser,
Et forcer, s'il se peut, vos fils à s'embrasser.

HIPPODAMIE.

Ils se haïssent trop ; Thyeste est trop coupable ;
Le sombre et dur Atrée est trop inexorable.
Aux autels de l'hymen, en ce temple, à mes yeux,
Bravant toutes les lois, outrageant tous les dieux,
Thyeste n'écoutant qu'un amour adultère,
Ravit entre mes bras la femme de son frère.
A garder sa conquête il ose s'obstiner.
Je connais bien Atrée, il ne peut pardonner.
Érope au milieu d'eux, déplorable victime
Des fureurs de l'amour, de la haine et du crime,
Attendant son destin du destin des combats,
Voit encor ses beaux jours entourés du trépas ;
Et moi, dans ce saint temple où je suis retirée,
Dans les pleurs, dans les cris, de terreurs dévorée,
Tremblante pour eux tous, je tends ces faibles bras
A des dieux irrités qui ne m'écoutent pas.

POLÉMON.

Malgré l'acharnement de la guerre civile,
Les deux partis du moins respectent votre asile ;
Et même entre mes mains vos enfans ont juré
Que ce temple à tous deux serait toujours sacré.
J'ose espérer bien plus. Depuis près d'une année
Que nous voyons Argos au meurtre abandonnée,
Peut-être ai-je amolli cette férocité
Qui de nos factions nourrit l'atrocité.
Le sénat me seconde ; on propose un partage
Des états que Pélops reçut pour héritage.
Thyeste dans Mycène, et son frère en ces lieux,
L'un de l'autre écartés n'auront plus sous leurs yeux

Cet éternel objet de discorde et d'envie,
Qui désole une mère ainsi que la patrie.
L'absence affaiblira leurs sentimens jaloux;
On rendra dès ce jour Érope à son époux :
On rétablit des lois le sacré caractère.
Vos deux fils règneront en révérant leur mère.
Ce sont là nos desseins. Puissent les dieux plus doux
Favoriser mon zèle et s'apaiser pour vous !

HIPPODAMIE.

Espérons : mais enfin, la mère des Atrides
Voit l'inceste autour d'elle avec les parricides.
C'est le sort de mon sang. Tes soins et ta vertu
Contre la destinée ont en vain combattu.
Il est donc en naissant des races condamnées,
Par un triste ascendant vers le crime entraînées,
Que formèrent des dieux les décrets éternels
Pour être en épouvante aux malheureux mortels !
La maison de Tantale eut ce noir caractère :
Il s'étendit sur moi... Le trépas de mon père
Fut autrefois le prix de mon fatal amour.
Ce n'est qu'à des forfaits que mon sang doit le jour.
Mes souvenirs affreux, mes alarmes timides,
Tout me fait frissonner au nom des Pélopides.

POLÉMON.

Quelquefois la sagesse a maîtrisé le sort ;
C'est le tyran du faible et l'esclave du fort.
Nous fesons nos destins, quoi que vous puissiez dire
L'homme, par sa raison, sur l'homme a quelque empire.
Le remords parle au cœur, on l'écoute à la fin ;
Ou bien cet univers esclave du destin,

Jouet des passions l'une à l'autre contraires,
Ne serait qu'un amas de crimes nécessaires.
Parlez en reine, en mère; et ce double pouvoir
Rappellera Thyeste à la voix du devoir.

HIPPODAMIE.

En vain je l'ai tenté; c'est là ce qui m'accable.

POLÉMON.

Plus criminel qu'Atrée il est moins intraitable;
Il connaît son erreur.

HIPPODAMIE.

   Oui, mais il la chérit.
Je hais son attentat; sa douleur m'attendrit:
Je le blâme et le plains.

POLÉMON.

    Mais la cause fatale
Du malheur qui poursuit la race de Tantale,
Érope, cet objet d'amour et de douleur,
Qui devrait s'arracher aux mains d'un ravisseur,
Qui met la Grèce en feu par ses funestes charmes?

HIPPODAMIE.

Je n'ai pu d'elle encore obtenir que des larmes:
Je m'en suis séparée; et, fuyant les mortels,
J'ai cherché la retraite au pied de ces autels.
J'y finirai des jours que mes fils empoisonnent.

POLÉMON.

Quand nous n'agissons point, les dieux nous aban-
Ranimez un courage éteint par le malheur. [donnent.
Argos m'honore encor d'un reste de faveur *a*;
Le sénat me consulte, et nos tristes provinces
Ont payé trop long-temps les fautes de leurs princes:

Il est temps que leur sang cesse enfin de couler.
Les pères de l'état vont bientôt s'assembler.
Ma faible voix du moins, jointe à ce sang qui crie,
Autant que pour mes rois sera pour ma patrie.
Mais je crains qu'en ces lieux, plus puissante que nous,
La haine renaissante, éveillant leur courroux,
N'oppose à nos conseils ses trames homicides.
Les méchans sont hardis; les sages sont timides.
Je les ferai rougir d'abandonner l'état;
Et pour servir les rois, je revole au sénat [b].

HIPPODAMIE.

Tu serviras leur mère. Ah! cours, et que ton zèle
Lui rende ses enfans qui sont perdus pour elle.

SCÈNE II.

HIPPODAMIE.

Mes fils, mon seul espoir, et mon cruel fléau,
Si vos sanglantes mains m'ont ouvert un tombeau,
Que j'y descende au moins tranquille et consolée !
Venez fermer les yeux d'une mère accablée !
Qu'elle expire en vos bras sans trouble et sans horreur;
A mes derniers momens mêlez quelque douceur.
Le poison des chagrins trop long-temps me consume;
Vous avez trop aigri leur mortelle amertume.

SCÈNE III.

HIPPODAMIE, ÉROPE, MÉGARE.

ÉROPE, *en entrant, pleurant et embrassant Mégare.*
Va, te dis-je, Mégare, et cache à tous les yeux
Dans ces antres secrets ce dépôt précieux *c*.
HIPPODAMIE.
Ciel! Érope, est-ce vous? qui? vous dans ces asiles!
ÉROPE.
Cet objet odieux des discordes civiles,
Celle à qui tant de maux doivent se reprocher,
Sans doute à vos regards aurait dû se cacher.
HIPPODAMIE.
Qui vous ramène, hélas! dans ce temple funeste,
Menacé par Atrée et souillé par Thyeste?
L'aspect de ce lieu saint doit vous épouvanter.
ÉROPE.
A vos enfans, du moins, il se fait respecter.
Laissez-moi ce refuge; il est inviolable;
N'enviez pas, ma mère, un asile au coupable.
HIPPODAMIE.
Vous ne l'êtes que trop; vos dangereux appas
Ont produit des forfaits que vous n'expierez pas.
Je devrais vous haïr, vous m'êtes toujours chère;
Je vous plains; vos malheurs accroissent ma misère.
Parlez; vous arrivez vers ces dieux en courroux,
Du théâtre de sang où l'on combat pour vous.
De quelque ombre de paix avez-vous l'espérance?

ACTE I, SCÈNE III.

ÉROPE.

Je n'ai que mes terreurs. En vain par sa prudence
Polémon qui se jette entre ces inhumains
Prétendait arracher les armes de leurs mains :
Ils sont tous deux plus fiers et plus impitoyables :
Je cherche ainsi que vous des dieux moins implacables.
Souffrez, en m'accusant de toutes vos douleurs,
Qu'à vos gémissemens j'ose mêler mes pleurs.
Que n'en puis-je être digne ?

HIPPODAMIE.

Ah ! trop chère ennemie,
Est-ce à vous de vous joindre aux pleurs d'Hippodamie ?
A vous qui les causez ! Plût au ciel qu'en vos yeux
Ces pleurs eussent éteint le feu pernicieux
Dont le poison trop sûr et les funestes charmes
Ont fait couler long-temps tant de sang et de larmes [d] ?
Peut-être que sans vous, cessant de se haïr,
Deux frères malheureux que le sang doit unir
N'auraient point rejeté les efforts d'une mère.
Vous m'arrachez deux fils pour avoir trop su plaire.
Mais voulez-vous me croire et vous joindre à ma voix ;
Ou vous ai-je parlé pour la dernière fois ?

ÉROPE.

Je voudrais que le jour où votre fils Thyeste
Outragea sous vos yeux la justice céleste,
Le jour qu'il vous ravit l'objet de ses amours
Eût été le dernier de mes malheureux jours.
De tous mes sentimens je vous rendrai l'arbitre.
Je vous chéris en mère ; et c'est à ce saint titre
Que mon cœur désolé recevra votre loi :

Vous jugerez, ô reine! entre Thyeste et moi.
Après son attentat, de troubles entourée
J'ignorai jusqu'ici les sentimens d'Atrée :
Mais plus il est aigri contre mon ravisseur *e*,
Plus à ses yeux sans doute Érope est en horreur.

HIPPODAMIE.

Je sais qu'avec fureur il poursuit sa vengeance *f*.

ÉROPE.

Vous avez sur un fils encor quelque puissance.

HIPPODAMIE.

Sur les degrés du trône elle s'évanouit;
L'enfance nous la donne, et l'âge la ravit.
Le cœur de mes deux fils est sourd à ma prière.
Hélas! c'est quelquefois un malheur d'être mère [1].

ÉROPE.

Madame... il est trop vrai... mais dans ce lieu sacré
Le sage Polémon tout à l'heure est entré.
N'a-t-il point consolé vos alarmes cruelles?
N'aurait-il apporté que de tristes nouvelles?

HIPPODAMIE.

J'attends beaucoup de lui; mais, malgré tous ses soins,
Mes transports douloureux ne me troublent pas moins,
Je crains également la nuit et la lumière.
Tout s'arme contre moi dans la nature entière :
Et Tantale, et Pélops, et mes deux fils, et vous,
Les enfers déchaînés, et les dieux en courroux;
Tout présente à mes yeux les sanglantes images
De mes malheurs passés et des plus noirs présages :
Le sommeil fuit de moi, la terreur me poursuit,
Les fantômes affreux, ces enfans de la nuit,

Qui des infortunés assiégent les pensées,
Impriment l'épouvante en mes veines glacées.
D'OEnomaüs mon père on déchire le flanc.
Le glaive est sur ma tête; on m'abreuve de sang;
Je vois les noirs détours de la rive infernale,
L'exécrable festin que prépara Tantale,
Son supplice aux enfers, et ces champs désolés
Qui n'offrent à sa faim que des troncs dépouillés.
Je m'éveille mourante aux cris des Euménides,
Ce temple a retenti du nom de parricides.
Ah! si mes fils savaient tout ce qu'ils m'ont coûté,
Ils maudiraient leur haine et leur férocité :
Ils tomberaient en pleurs aux pieds d'Hippodamie.
ÉROPE.
Madame, un sort plus triste empoisonne ma vie.
Les monstres déchaînés de l'empire des morts
Sont encor moins affreux que l'horreur des remords.
C'en est fait... Votre fils et l'amour m'ont perdue.
J'ai semé la discorde en ces lieux répandue.
Je suis, je l'avouerai, criminelle en effet;
Un Dieu vengeur me suit... mais vous, qu'avez-vous fait?
Vous êtes innocente, et les dieux vous punissent!
Sur vous comme sur moi leurs coups s'appesantissent!
Hélas! c'était à vous d'éteindre entre leurs mains
Leurs foudres allumés sur les tristes humains.
C'était à vos vertus de m'obtenir ma grace.

SCÈNE IV.

HIPPODAMIE, ÉROPE, MÉGARE.

MÉGARE.

Princesse... les deux rois...

HIPPODAMIE.

Qu'est-ce donc qui se passe ?

ÉROPE.

Quoi... Thyeste... ce temple... Ah ! qu'est-ce que j'en-
MÉGARE. [tends ?
Les cris de la patrie et ceux des combattans.
La mort suit en ces lieux les deux malheureux frères.

ÉROPE.

Allons, je l'obtiendrai de leurs mains sanguinaires...
Ma mère, montrons-nous à ces désespérés,
Ils me sacrifieront ; mais vous les calmerez.
Allons, je suis vos pas.

HIPPODAMIE.

Ah ! vous êtes ma fille ;
Sauvons de ses fureurs une triste famille,
Ou que mon sang versé par mes malheureux fils
Coule avec tout le sang que je leur ai transmis.

FIN DU PREMIER ACTE.

ACTE SECOND.

SCÈNE I.

HIPPODAMIE, ÉROPE, POLÉMON.

POLÉMON.
Où courez-vous... rentrez... que vos larmes tarissent;
Que de vos cœurs glacés les terreurs se bannissent :
Je me trompe, ou je vois ce grand jour arrivé
Qu'à finir tant de maux le ciel a réservé.
Les forfaits ont leur terme, et votre destin change :
La paix revient.
   ÉROPE.
    Comment!
   HIPPODAMIE.
      Quel dieu, quel sort étrange,
Quel miracle a fléchi le cœur de mes enfans ?
   POLÉMON.
L'équité, dont la voix triomphe avec le temps.
Aveugle en son courroux, le violent Atrée
Déja de ce saint temple allait forcer l'entrée;
Son courroux sacrilége oubliait ses sermens :
Il en avait l'exemple; et ses fiers combattans,
Prompts à servir ses droits, à venger son outrage,
Vers ces parvis sacrés lui frayaient un passage.
 (à Érope.)
Il venait (je ne puis vous dissimuler rien)

Ravir sa propre épouse et reprendre son bien.
Il le peut; mais il doit respecter sa parole.
Thyeste est alarmé, vers lui Thyeste vole;
On combat, le sang coule; emportés, furieux,
Les deux frères pour vous s'égorgeaient à mes yeux.
Je m'avance, et ma main saisit leur main barbare;
Je me livre à leurs coups; enfin je les sépare.
Le sénat, qui me suit, seconde mes efforts:
En attestant les lois nous marchons sur des morts.
Le peuple, en contemplant ces juges vénérables,
Ces images des dieux aux mortels favorables,
Laisse tomber le fer à leur auguste aspect:
Il a bientôt passé des fureurs au respect:
Il conjure à grands cris la discorde farouche;
Et le saint nom de paix vole de bouche en bouche.

HIPPODAMIE.

Tu nous as tous sauvés.

POLÉMON.

                Il faut bien qu'une fois
Le peuple en nos climats soit l'exemple des rois.
Lorsque enfin la raison se fait partout entendre,
Vos fils l'écouteront; vous les verrez se rendre;
Le sang et la nature, et leurs vrais intérêts,
A leurs cœurs amollis parleront de plus près.
Ils doivent accepter l'équitable partage
Dont leur mère a tantôt reconnu l'avantage.
La concorde aujourd'hui commence à se montrer;
Mais elle est chancelante; il la faut assurer.
Thyeste, en possédant la fertile Mycène,
Pourra faire à son gré, dans Sparte ou dans Athène,

Des filles des héros qui leur donnent des lois,
Sans remords et sans crime un légitime choix.
La veuve de Pélops, heureuse et triomphante,
Voyant de tous côtés sa race florissante,
N'aura plus qu'à bénir, au comble du bonheur,
Le Dieu qui de son sang est le premier auteur.

HIPPODAMIE.

Je lui rends déja grace, et non moins à vous-même.
Et vous, ma fille, et vous que j'ai plainte et que j'aime,
Unissez vos transports et mes remerciemens;
Aux dieux dont nous sortons offrez un pur encens [h].
Qu'Hippodamie enfin, tranquille et rassurée,
Remette Érope heureuse entre les mains d'Atrée;
Qu'il pardonne à son frère.

ÉROPE.

Ah! dieux... et croyez-vous
Qu'il sache pardonner?

HIPPODAMIE.

Dans ses transports jaloux,
Il sait que par Thyeste en tout temps respectée
Il n'a point outragé la fille d'Eurysthée,
Qu'au milieu de la guerre il prétendit en vain
Au funeste bonheur de lui donner la main;
Qu'enfin par les dieux même à leurs autels conduite,
Elle a dans la retraite évité sa poursuite.

ÉROPE.

Voilà cette retraite où je prétends cacher
Ce qu'un remords affreux me pourrait reprocher [i].
C'est là qu'aux pieds des dieux on nourrit mon enfance;

C'est là que je reviens implorer leur clémence [k] :
J'y veux vivre et mourir.

HIPPODAMIE.

Vivez pour un époux ;
Cachez-vous pour Thyeste ; il est perdu pour vous.

ÉROPE.

Dieux qui me confondez, vous amenez Thyeste !

HIPPODAMIE.

Fuyez-le.

ÉROPE.

En est-il temps... Mon sort est trop funeste.
(Elle sort.)

SCÈNE II.

HIPPODAMIE, POLÉMON, THYESTE.

HIPPODAMIE.

Mon fils, qui vous ramène en mes bras maternels ?
Osez-vous reparaître au pied de ces autels ?

THYESTE.

J'y viens... chercher la paix, s'il en est pour Atrée,
S'il en est pour mon ame au désespoir livrée ;
J'y viens mettre à vos pieds ce cœur trop combattu,
Embrasser Polémon, respecter sa vertu,
Expier envers vous ma criminelle offense,
Si de la réparer il est en ma puissance.

POLÉMON.

Vous le pouvez, sans doute, en sachant vous dompter.
Lorsqu'à de tels excès se laissant emporter,
On suit des passions l'empire illégitime,

Quand on donne aux sujets les exemples du crime,
On leur doit, croyez-moi, celui du repentir.
La Grèce enfin s'éclaire et commence à sortir
De la férocité qui, dans nos premiers âges,
Fit des cœurs sans justice et des héros sauvages.
On n'est rien sans les mœurs. Hercule est le premier
Qui, marchant quelquefois dans ce noble sentier,
Ainsi que les brigands osa dompter les vices.
Son émule Thésée a fait des injustices;
Le crime dans Tydée a souillé la valeur;
Mais bientôt leur grande ame, abjurant leur erreur,
N'en aspirait que plus à des vertus nouvelles.
Ils ont réparé tout... imitez vos modèles...
Souffrez encore un mot : si vous persévériez,
Poussé par le torrent de vos inimitiés,
Ou plutôt par les feux d'un amour adultère,
A refuser encore Érope à votre frère,
Craignez que le parti que vous avez gagné
Ne tourne contre vous son courage indigné.
Vous pourriez pour tout prix d'une imprudence vaine,
Abandonné d'Argos, être exclus de Mycène [l].

THYESTE.

J'ai senti mes malheurs plus que vous ne pensez.
N'irritez point ma plaie; elle est cruelle assez.
Madame, croyez-moi, je vois dans quel abîme
M'a plongé cet amour que vous nommez un crime.
Je ne m'excuse point (devant vous condamné)
Sur l'exemple éclatant que vingt rois m'ont donné,
Sur l'exemple des dieux dont on nous fait descendre :
Votre austère vertu dédaigne de m'entendre.

Je vous dirai pourtant qu'avant l'hymen fatal
Que, dans ces lieux sacrés célébra mon rival,
J'aimais, j'idolâtrais la fille d'Eurysthée;
Que, par mes vœux ardens long-temps sollicitée,
Sa mère dans Argos eût voulu nous unir;
Qu'enfin ce fut à moi qu'on osa la ravir;
Que si le désespoir fut jamais excusable...

HIPPODAMIE.

Ne vous aveuglez point; rien n'excuse un coupable.
Oubliez avec moi de malheureux amours
Qui feraient votre honte et l'horreur de vos jours,
Celle de votre frère, et d'Érope, et la mienne.
C'est l'honneur de mon sang qu'il faut que je soutienne;
C'est la paix que je veux : il n'importe à quel prix.
Atrée, ainsi que vous, est mon sang, est mon fils :
Tous les droits sont pour lui. Je veux dès l'heure même
Remettre en son pouvoir une épouse qu'il aime,
Tenir sans la pencher la balance entre vous,
Réparer votre crime, et nous réunir tous ᵐ.

SCÈNE III.

THYESTE.

Que deviens-tu, Thyeste! Eh quoi, cette paix même,
Cette paix qui d'Argos est le bonheur suprême,
Va donc mettre le comble aux horreurs de mon sort;
Cette paix pour Érope est un arrêt de mort.
C'est peu que pour jamais d'Érope on me sépare,
La victime est livrée au pouvoir d'un barbare :

Je me vois dans ces lieux sans armes, sans amis;
On m'arrache ma femme, on peut frapper mon fils;
Mon rival triomphant s'empare de sa proie;
Tous mes maux sont formés de la publique joie.
Ne pourrai-je aujourd'hui mourir en combattant [n]?
Mycène a des guerriers; mon amour les attend;
Et pour quelques momens ce temple est un asile.

SCÈNE IV.

THYESTE, MÉGARE.

THYESTE.

Mégare, qu'a-t-on fait? ce temple est-il tranquille?
Le descendant des dieux est-il en sûreté?

MÉGARE.

Sous cette voûte antique un séjour écarté,
Au milieu des tombeaux, recèle son enfance.

TYHESTE.

L'asile de la mort est sa seule assurance!

MÉGARE.

Celle qui dans le fond de ces antres affreux
Veille aux premiers momens de ses jours malheureux,
Tremble qu'un œil jaloux bientôt ne le découvre.
Érope s'épouvante; et cette ame qui s'ouvre
A toutes les douleurs qui viennent la chercher,
En aigrit la blessure en voulant la cacher [o]:
Elle aime, elle maudit le jour qui le vit naître;
Elle craint dans Atrée un implacable maître;
Et je tremble de voir ses jours ensevelis

Dans le sein des tombeaux qui renferment son fils

THYESTE.

Enfant de l'infortune, et mère malheureuse,
Qu'on ignore à jamais la prison ténébreuse
Où loin de vos tyrans vous pouvez respirer *P* !

SCÈNE V.

THYESTE, ÉROPE, MÉGARE.

ÉROPE.

Seigneur, aux mains d'Atrée on va donc me livrer ;
Votre mère l'ordonne... et je n'ai pour excuse
Que mon crime ignoré, ma rougeur qui m'accuse,
Un enfant malheureux qui sera découvert.

THYESTE.

Tout nous poursuit ici ; cet asile nous perd *q*.

ÉROPE.

Auteur de tant de maux, pourquoi m'as-tu séduite :

THYESTE.

Hélas ! je vois l'abyme où je vous ai conduite :
Mais cette horrible paix ne s'accomplira pas.
Il me reste pour vous des amis, des soldats,
Mon amour, mon courage ; et c'est à vous de croire
Que si je meurs ici, je meurs pour votre gloire.
Notre hymen clandestin d'une mère ignoré,
Tout malheureux qu'il est, n'en est pas moins sacré.
Ne me reprochez plus ma criminelle audace ;
Ne nous accusons plus quand le ciel nous fait grace.
Ses bontés ont fait voir, en m'accordant un fils,

ACTE II, SCÈNE V.

Qu'il approuve l'hymen dont nous sommes unis;
Et Mycène bientôt, à son prince fidèle,
En pourra célébrer la fête solennelle.

ÉROPE.

Va, ne réclame point ces nœuds infortunés,
Et ces dieux, et l'hymen... ils nous ont condamnés.
Osons-nous nous parler... Tremblante, confondue,
Devant qui désormais puis-je lever la vue?
Dans ce ciel qui voit tout, et qui lit dans les cœurs,
Le rapt et l'adultère ont-ils des protecteurs?
En remportant sur moi ta funeste victoire,
Cruel, t'es-tu flatté de conserver ma gloire?
Tu m'as fait ta complice... et la fatalité,
Qui subjugue mon cœur contre moi révolté,
Me tient si puissamment à ton crime enchaînée,
Qu'il est devenu cher à mon ame étonnée;
Que le sang de ton sang, qui s'est formé dans moi,
Ce gage de ton crime est celui de ma foi;
Qu'il rend indissoluble un nœud que je déteste...
Et qu'il n'est plus pour moi d'autre époux que Thyeste.

THYESTE.

C'est un nom qu'un tyran ne peut plus m'enlever :
La mort et les enfers pourront seuls m'en priver.
Le sceptre de Mycène a pour moi moins de charmes.

SCÈNE VI.

ÉROPE, THYESTE, POLÉMON.

POLÉMON.

Seigneur, Atrée arrive; il a quitté ses armes;
Dans ce temple avec vous il vient jurer la paix.

THYESTE.

Grands dieux! vous me forcez de haïr vos bienfaits.

POLÉMON.

Vous allez à l'autel confirmer vos promesses.
L'encens s'élève aux cieux des mains de nos prêtresses.
Des oliviers heureux les festons désirés
Ont annoncé la fin de ces jours abhorrés
Où la discorde en feu désolait notre enceinte;
On a lavé le sang dont la ville fut teinte,
Et le sang des méchans qui voudraient nous troubler
Est ici désormais le seul qui doit couler.
Madame, il n'appartient qu'à la reine elle-même
De vous remettre aux mains d'un époux qui vous aime,
Et d'essuyer les pleurs qui coulent de vos yeux.

ÉROPE.

Mon sang devait couler... vous le savez, grands dieux!

THYESTE, *à Polémon.*

Il me faut rendre Érope?

POLÉMON.

Oui, Thyeste, et sur l'heure:
C'est la loi du traité.

THYESTE.

Va, que plutôt je meure,

Qu'aux monstres des enfers mes mânes soient livrés..

POLÉMON.

Quoi! vous avez promis, et vous vous parjurez.

THYESTE.

Qui? moi! qu'ai-je promis?

POLÉMON.

Votre fougue inutile
Veut-elle rallumer la discorde civile?

THYESTE.

La discorde vaut mieux qu'un si fatal accord.
Il redemande Érope; il l'aura par ma mort.

POLÉMON.

Vous écoutiez tantôt la voix de la justice.

THYESTE.

Je voyais de moins près l'horreur de mon supplice;
Je ne le puis souffrir.

POLÉMON.

Ah! c'est trop de fureurs;
C'est trop d'égaremens et de folles erreurs;
Mon amitié pour vous, qui se lasse et s'irrite,
Plaignait votre jeunesse imprudente et séduite;
Je vous tins lieu de père, et ce père offensé
Ne voit qu'avec horreur un amour insensé.
Je sers Atrée et vous, mais l'état davantage;
Et si l'un de vous deux rompt la foi qui l'engage,
Moi-même contre lui je cours me déclarer;
Mais de votre raison je veux mieux espérer,
Et bientôt dans ces lieux l'heureuse Hippodamie
Reverra sa famille en ses bras réunie s.

(Il sort.)

SCÈNE VII.

ÉROPE, THYESTE.

ÉROPE.
C'en est donc fait, Thyeste, il faut nous séparer.
THYESTE.
Moi! vous, mon fils... quel trouble a pu vous égarer?
Quel est votre dessein?
ÉROPE.
     C'est dans cette demeure,
C'est dans cette prison qu'il est temps que je meure,
Que je meure oubliée, inconnue aux mortels,
Inconnue à l'amour, à ses tourmens cruels,
A tous ces vains honneurs de la grandeur suprême [1],
Au redoutable Atrée, et surtout à vous-même.
THYESTE.
Vous n'accomplirez point ce projet odieux :
Je vous disputerais à mon frère, à nos dieux [2].
Suivez-moi.
ÉROPE.
   Nous marchons d'abymes en abymes;
C'est là votre partage, amours illégitimes.

FIN DU SECOND ACTE.

ACTE TROISIÈME.

SCÈNE I.

HIPPODAMIE, ATRÉE, POLÉMON, IDAS;
GARDES, PEUPLE, PRÊTRES.

HIPPODAMIE.
Généreux Polémon, la paix est votre ouvrage.
Régnez heureux, Atrée, et goûtez l'avantage
De posséder sans trouble un trône où vos aïeux,
Pour le bien des mortels, ont remplacé les dieux.
Thyeste avant la nuit partira pour Mycène.
J'ai vu s'éteindre enfin les flambeaux de la haine,
Dans ma triste maison si long-temps allumés ;
J'ai vu mes chers enfans paisibles, désarmés,
Dans ce parvis du temple étouffant leur querelle,
Commencer dans mes bras leur concorde éternelle.
Vous en serez témoins, vous, peuples réunis :
Prêtres qui m'écoutez, dieux long-temps ennemis,
Vous en serez garans. Ma débile paupière
Peut sans crainte à la fin s'ouvrir à la lumière.
J'attendrai dans la paix un fortuné trépas.
Mes derniers jours sont beaux... je ne l'espérais pas.

ATRÉE.
Idas, autour du temple étendez vos cohortes ;
Vous, gardez ce parvis ; vous, veillez à ces portes.

(à Hippodamie.)
Qu'une mère pardonne à ces soins ombrageux.
A peine encor sortis de nos temps orageux,
D'Argos ensanglantée à peine encor le maître,
Je préviens des dangers toujours prompts à renaître.
Thyeste a trop pâli, tandis qu'il m'embrassait :
Il a promis la paix, mais il en frémissait.
D'où vient que devant moi la fille d'Eurysthée
Sur vos pas en ces lieux ne s'est point présentée?
Vous deviez l'amener dans ce sacré parvis.

HIPPODAMIE.

Nos mystères divins, dans la Grèce établis,
La retiennent encore au milieu des prêtresses,
Qui de la paix des cœurs implorent les déesses.
Le ciel est à nos vœux favorable aujourd'hui,
Et vous serez sans doute apaisé comme lui.

ATRÉE.

Rendez-nous, s'il se peut, les immortels propices.
Je ne dois point troubler vos secrets sacrifices.

HIPPODAMIE.

Ce froid et sombre accueil était inattendu.
Je pensais qu'à mes soins vous auriez répondu.
Aux ombres du bonheur imprudemment livrée,
Je vois trop que ma joie était prématurée,
Que j'ai dû peu compter sur le cœur de mon fils.

ATRÉE.

Atrée est mécontent; mais il vous est soumis.

HIPPODAMIE.

Ah! je voulais de vous, après tant de souffrance,
Un peu moins de respects et plus de complaisance.

J'attendais de mon fils une juste pitié.
Je ne vous parle point des droits de l'amitié :
Je sais que la nature en a peu sur votre ame.

ATRÉE.

Thyeste vous est cher; il vous suffit, madame.

HIPPODAMIE.

Vous déchirez mon cœur après l'avoir percé.
Il fut par mes enfans assez long-temps blessé...
Je n'ai pu de vos mœurs adoucir la rudesse;
Vous avez en tout temps repoussé ma tendresse,
Et je n'ai mis au jour que des enfans ingrats.
Allez, mon amitié ne se rebute pas.
Je conçois vos chagrins, et je vous les pardonne.
Je n'en bénis pas moins ce jour qui vous couronne;
Il n'a pas moins rempli mes désirs empressés.
Connaissez votre mère, ingrat, et rougissez.

SCÈNE II.

ATRÉE, POLÉMON, IDAS; PEUPLE.

ATRÉE, *au peuple, à Polémon et à Idas.*
Qu'on se retire... Et vous, au fond de ma pensée,
Voyez tous les tourmens de mon ame offensée,
Et ceux dont je me plains, et ceux qu'il faut céler;
Et jugez si ce trône a pu me consoler.

POLÉMON.

Quels qu'ils soient, vous savez si mon zèle est sincère
Il peut vous irriter; mais, seigneur, une mère
Dans ce temple, à l'aspect des mortels et des dieux,

Devait-elle essuyer l'accueil injurieux
Qu'à ma confusion vous venez de lui faire?
Ah! le ciel lui donna des fils dans sa colère.
Tous les deux sont cruels, et tous deux de leurs mains
La mènent au tombeau par de tristes chemins.
C'était de vous surtout qu'elle devait attendre
Et la reconnaissance et l'amour le plus tendre.

ATRÉE.

Que Thyeste en conserve : elle l'a préféré;
Elle accorde à Thyeste un appui déclaré.
Contre mes intérêts puisqu'on le favorise,
Puisqu'on n'a point puni son indigne entreprise,
Que Mycène est le prix de ses emportemens,
Lui seul à ses bontés doit des remerciemens.

POLÉMON.

Vous en devez tous deux; et la reine et moi-même,
Nous avons de Pélops suivi l'ordre suprême.
Ne vous souvient-il plus qu'au jour de son trépas
Pélops entre ses fils partagea ses états?
Et vous en possédez la plus riche contrée
Par votre droit d'aînesse à vous seul assurée.

ATRÉE.

De mon frère en tout temps vous fûtes le soutien.

POLÉMON.

J'ai pris votre intérêt sans négliger le sien.
La loi seule a parlé, seule elle a mon suffrage.

ATRÉE.

On récompense en lui le crime qui m'outrage.

POLÉMON.

On déteste son crime, on le doit condamner;

Et vous, s'il se repent, vous devez pardonner.
Vous n'êtes point placé sur un trône d'Asie,
Ce siége de l'orgueil et de la jalousie,
Appuyé sur la crainte et sur la cruauté,
Et du sang le plus proche en tout temps cimenté.
Vers l'Euphrate un despote ignorant la justice,
Foulant son peuple aux pieds, suit en paix son caprice.
Ici nous commençons à mieux sentir nos droits.
L'Asie a ses tyrans, mais la Grèce a des rois.
Craignez qu'en s'éclairant Argos ne vous haïsse...
Petit-fils de Tantale, écoutez la justice.

ATRÉE.

Polémon, c'est assez, je conçois vos raisons;
Je n'avais pas besoin de ces nobles leçons;
Vous n'avez point perdu le grand talent d'instruire.
Vos soins dans ma jeunesse ont daigné me conduire;
Je dois m'en souvenir, mais il est d'autres temps :
Le ciel ouvre à mes pas des sentiers différens.
Je vous ai dû beaucoup, je le sais; mais peut-être
Oubliez-vous trop tôt que je suis votre maître.

POLÉMON.

Puisse ce titre heureux long-temps vous demeurer,
Et puissent dans Argos vos vertus l'honorer !

SCÈNE III.

ATRÉE, IDAS.

ATRÉE.

C'est à toi seul, Idas, que ma douleur confie
Les soupçons malheureux qui l'ont encore aigrie,

Le poison que nourrit ma haine et mon courroux,
La foule des tourmens que je leur cache à tous.

IDAS.

Qui peut vous alarmer?

ATRÉE.

Érope, Hippodamie,
Ma cour... la terre entière est donc mon ennemie !

IDAS.

Ce peuple sous vos lois ne s'est-il pas rangé?
N'êtes-vous pas roi ?

ATRÉE.

Non ; je ne suis pas vengé.
Tu me vois déchiré par d'étranges supplices[z].
Mes mains avec effroi rouvrent mes cicatrices;
J'en parle avec horreur; et je ne puis juger
Dans quel sang odieux il faudra me plonger...
Je veux croire, et je crois qu'Érope avec mon frère
N'a point osé former un hymen adultère...
Moi-même je la vis contre un rapt odieux
Implorer ma vengeance et les foudres des dieux.
Mais il est trop affreux qu'au jour de l'hyménée
Ma femme un seul moment ait été soupçonnée.
Apprends des sentimens plus douloureux cent fois.
Je ne sais si l'objet indigne de mon choix,
Sur mes sens révoltés, que la fureur déchire,
N'aurait point en secret conservé quelque empire.
J'ignore si mon cœur, facile à l'excuser,
Des feux qu'il étouffa peut encor s'embraser;
Si dans ce cœur farouche, en proie aux barbaries,
L'amour habite encore au milieu des furies[aa].

ACTE III, SCÈNE III.

IDAS.

Vous pouvez sans rougir la revoir et l'aimer.
Contre vos sentimens pourquoi vous animer?
L'absolu souverain d'Érope et de l'empire
Doit s'écouter lui seul, et peut ce qu'il désire.
De votre mère encor j'ignore les projets :
Mais elle est comme une autre au rang de vos sujets.
Votre gloire est la sienne ; et, de troubles lassée,
A vous rendre une épouse elle est intéressée.
Son ame est noble et juste ; et jusques à ce jour
Nulle mère à son sang n'a marqué tant d'amour.

ATRÉE.

Non : ma mère insultait à ma douleur jalouse,
Et j'étais le jouet de mon indigne épouse.

IDAS.

A vos pieds dans ce temple elle doit se jeter ;
Hippodamie enfin doit vous la présenter.
Toutes deux hautement condamnent votre frère.

ATRÉE.

Érope eût pu calmer les flots de ma colère [bb] :
Je l'aimai, j'en rougis... J'attendis dans Argos
De ce funeste hymen ma gloire et mon repos.
De toutes les beautés Érope est l'assemblage ;
Les vertus de son sexe étaient sur son visage ;
Et, quand je la voyais, je les crus dans son cœur.
Tu m'as vu détester et chérir mon erreur,
Et tu me vois encor flotter dans cet orage,
Incertain de mes vœux, incertain dans ma rage,
Nourrissant en secret un affreux souvenir,
Et redoutant surtout d'avoir à la punir [cc].

S'il est vrai qu'en ce temple à son devoir fidèle
Elle ait prétendu fuir l'audace criminelle
Du rival insolent qui m'osait outrager,
Je puis éteindre encor la soif de me venger;
Je puis garder la paix que ma bouche a jurée,
Et remettre un bandeau sur ma vue égarée.
Mais je veux que Thyeste avant la fin du jour
De son coupable aspect purge enfin ce séjour;
Qu'il respecte, s'il peut, cette paix si douteuse...
Si l'on m'avait trompé, je la rendrais affreuse.

SCÈNE IV.

ATRÉE, MÉGARE.

ATRÉE.

Mégare, où courez-vous? arrêtez, répondez.
D'où vient que dans ces lieux par des prêtres gardés,
Ma malheureuse épouse, à mes bras arrachée,
Est toujours à ma vue indignement cachée?
D'où vient qu'Hippodamie a soustrait à mes yeux
Cet objet adoré, cet objet odieux,
Cet objet criminel, autrefois plein de charmes,
Qui devrait arroser mes genoux de ses larmes?
Ce seul prix de la paix que je daigne accorder,
Ce prix que je m'abaisse encore à demander?
Quoi! ma femme à mes yeux n'a point osé paraître!

MÉGARE.

Elle attend en tremblant son époux et son maître.
Dans cet asile saint elle invoque à genoux

La faveur de ses dieux qu'elle implore pour vous.
####### ATRÉE.
Qu'elle implore la mienne... Apprenez qu'un refuge
N'est qu'un crime nouveau commis contre son juge.
Jusqu'à quand mon épouse, en son indigne effroi,
Se mettra-t-elle encore entre ses dieux et moi ?
J'abhorre ces complots de prêtres et de femmes,
Ce mélange importun de leurs petites trames,
De secrets intérêts, de sourde ambition,
De vanité, de fraude et de religion.
Je veux qu'on vienne à moi, mais sans nul artifice;
Qu'on n'ait aucun appui qu'en ma seule justice;
Que l'humble repentir parle avec vérité,
Qu'on fléchisse en tremblant mon courage irrité.
Mais qui croit m'éblouir me trouve inexorable.
Allez; annoncez-lui cet ordre irrévocable.
####### MÉGARE.
J'en connais l'importance : elle la sait assez.
####### ATRÉE.
Il y va de la vie; allez, obéissez.

FIN DU TROISIÈME ACTE.

ACTE QUATRIÈME.

SCÈNE I.

ÉROPE, THYESTE.

ÉROPE.
Dans ces asiles saints j'étais ensevelie,
J'y cachais mes tourmens, j'y terminais ma vie.
C'est donc toi qui me rends à ce jour que je hais !
Thyeste, en tous les temps tu m'as ravi la paix.

THYESTE.
Ce funeste dessein nous fesait trop d'outrage.

ÉROPE.
Ma faute et ton amour nous en font davantage.

THYESTE.
Quoi ! verrai-je en tout temps vos remords douloureux
Empoisonner des jours que vous rendiez heureux !

ÉROPE.
Nous heureux ! nous, cruel ! ah ! dans mon sort funeste,
Le bonheur est-il fait pour Érope et Thyeste ?

THYESTE.
Vivez pour votre fils.

ÉROPE.
Ravisseur de ma foi,
Tu vois trop que je vis pour mon fils et pour toi.
Thyeste, il t'a donné des droits inviolables,

ACTE IV, SCÈNE I.

Et les nœuds les plus saints ont uni deux coupables.
Je t'ai fui, je l'ai dû : je ne puis te quitter;
Sans horreur avec toi je ne saurais rester;
Je ne puis soutenir la présence d'Atrée.

THYESTE.

La fatale entrevue est encor différée.

ÉROPE.

Sous des prétextes vains, la reine avec bonté
Écarte encor de moi ce moment redouté.
Mais la paix dans vos cœurs est-elle résolue?

THYESTE.

Cette paix est promise, elle n'est point conclue.
Mais j'aurai dans Argos encor des défenseurs;
Et Mycène déja m'a promis des vengeurs.

ÉROPE.

Me préservent les cieux d'une nouvelle guerre!
Le sang pour nos amours a trop rougi la terre.

THYESTE.

Ce n'est que par le sang qu'en cette extrémité
Je puis soustraire Érope à son autorité.
Il faut tout dire enfin; c'est parmi le carnage
Que dans une heure au moins je vous ouvre un passage.

ÉROPE.

Tu redoubles mes maux, ma honte, mon effroi,
Et l'éternelle horreur que je ressens pour moi.
Thyeste, garde-toi d'oser rien entreprendre
Avant qu'il ait daigné me parler et m'entendre.

THYESTE.

Lui, vous parler... Mais vous, dans ce mortel ennui,
Qu'avez-vous résolu?

ÉROPE.

De n'être point à lui...
Va, cruel, à t'aimer le ciel m'a condamnée.
THYESTE.
Je vois donc luire enfin ma plus belle journée.
Ce mot à tous mes vœux en tout temps refusé,
Pour la première fois vous l'avez prononcé :
Et l'on ose exiger que Thyeste vous cède !
Vaincu je sais mourir, vainqueur je vous possède.
Je vais donner mon ordre ; et mon sort en tout temps
Est d'arracher Érope aux mains de nos tyrans.

SCÈNE II.

ÉROPE, MÉGARE.

MÉGARE.
Ah, madame ! le sang va-t-il couler encore ?
ÉROPE.
J'attends mon sort ici, Mégare, et je l'ignore.
MÉGARE.
Quel appareil terrible et quelle triste paix !
On borde de soldats le temple et le palais :
J'ai vu le fier Atrée ; il semble qu'il médite
Quelque profond dessein qui le trouble et l'agite.
ÉROPE.
Je dois m'attendre à tout sans me plaindre de lui.
Mégare, contre moi tout conspire aujourd'hui !
Ce temple est un asile, et je m'y réfugie.
J'attendris sur mes maux le cœur d'Hippodamie ;

ACTE IV, SCÈNE II.

J'y trouve une pitié que les cœurs vertueux
Ont pour les criminels quand ils sont malheureux,
Que tant d'autres, hélas! n'auraient point éprouvée.
Aux autels de nos dieux je me crois réservée;
Thyeste m'y poursuit quand je veux m'y cacher;
Un époux menaçant vient encor m'y chercher;
Soit qu'un reste d'amour vers moi le détermine,
Soit que de son rival méditant la ruine,
Il exerce avec lui l'art de dissimuler,
A son trône, à son lit il ose m'appeler.
Dans quel état, grands dieux! quand le sort qui m'op-
Peut remettre en ses mains le gage de mon crime,
Quand il peut tous les deux nous punir sans retour,
Moi d'être une infidèle, et mon fils d'être au jour!

MÉGARE.

Puisqu'il veut vous parler, croyez que sa colère
S'apaise enfin pour vous, et n'en veut qu'à son frère.
Vous êtes sa conquête... il a su l'obtenir.

ÉROPE.

C'en est fait, sous ses lois je ne puis revenir.
La gloire de tous trois doit encor m'être chère;
Je ne lui rendrai point une épouse adultère,
Je ne trahirai point deux frères à la fois.
Je me donnais aux dieux, c'était mon dernier choix:
Ces dieux n'ont point reçu l'offrande partagée
D'une ame faible et tendre en ses erreurs plongée.
Je n'ai plus de refuge, il faut subir mon sort;
Je suis entre la honte et le coup de la mort;
Mon cœur est à Thyeste, et cet enfant lui-même,
Cet enfant qui va perdre une mère qui l'aime,

Est le fatal lien qui m'unit malgré moi
Au criminel amant qui m'a ravi ma foi.
Mon destin me poursuit, il me ramène encore
Entre deux ennemis dont l'un me déshonore,
Dont l'autre est mon tyran, mais un tyran sacré.

SCÈNE III.

ÉROPE, POLÉMON, MÉGARE.

POLÉMON.

Princesse, en ce parvis votre époux est entré;
Il s'apaise, il s'occupe avec Hippodamie
De cette heureuse paix qui vous réconcilie.
Elle m'envoie à vous. Nous connaissons tous deux
Les transports violens de son cœur soupçonneux.
Quoiqu'il termine enfin ce traité salutaire,
Il voit avec horreur un rival dans son frère.
Persuadez Thyeste, engagez-le à l'instant
A chercher dans Mycène un trône qui l'attend;
A ne point différer par sa triste présence
Votre réunion que ce traité commence [dd].

ÉROPE.

L'intérêt de ma vie est peu cher à mes yeux.
Peut-être il en est un plus grand, plus précieux!
Allez, digne soutien de nos tristes contrées,
Que ma seule infortune au meurtre avait livrées :
Je voudrais seconder vos augustes desseins;
J'admire vos vertus; je cède à mes destins.
Puissé-je mériter la pitié courageuse

ACTE IV, SCÈNE IV.

Que garde encor pour moi cette ame généreuse !
La reine a jusqu'ici consolé mon malheur...
Elle n'en connaît pas l'horrible profondeur.

POLÉMON.

Je retourne auprès d'elle; et pour grace dernière
Je vous conjure encor d'écouter sa prière.

SCÈNE IV.

ÉROPE, MÉGARE.

MÉGARE.

Vous le voyez, Atrée est terrible et jaloux;
Ne vous exposez point à son juste courroux.

ÉROPE.

Que prétends-tu de moi? Tu connais son injure;
Je ne puis à ma faute ajouter le parjure.
Tout le courroux d'Atrée, armé de son pouvoir,
L'amour même, en un mot (s'il pouvait en avoir) *ee*,
Ne me réduira point jusques à la faiblesse
De flatter, de tromper sa fatale tendresse.
Je fus coupable assez sans encor m'avilir.

MÉGARE.

Il va bientôt paraître.

EROPE.

Ah! tu me fais mourir.

MÉGARE.

L'abyme est sous vos pas.

EROPE.

Je le sais; mais n'importe.
Je connais mon danger; la vérité l'emporte.

MÉGARE.

Madame, le voici.

ÉROPE.

Je commence à trembler :
Quoi! c'est Atrée! ô ciel! et j'ose lui parler!

SCÈNE V.

ÉROPE, MÉGARE, ATRÉE; GARDES.

ATRÉE *fait signe à ses gardes et à Mégare de se retirer.*

Laissez-nous. Je la vois interdite, éperdue :
D'un époux qu'elle craint elle éloigne sa vue.

ÉROPE.

La lumière à mes yeux semble se dérober...
Seigneur, votre victime à vos pieds vient tomber.
Levez le fer, frappez : une plainte offensante
Ne s'échappera point de ma bouche expirante.
Je sais trop que sur moi vous avez tous les droits,
Ceux d'un époux, d'un maître et des plus saintes lois :
Je les ai tous trahis. Et quoique votre frère
Opprimât de ses feux l'esclave involontaire,
Quoique la violence ait ordonné mon sort,
L'objet de tant d'affronts a mérité la mort.
Éteignez sous vos pieds ce flambeau de la haine
Dont la flamme embrasait l'Argolide et Mycène;
Et puissent sur ma cendre, après tant de fureurs,
Deux frères réunis oublier leurs malheurs!

ATRÉE.

Levez-vous : je rougis de vous revoir encore,

ACTE IV, SCÈNE V.

Je frémis de parler à qui me déshonore.
Entre mon frère et moi vous n'avez point d'époux;
Qu'attendez-vous d'Atrée, et que méritez-vous?

ÉROPE.

Je ne veux rien pour moi.

ATRÉE.

     Si ma juste vengeance
De Thyeste et de vous eût égalé l'offense,
Les pervers auraient vu comme je sais punir;
J'aurais épouvanté les siècles à venir.
Mais quelque sentiment, quelque soin qui me presse,
Vous pourriez désarmer cette main vengeresse;
Vous pourriez des replis de mon cœur ulcéré
Écarter les serpens dont il est dévoré,
Dans ce cœur malheureux obtenir votre grace,
Y retrouver encor votre première place,
Et me venger d'un frère en revenant à moi.
Pouvez-vous, osez-vous me rendre votre foi?
Voici le temple même où vous fûtes ravie,
L'autel qui fut souillé de tant de perfidie,
Où le flambeau d'hymen fut par vous allumé,
Où nos mains se joignaient... où je crus être aimé:
Du moins vous étiez prête à former les promesses
Qui nous garantissaient les plus saintes tendresses.
Jurez-y maintenant d'expier ses forfaits,
Et de haïr Thyeste autant que je le hais.
Si vous me refusez, vous êtes sa complice;
A tous deux, en un mot, venez rendre justice.
Je pardonne à ce prix : répondez-moi.

ÉROPE.

                    Seigneur,
C'est vous qui me forcez à vous ouvrir mon cœur.
La mort que j'attendais était bien moins cruelle
Que le fatal secret qu'il faut que je révèle.
Je n'examine point si les dieux offensés
Scellèrent mes sermens à peine commencés.
J'étais à vous, sans doute, et mon père Eurysthée
M'entraîna vers l'autel où je fus présentée.
Sans feinte et sans dessein, soumise à son pouvoir,
Je me livrais entière aux lois de mon devoir.
Votre frère, enivré de sa fureur jalouse,
A vous, à ma famille arracha votre épouse;
Et bientôt Eurysthée, en terminant ses jours,
Aux mains qui me gardaient me laissa sans secours.
Je restai sans parens. Je vis que votre gloire
De votre souvenir bannissait ma mémoire;
Que disputant un trône, et prompt à vous armer,
Vous haïssiez un frère, et ne pouviez m'aimer...

ATRÉE.

Je ne le devais pas... je vous aimai peut-être.
Mais... Achevez, Érope; abjurez-vous un traître?
Aux pieds des immortels remise entre mes bras,
M'apportez-vous un cœur qu'il ne mérite pas?

ÉROPE.

Je ne saurais tromper; je ne dois plus me taire.
Mon destin pour jamais me livre à votre frère:
Thyeste est mon époux.

ATRÉE.

           Lui!

ACTE IV, SCÈNE V.

ÉROPE.

Les dieux ennemis
Éternisent ma faute en me donnant un fils.
Vous allez vous venger de cette criminelle :
Mais que le châtiment ne tombe que sur elle ;
Que ce fils innocent ne soit point condamné.
Conçu dans les forfaits, malheureux d'être né,
La mort entoure encor son enfance première ;
Il n'a vu que le crime en ouvrant la paupière.
Mais il est après tout le sang de vos aïeux ;
Il est, ainsi que vous, de la race des dieux :
Seigneur, avec son père on vous réconcilie ;
De mon fils au berceau n'attaquez point la vie :
Il suffit de la mère à votre inimitié.
J'ai demandé la mort, et non votre pitié.

ATRÉE.

Rassurez-vous... le doute était mon seul supplice...
Je crains peu qu'on m'éclaire... et je me rends justice...
Mon frère en tout l'emporte... il m'enlève aujourd'hui
Et la moitié d'un trône, et vous-même avec lui...
De Mycène et d'Érope il est enfin le maître.
Dans sa postérité je le verrai renaître...
Il faut bien me soumettre à la fatalité
Qui confirme ma perte et sa félicité.
Je ne puis m'opposer au nœud qui vous enchaîne,
Je ne puis lui ravir Érope ni Mycène.
Aux ordres du destin je sais me conformer...
Mon cœur n'était pas fait pour la honte d'aimer...
Ne vous figurez pas qu'une vaine tendresse
Deux fois pour une femme ensanglante la Grèce.

Je reconnais son fils pour son seul héritier...
Satisfait de vous perdre et de vous oublier,
Je veux à mon rival vous rendre ici moi-même...
Vous tremblez.

ÉROPE.

Ah, seigneur ! ce changement extrême,
Ce passage inouï du courroux aux bontés,
Ont saisi mes esprits que vous épouvantez.

ATRÉE.

Ne vous alarmez point; le ciel parle, et je cède.
Que pourrais-je opposer à des maux sans remède ?
Après tout, c'est mon frère... et son front couronné
A la fille des rois peut être destiné...
Vous auriez dû plus tôt m'apprendre sa victoire,
Et de vous pardonner me préparer la gloire...
Cet enfant de Thyeste est sans doute en ces lieux ?

ÉROPE.

Mon fils... est loin de moi... sous la garde des dieux.

ATRÉE.

Quelque lieu qui l'enferme, il sera sous la mienne.

ÉROPE.

Sa mère doit, seigneur, le conduire à Mycène.

ATRÉE.

A ses parens, à vous, les chemins sont ouverts;
Je ne regrette rien de tout ce que je perds;
La paix avec mon frère en est plus assurée.
Allez...

ÉROPE, *en partant.*

Dieux ! s'il est vrai... mais dois-je croire Atrée ?

SCÈNE VI.

ATRÉE.

Enfin, de leurs complots j'ai connu la noirceur [gg].
La perfide! elle aimait son lâche ravisseur.
Elle me fuit, m'abhorre, elle est toute à Thyeste :
Du saint nom de l'hymen ils ont voilé l'inceste;
Ils jouissent en paix du fils qui leur est né;
Le vil enfant du crime au trône est destiné.
Tu ne goûteras pas, race impure et coupable,
Les fruits des attentats dont l'opprobre m'accable.
Par quel enchantement, par quel prestige affreux,
Tous les cœurs contre moi se déclaraient pour eux!
Polémon réprouvait l'excès de ma colère;
Une pitié crédule avait séduit ma mère;
On flattait leurs amours, on plaignait leurs douleurs;
On était attendri de leurs perfides pleurs;
Tout Argos favorable à leurs lâches tendresses
Pardonne à des forfaits qu'il appelle faiblesses,
Et je suis la victime et la fable à la fois
D'un peuple qui méprise et les mœurs et les lois.
Vous en allez frémir, Grèce légère et vaine,
Détestable Thyeste, insolente Mycène.
Soleil qui vois ce crime et toute ma fureur,
Tu ne verras bientôt ces lieux qu'avec horreur [hh].
Le voilà cet enfant, ce rejeton du crime...
Je te tiens : les enfers m'ont livré ma victime;
Je tiens ce glaive affreux sous qui tomba Pélops.

Il te frappe, il t'égorge, il t'étale en lambeaux ;
Il fait rentrer ton sang, au gré de ma furie,
Dans le coupable sang qui t'a donné la vie.
Le festin de Tantale est préparé pour eux ;
Les poisons de Médée en sont les mets affreux.
Tout tombe autour de moi par cent morts différentes.
Je me plais aux accens de leurs voix expirantes ;
Je savoure le sang dont j'étais affamé.
Thyeste, Érope, ingrats ! tremblez d'avoir aimé.

IDAS, *accourant à lui.*

Seigneur, qu'ai-je entendu ? quels discours effroyables !
Que vous m'épouvantez par ces cris lamentables !

ATRÉE.

Tu vois l'abyme affreux où le sort m'a conduit...
Mon injure m'accable, et ma raison me fuit.
Des fantômes sanglans ont rempli ma pensée ;
Des cris sont échappés de ma bouche oppressée...
Mon esprit égaré par l'excès des tourmens
S'étonne du pouvoir qu'ont usurpé mes sens...
Tu me rends à moi-même... Enfin je me retrouve.
Pardonne à des fureurs qu'avec toi je réprouve.
Je les repousse en vain... ce cœur désespéré
Est trop plein des serpens dont il est dévoré.

IDAS.

Rendez quelque repos à votre ame égarée.

ATRÉE.

Enfers qui m'appelez, en est-il pour Atrée ?

FIN DU QUATRIÈME ACTE.

ACTE CINQUIÈME.

SCÈNE I.
ÉROPE, THYESTE, MÉGARE.

THYESTE, *à Érope.*
Je ne puis vous blâmer de cet aveu sincère,
Injurieux, terrible et pourtant nécessaire.
Il a réduit Atrée à ne plus réclamer
Un hymen que le ciel ne saurait confirmer.
ÉROPE.
Ah! j'aurais dû plutôt expirer et me taire.
THYESTE.
Quoi! je vous vois sans cesse à vous-même contraire!
ÉROPE.
Je frémis d'avoir dit la dure vérité.
THYESTE.
Il doit sentir au moins quelle fatalité
Dispose en tous les temps du sang des Pélopides.
Il voit qu'après un an de troubles, d'homicides,
Après tant d'attentats, triste fruit des amours,
Un éternel oubli doit terminer leur cours.
Nous ne pouvons enfin retourner en arrière;
Il ne peut renverser l'éternelle barrière
Que notre hymen élève entre nous deux et lui.
Mes destins ont vaincu; je triomphe aujourd'hui.

ÉROPE.

Quel triomphe! Êtes-vous hors de sa dépendance?
Votre frère avec vous est-il d'intelligence?
Atrée en me parlant s'est-il bien expliqué?
Dans ses regards affreux n'ai-je pas remarqué
L'égarement du trouble et de l'inquiétude?
Polémon de son ame a long-temps fait l'étude;
Il semble être peu sûr de sa sincérité.

THYESTE.

N'importe, il faut qu'il cède à la nécessité.
C'était le seul moyen (du moins j'ose le croire)
Qui de nous trois enfin pût réparer la gloire.

ÉROPE.

Il est maître d'Argos; nous sommes dans ses mains.

THYESTE.

Dans l'asile où je suis les dieux sont souverains [ii].

ÉROPE.

Eh! qui nous répondra que ces dieux nous protégent?
Peut-être en ce moment les périls nous assiégent.

THYESTE.

Quels périls? entre nous le peuple est partagé,
Et même autour du temple il est déja rangé.
Mes amis rassemblés arrivent de Mycène,
Ils viennent adorer et défendre leur reine:
Mais il n'est pas besoin de ce nouveau secours:
Le ciel avec la paix veille ici sur vos jours;
La reine et Polémon, dans ce temple tranquille,
Imposent le respect qu'on doit à cet asile.

ÉROPE.

Vous-même, en m'enlevant, l'avez-vous respecté?

THYESTE.

Ah! ne corrompez point tant de félicité.
Pour la première fois la douceur en est pure.

SCÈNE II.

HIPPODAMIE, ÉROPE, THYESTE, POLÉMON, MÉGARE.

HIPPODAMIE.

Enfin donc désormais tout cède à la nature.
Bannissez, Polémon, ces soupçons recherchés,
A vos conseils prudens quelquefois reprochés.
Vous venez avec moi d'entendre les promesses
Dont mon fils ranimait ma joie et mes tendresses.
Pourquoi tromperait-il par tant de fausseté
L'espoir qu'il vient de rendre au sein qui l'a porté?
Il cède à vos conseils, il pardonne à son frère,
Il approuve un hymen devenu nécessaire;
Il y consent du moins : la première des lois,
L'intérêt de l'état lui parle à haute voix.
Il n'écoute plus qu'elle; et s'il voit avec peine
Dans ce fatal enfant l'héritier de Mycène,
Consolé par le trône où les dieux l'ont placé,
A la publique paix lui-même intéressé,
Lié par ses sermens, oubliant son injure,
Docile à vos leçons, mon fils n'est point parjure.

POLÉMON.

Reine, je ne veux point, dans mes soins défians,
Jeter sur ses desseins des yeux trop prévoyans.
Mon cœur vous est connu; vous savez s'il souhaite

Que cette heureuse paix ne soit point imparfaite.

HIPPODAMIE.

La coupe de Tantale en est l'heureux garant.
Nous l'attendons ici; c'est de moi qu'il la prend;
Il doit me l'apporter, il doit avec son frère
Prononcer après moi ce serment nécessaire [u].

(à Érope et à Thyeste.)

C'est trop se défier : goûtez entre mes bras
Un bonheur, mes enfans, que nous n'attendions pas.
Vous êtes arrivés par une route affreuse
Au but que vous marquait cette fin trop heureuse.
Sans outrager l'hymen, vous me donnez un fils;
Il a fait nos malheurs, mais il les a finis;
Et je puis à la fin, sans rougir de ma joie,
Remercier le ciel de ce don qu'il m'envoie.
Si vos terreurs encor vous laissent des soupçons,
Confiez-moi ce fils, Érope, et j'en réponds.

THYESTE.

Eh bien! s'il est ainsi, Thyeste et votre fille
Vont remettre en vos mains l'espoir de leur famille.
Vous, ma mère, et les dieux, vous serez son appui
Jusqu'à l'heureux moment où je pars avec lui.

ÉROPE.

De mes tristes frayeurs à la fin délivrée,
Je me confie en tout à la mère d'Atrée.
Cours, Mégare.

MÉGARE.

Ah! princesse, à quoi m'obligez-vous!

ÉROPE.

Va, dis-je, ne crains rien... Sur vos sacrés genoux,

En présence des dieux, je mettrai sans alarmes
Ce dépôt précieux arrosé de mes larmes *mm*.
THYESTE.
C'est vous qui l'adoptez et qui m'en répondez.
HIPPODAMIE.
Oui, j'en réponds.
THYESTE.
Voyez ce que vous hasardez.
POLÉMON.
Je veillerai sur lui.
ÉROPE.
Soyez sa protectrice,
Ma mère : s'il est né sous un cruel auspice,
Corrigez de son sort le sinistre ascendant.
HIPPODAMIE.
On m'ôtera le jour avant que cet enfant...
Vous savez, belle Érope, en tous les temps trop chère *nn*,
Si le ciel m'a donné des entrailles de mère.

SCÈNE III.

HIPPODAMIE, ÉROPE, THYESTE, IDAS, POLÉMON.

IDAS.
Reines, on vous attend. Atrée est à l'autel.
ÉROPE.
Atrée?
IDAS.
Il doit lui-même, en ce jour solennel,
Commencer sous vos yeux ces heureux sacrifices,

Immoler la victime, en offrir les prémices ;
(à Érope.)
Les goûter avec vous, tandis que dans ces lieux,
Pour confirmer la paix jurée au nom des dieux,
Je dois faire apporter la coupe de ses pères,
Ce gage auguste et saint de vos sermens sincères.
C'est à Thyeste, à vous, de venir commencer
La fête qu'il ordonne et qu'il fait annoncer.

THYESTE.

Mais il pouvait lui-même ici nous en instruire,
Venir prendre sa mère, à l'autel nous conduire.
Il le devait.

IDAS.

Au temple, un devoir plus pressé,
De ces devoirs communs, seigneur, l'a dispensé.
Vous savez que les dieux sont aux rois plus propices,
Quand de leurs propres mains ils font les sacrifices.
Les rois des Argiens de ce droit sont jaloux.

THYESTE.

Allons donc, chère Érope... A côté d'un époux
Suivez, sans vous troubler, une mère adorée.
Je ne puis craindre ici l'inimitié d'Atrée ;
Engagé trop avant, il ne peut reculer.

ÉROPE.

Pardonne, cher époux, si tu me vois trembler,

HIPPODAMIE.

Venez, ne tardons plus... Le sang des Pélopides
Dans ce jour fortuné n'aura point de perfides ∞.

IDAS.

Non, madame ; au courroux dont il fut possédé

ACTE V, SCÈNE IV.

Par degrés à mes yeux le calme a succédé.
La paix est dans le cœur du redoutable Atrée :
Lui-même il veut remplir cette coupe sacrée
Que les prêtres des dieux porteront à l'autel,
Où vous prononcerez le serment solennel.

POLÉMON.

Achevons notre ouvrage; entrons, la porte s'ouvre,
De ce saint appareil la pompe se découvre.

(Ici on apporte l'autel avec la coupe. La reine, Érope et Thyeste se mettent à un des côtés; Polémon et Idas, en la saluant, se placent de l'autre; on place la coupe sur la table. On voit venir de loin Atrée, qui s'arrête à l'entrée de la scène.)

Enfin je vois Atrée : il avance à pas lents,
Interdit, égaré...

SCÈNE IV.

LES PRÉCÉDENS; ATRÉE, *dans le fond.*

HIPPODAMIE.

Écoutez nos sermens,
Dieux qui rendez enfin dans ce jour salutaire
Les peuples à leurs rois, les enfans à leur mère :
Si du trône des cieux vous ne dédaignez pas
D'honorer d'un coup d'œil les rois et les états,
Prodiguez vos faveurs à la vertu du juste;
Si le crime est ici, que cette coupe auguste
En lave la souillure, et demeure à jamais
Un monument sacré de vos nouveaux bienfaits.

(à Atrée.)

Approchez-vous, mon fils. D'où naît cette contrainte,
Et quelle horreur nouvelle en vos regards est peinte?

ATRÉE.

Peut-être un peu de trouble a pu renaître en moi,
En voyant que mon frère a soupçonné ma foi.

HIPPODAMIE.

Ah! bannissez, mes fils, ces soupçons téméraires,
Honteux entre des rois, cruels entre des frères.
Tout doit être oublié; la plainte aigrit les cœurs,
Et de ce jour heureux corromprait les douceurs;
Dans nos embrassemens qu'enfin tout se répare.
   (à Polémon.)
Donnez-moi cette coupe.

MÉGARE, *accourant.*

Arrêtez!

ÉROPE.

Ah, Mégare!
Tu reviens sans mon fils!

MÉGARE, *se plaçant près d'Érope.*

De farouches soldats
Ont saisi cet enfant dans mes débiles bras.

ÉROPE.

On m'arrache mon sang!

MÉGARE.

Interdite et tremblante,
Les dieux que j'attestais m'ont laissée expirante.
Craignez tout.

ÉROPE.

Ah! courons...

THYESTE.

Volons, sauvons mon fils...

ACTE V, SCÈNE IV.

ATRÉE, *toujours dans l'enfoncement.*
Du crime de sa vie enfin reçois le prix.
(On frappe Érope derrière la scène.).

ÉROPE.

Je meurs!

ATRÉE.

       Tombe avec elle, exécrable Thyeste,
Suis ton infame épouse, et l'enfant de l'inceste;
Je n'ai pu t'abreuver de ce sang criminel;
Mais tu le rejoindras.

THYESTE, *derrière la scène.*

              Dieux! c'est à votre autel...
Mais je l'avais souillé.

HIPPODAMIE.

            Fureurs de la vengeance!
Ciel qui la réservais! implacable puissance!
Monstre que j'ai nourri, monstre de cruauté,
Achève, ouvre ce sein, ces flancs qui t'ont porté.
(On entend le tonnerre, et les ténèbres couvrent la terre.)
ATRÉE, *appuyé contre une colonne pendant que le tonnerre gronde.*

Destin, tu l'as voulu! c'est d'abyme en abyme
Que tu conduis Atrée à ce comble du crime...
La foudre m'environne, et le soleil me fuit!
L'enfer s'ouvre... je tombe en l'éternelle nuit.
Tantale, pour ton fils tu viens me reconnaître,
Et mes derniers neveux m'égaleront peut-être.

FIN DES PÉLOPIDES.

VARIANTES
DE LA TRAGÉDIE DES PÉLOPIDES.

a Édition stéréotype de Didot :

    Le peuple me conserve un reste de faveur.

b Ibid.

    Et pour servir nos rois je revole au sénat.

c Ibid.

    Le secret de ma vie et le sang de nos dieux.

d Ibid.

    Ont eu tant de puissance et coûté tant de larmes !

e Ibid.

    Mais plus il est armé contre mon ravisseur.

f Ibid.

    Atrée est implacable ; il poursuit sa vengeance.

g   ÉROPE.
    Peut-être un sort plus triste empoisonne ma vie.
    Les monstres déchaînés de l'empire des morts
    Sont moins cruels pour moi que l'horreur des remords.

L'édition stéréotype porte :

    Sont encor plus affreux, etc.,

ce qui est évidemment un contre-sens.

h Même édition :

    Unissez vos transports à mes remerciemens ;
    Aux dieux dont nous sortons offrons un pur encens.

i Ibid.

    Tout ce que mes remords doivent me reprocher.

VARIANTES DES PÉLOPIDES.

k Édition stéréotype :

C'est là que je venais, etc.

l Ibid.

Vous voir banni d'Argos et même de Mycène.

m Réparer vos erreurs et } vaincre son courroux...
nous réunir tous.

n Même édition :

Mais je pourrai du moins mourir en combattant.

o Ibid.

En accroît la blessure, etc.

p   THYESTE.
Épouse infortunée et malheureuse mère !
Mais nul ne peut forcer sa prison volontaire ;
De cet asile saint rien ne peut la tirer.

q Que je résiste ou non, c'en est fait, tout me perd.
Auteur de tant de maux, pourquoi m'as-tu seduite !
                   THYESTE.
O ma chère moitié ! n'en craignez point la suite·
Cette fatale paix ne s'accomplira pas.

Cette variante a été reportée dans le texte de l'édition stéréotype.

r Je me suis trop sans doute accusé devant elle.
Ce n'est pas vous du moins qui fûtes criminelle :
A mon fier ennemi j'enlevai vos appas.
Les dieux n'avaient point mis Érope entre ses bras.
J'éteignis les flambeaux de cette horrible fête :
Malgré vous, en un mot, vous fûtes ma conquête :
Je fus le seul coupable, et je ne le suis plus.
Votre cœur alarmé, vos vœux irrésolus
M'ont assez reproché ma flamme et mon audace ;
A mon emportement le ciel même a fait grace.

Cette variante a été reportée dans le texte de l'édition stéréotype.

s L'édition stéréotype porte :

> Il est temps qu'en ces lieux l'heureuse Hippodamie
> Voie enfin sa famille en ses bras réunie.

t A ce trouble éternel qui suit le diadème.

u Édition stéréotype :

> Je vous dispute encore à mon frère, à nos dieux.

x *Ibid.*

> Allez ; et, s'il se peut, rendez les dieux propices.

y On condamne son crime : il le doit expier ;
Et vous, s'il se repent, vous devez l'oublier.

Cette variante a été reportée dans l'édition stéréotype.

z Mon cœur peut se tromper ; mais dans Hippodamie
Je crains de rencontrer ma secrète ennemie.
Polémon n'est qu'un traître, et son ambition
Peut-être de Thyeste armait la faction.

IDAS.

Tel est souvent des cours le manége perfide ;
La vérité les fuit, l'imposture y réside :
Tout est parti, cabale, injure ou trahison ;
Vous voyez la discorde y verser son poison.
Mais que craindriez-vous d'un parti sans puissance ?
Tout n'est-il pas soumis à votre obéissance ?
Ce peuple sous vos lois ne s'est-il pas rangé ?
Vous êtes maître ici.

ATRÉE.
Je n'y suis pas vengé,
J'y suis en proie, Idas, à d'étranges supplices.

Ces deux derniers vers ont été reportés dans le texte de l'édition stéréotype.

aa Édition stéréotype :

> L'amour n'habite point au milieu des furies.

bb Non ; ma fatale épouse, entre mes bras ravie,
De sa place en mon cœur sera du moins bannie.

IDAS.

A vos pieds, dans ce temple, elle doit se jeter ;
Hippodamie enfin doit vous la présenter.

ATRÉE.

Pour Érope, il est vrai, j'aurais pu sans faiblesse
Garder le souvenir d'un reste de tendresse ;
Mais, pour éteindre enfin tant de ressentimens,
Cette mère qui m'aime a tardé bien long-temps.
Érope n'a point part au crime de mon frère.

Ces cinq derniers vers sont dans le texte de l'édition stéréotype.

" Fin du troisième acte, dans l'édition de 1775 :

SCÈNE IV.

HIPPODAMIE, ATRÉE, IDAS.

HIPPODAMIE.

Vous revoyez, mon fils, une mère affligée,
Qui, toujours trop sensible et toujours outragée,
Revient vous dire enfin, du pied des saints autels,
Au nom d'Érope, au sien, des adieux éternels.
La malheureuse Érope a désuni deux frères ;
Elle alluma les feux de ces funestes guerres.
Source de tous les maux, elle fuit tous les yeux :
Ses jours infortunés sont consacrés aux dieux.
Sa douleur nous trompait ; ses secrets sacrifices
De celui qu'elle fait n'étaient que les prémices.
Libre au fond de ce temple, et loin de ses amans,
Sa bouche a prononcé ses éternels sermens.
Elle ne dépendra que du pouvoir céleste.
Des murs du sanctuaire elle écarte Thyeste ;
Son criminel aspect eût souillé ce séjour.
Qu'il parte pour Mycène avant la fin du jour.
Vivez, régnez heureux... Ma carrière est remplie :
Dans ce tombeau sacré je reste ensevelie.
Je devais cet exemple, au lieu de l'imiter...
Tout ce que je demande avant de vous quitter,
C'est de vous voir signer cette paix nécessaire,

D'une main qu'à mes yeux conduise un cœur sincère.
Vous n'avez point encore accompli ce devoir.
Nous allons pour jamais renoncer à nous voir :
Séparons-nous tous trois, sans que d'un seul murmure
Nous fassions un moment soupirer la nature.
ATRÉE.
A cet affront nouveau je ne m'attendais pas,
Ma femme ose en ces lieux s'arracher à mes bras !
Vos autels, je l'avoue, ont de grands priviléges.
Thyeste les souilla de ses mains sacriléges...
Mais de quel droit Érope ose-t-elle y porter
Ce téméraire vœu qu'ils doivent rejeter ?
Par des vœux plus sacrés elle me fut unie :
Voulez-vous que deux fois elle me soit ravie,
Tantôt par un perfide et tantôt par les dieux ?
Ces vœux si mal conçus, ces sermens odieux,
Au roi comme à l'époux sont un trop grand outrage.
Vous pouvez accomplir le vœu qui vous engage.
Ces lieux faits pour votre âge, au repos consacrés,
Habités par ma mère, en seront honorés.
Mais Érope est coupable en suivant votre exemple :
Érope m'appartient, et non pas à ce temple.
Ces dieux, ces mêmes dieux qui m'ont donné sa foi,
Lui commandent surtout de n'obéir qu'à moi.
Est-ce donc Polémon, ou mon frère, ou vous-même,
Qui pensez la soustraire à mon pouvoir suprême ?
Vous êtes-vous tous trois en secret accordés
Pour détruire une paix que vous me demandez ?
Qu'on rende mon épouse au maître qu'elle offense ;
Et si l'on me trahit, qu'on craigne ma vengeance.
HIPPODAMIE.
Vous interprétez mal une juste pitié
Que donnait à ses maux ma stérile amitié.
Votre mère pour vous, du fond de ces retraites,
Forma toujours des vœux, tout cruel que vous êtes.
Entre Thyeste et vous, Érope sans secours,
N'avait plus que le ciel... il était son recours.
Mais puisque vous daignez la recevoir encore,
Puisque vous lui rendez cette main qui l'honore,
Et qu'enfin son époux daigne lui rapporter
Un cœur dont ses appas n'osèrent se flatter,

Elle doit en effet chérir votre clémence :
Je puis me plaindre à vous, mais son bonheur commence
Cette auguste retraite, asile des douleurs,
Où votre triste épouse aurait caché ses pleurs,
Convenable à moi seule, à mon sort, à mon âge,
Doit s'ouvrir pour la rendre à l'hymen qui l'engage.
Vous l'aimez, c'est assez. Sur moi, sur Polémon,
Vous conceviez, mon fils, un injuste soupçon.
Quels amis trouvera ce cœur dur et sévère,
Si vous vous défiez de l'amour d'une mère ?

ATRÉE.

Vous rendez quelque calme à mes esprits troublés ;
Vous m'ôtez un fardeau dont mes sens accablés
N'auraient point soutenu le poids insupportable.
Oui, j'aime encore Érope ; elle n'est point coupable.
Oubliez mon courroux ; c'est à vous que je doi
Le jour plus épuré qui va luire pour moi.
Puisque Érope en ce temple, à son devoir fidèle,
A fui d'un ravisseur l'audace criminelle,
Je peux lui pardonner ; mais qu'en ce même jour
De son fatal aspect il purge ce séjour.
Je vais presser la fête, et je la crois heureuse :
Si l'on m'avait trompé... je la rendrais affreuse.

HIPPODAMIE, *à Idas.*

Idas, il vous consulte ; allez et confirmez
Ces justes sentimens dans ses esprits calmés.

SCÈNE V.

HIPPODAMIE.

Disparaissez enfin, redoutables présages,
Pressentimens d'horreur, effrayantes images,
Qui poursuiviez partout mon esprit incertain.
La race de Tantale a vaincu son destin ;
Elle en a détourné la terrible influence.

SCÈNE VI.

HIPPODAMIE, ÉROPE.

HIPPODAMIE.

Enfin votre bonheur passe votre espérance.
Ne pensez plus, ma fille, aux funèbres apprêts
Qui dans ce sombre asile enterraient vos attraits.
Laissez là ces bandeaux, ces voiles de tristesse,
Dont j'ai vu frissonner votre faible jeunesse.
Il n'est ici de rang ni de place pour vous
Que le trône d'un maître et le lit d'un époux.
Dans tous vos droits, ma fille, heureusement rentrée,
Argos chérit dans vous la compagne d'Atrée.
Ne montrez à ses yeux que des yeux satisfaits ;
D'un pas plus assuré marchez vers le palais ;
Sur un front plus serein posez le diadème :
Atrée est rigoureux, violent, mais il aime.
Ma fille, il faut régner...

ÉROPE.

Je suis perdue... ah, dieux !

HIPPODAMIE.

Qu'entends-je, et quel nuage a couvert vos beaux yeux !
N'éprouverai-je ici qu'un éternel passage
De l'espoir à la crainte et du calme à l'orage ?

ÉROPE.

Ma mère... j'ose encore ainsi vous appeler,
Et de trône et d'hymen cessez de me parler ;
Ils ne sont point pour moi... je vous en ferai juge.
Vous m'arrachez, madame, à l'unique refuge
Où je dus fuir Atrée, et Thyeste, et mon cœur.
Vous me rendez au jour, le jour m'est en horreur.
Un dieu cruel, un dieu me suit et nous rassemble,
Vous, vos enfans et moi, pour nous frapper ensemble.
Ne me consolez plus ; craignez de partager
Le sort qui me menace, en voulant le changer...
C'en est fait.

HIPPODAMIE.

Je me perds dans votre destinée ;
Mais on ne verra point Érope abandonnée
D'une mère en tout temps prête à vous consoler.

ÉROPE.
Ah! qui protégez-vous?
HIPPODAMIE.
Où voulez-vous aller?
Je vous suis.
ÉROPE.
Que de soins pour une criminelle!
HIPPODAMIE.
Le fût-elle en effet, je ferai tout pour elle.

dd Après ce vers, Polémon ajoutait, dans l'édition de 1775:

Vous me voyez chargé des intérêts d'Argos,
De la gloire d'Atrée et de votre repos.
Tandis qu'Hippodamie avec persévérance
Adoucit de son fils la sombre violence,
Que Thyeste abandonne un séjour dangereux,
Il deviendrait bientôt fatal à tous les deux.
Vous devez sur ce prince avoir quelque puissance:
Le salut de vos jours dépend de son absence.

ee N'obtiendront pas de moi que je trompe mon maître:
Le sort en est jeté.
MÉGARE.
Princesse, il va paraître;
Vous n'avez qu'un moment.
ÉROPE.
Ce mot me fait trembler.
MÉGARE.
L'abyme est sous vos pas.
ÉROPE.
N'importe, il faut parler.
MÉGARE.
Le voici.

SCÈNE V.

ÉROPE, MÉGARE, ATRÉE; GARDES.

ATRÉE, *après avoir fait signe à ses gardes et à Mégare de se retirer.*
Je la vois interdite, éperdue, etc.

Cette variante a été adoptée dans le texte de l'édition stéréotype.

ff Édition stéréotype :

> Chassez les traits sanglans dont il est déchiré.

gg Ibid.

> Enfin de leurs forfaits j'ai connu la noirceur.

hh Fin du quatrième acte, dans l'édition de 1775 :

> Cessez, filles du Styx, cessez, troupe infernale,
> D'épouvanter les yeux de mon aïeul Tantale :
> Sur Thyeste et sur moi venez vous acharner.
> Paraissez, dieux vengeurs, je vais vous étonner.

SCÈNE VII.

ATRÉE, POLÉMON, IDAS.

ATRÉE.

Idas, exécutez ce que je vais prescrire.
Polémon, c'en est fait, tout ce que je puis dire,
C'est que j'aurai l'orgueil de ne plus disputer
Un cœur dont la conquête a dû peu me flatter.
La paix est préférable à l'amour d'une femme :
Ainsi qu'à mes états je la rends à mon ame.
Vous pouvez à mon frère annoncer mes bienfaits...
Si vous les approuvez, mes vœux sont satisfaits.

POLÉMON.

Puisse un pareil dessein, que je conçois à peine,
N'être point en effet inspiré par la haine !

ATRÉE, *en sortant.*

Craignez-vous pour mon frère ?

POLÉMON.

Oui, je crains pour tous deux
Seconde-moi, nature, éveille-toi dans eux.
Que de ton feu sacré quelque faible étincelle
Rallume de ta cendre une flamme nouvelle.
Du bonheur de l'état sois l'auguste lien.
Nature, tu peux tout ; les conseils ne font rien.

ii ÉROPE.

Il est maître en ces lieux, nous sommes dans ses mains.

DES PÉLOPIDES.

THYESTE.
Les dieux nos protecteurs y sont seuls souverains.

Cette variante a passé dans le texte de l'édition stéréotype.

kk Édition stéréotype :

> Pourquoi tromperait-il par tant de fausseté
> L'espoir qu'il fait renaître au sein qui l'a porté ?
> Il cède à vos conseils, il pardonne à son frère ;
> Il souffre cet hymen devenu nécessaire :
> Avec l'humanité, la première des lois,
> L'intérêt de l'état lui parle à haute voix ;
> Il faut bien qu'il l'écoute...

ll Ibid.

> Prononcez devant moi ce serment nécessaire.

mm Ibid.

> Ce dépôt malheureux arrosé de mes larmes.

nn Ibid.

> Vous avez trop, Érope, en tous les temps si chère, etc.

oo Voici les dernières scènes du cinquième acte, telles qu'elles ont été imprimées jusqu'ici.

SCÈNE IV.

POLÉMON, IDAS.

IDAS.
Vous ne les suivez pas ?

POLÉMON.
　　　　　　　　　　Non, je reste en ces lieux,
Et ces libations qu'on y va faire aux dieux,
Ces apprêts, ces sermens me tiennent en contrainte.
Je vois trop de soldats entourer cette enceinte ;
Vous devez y veiller : je dois compte au sénat
Des suites de la paix qu'il donne à cet état.
Ayez soin d'empêcher que tous ces satellites
De nos parvis sacrés ne passent les limites.

Que font-ils en ces lieux... Et vous, répondez-moi ;
Vous aimez la vertu, même en flattant le roi ;
Vous ne voudriez pas de la moindre injustice,
Fût-ce pour le servir, vous rendre le complice ?
IDAS.
C'est m'outrager, seigneur, que me le demander.
POLÉMON.
Mais il règne; on l'outrage; il peut vous commander
Ces actes de rigueur, ces effets de vengeance
Qui ne trouvent souvent que trop d'obéissance.
IDAS.
Il n'oserait : sachez, s'il a de tels desseins,
Qu'il ne les confiera qu'aux plus vils des humains.
Osez-vous accuser le roi d'être parjure ?
POLÉMON.
Il a dissimulé l'excès de son injure ;
Il garde un froid silence; et depuis qu'il est roi,
Ce cœur que j'ai formé s'est éloigné de moi.
La vengeance en tout temps a souillé ma patrie :
La race de Pélops tient de la barbarie.
Jamais prince en effet ne fut plus outragé.
Ne vous a-t-il pas dit qu'on le verrait vengé * ?
IDAS.
Oui ; mais depuis, seigneur, dans son ame ulcérée,
Ainsi que parmi nous j'ai vu la paix rentrée.
A ce juste courroux dont il fut possédé,

* Ces variantes ont passé dans le texte de l'édition stéréotype, mais avec des changemens et des réductions.

IDAS.
Vous ne les suivez pas ?
POLÉMON.
Non, je reste en ces lieux.
Ces apprêts, ces sermens que l'on va faire aux dieux,
Vous rassurent, Idas, et redoublent ma crainte.
Je vois trop de soldats entourer cette enceinte :
Nous devons y veiller. Je dois compte au sénat
Des suites de la paix qu'il donne à cet état.
La vengeance en tout temps a souillé ma patrie ;
La race de Pélops tient de la barbarie.
Vous savez à quel point Atrée est outragé.
Ne vous a-t-il pas dit qu'on le verrait vengé ?

DES PÉLOPIDES.

Par degrés à mes yeux le calme a succédé.
Il est devant les dieux; déja des sacrifices,
Dans ce moment heureux, on goûte les prémices.
Sur la coupe sacrée on va jurer la paix
Que vos soins ont donnée à nos ardens souhaits*.

POLÉMON.

Achevons notre ouvrage; entrons, la porte s'ouvre;
De ce saint appareil la pompe se découvre.

(Ici on apporte l'autel avec la coupe. La reine, Érope et Thyeste se mettent à un des côtés. Polémon et Idas, en la saluant, se placent de l'autre.)

La reine avec Érope avance en ce parvis.
Au nom de nos deux rois à la fin réunis,
On apporte en ces lieux la coupe de Tantale;
Puisse-t-elle à ses fils n'être jamais fatale!

SCÈNE V.

LES PRÉCÉDENS; ATRÉE, *dans le fond.*

POLÉMON.

Je vois venir Atrée, et voici les momens
Où vous allez tous trois prononcer les sermens.

(Atrée se place derrière l'autel.)

HIPPODAMIE.

Vous les écouterez, dieux souverains du monde,
Dieux! auteurs de ma race en malheurs si féconde,
Vous les voulez finir; et la religion
Forme enfin les saints nœuds de la réunion
Qui rend, après des jours de sang et de misère,
Les peuples à leurs rois, les enfans à leur mère.
Si du trône des cieux vous ne dédaignez pas
D'honorer d'un coup d'œil les rois et les états,
Prodiguez vos faveurs à la vertu du juste.
Si le crime est ici, que cette coupe auguste
En lave la souillure, et demeure à jamais
Un monument sacré de vos nouveaux bienfaits.

---

* Même édition:

Déja des sacrifices
Dans ce moment heureux on offre les prémices.
De la coupe sacrée ils goûtent à l'autel,
Avant de célébrer le festin solennel.

THÉATRE. T. VII.

(à Atrée.)
Approchez-vous, mon fils. D'où naît cette contrainte ?
Et quelle horreur nouvelle en vos regards est peinte ?
ATRÉE.
Peut-être un peu de trouble a pu renaître en moi
En voyant que mon frère a soupçonné ma foi.
Des soldats de Mycène il a mandé l'élite.
THYESTE.
Je veux que mes sujets se rangent à ma suite ;
Je les veux pour témoins de mes sermens sacrés *,
Je les veux pour vengeurs, si vous vous parjurez.
HIPPODAMIE.
Ah ! bannissez, mes fils, ces soupçons téméraires,
Honteux entre des rois, cruels entre des frères.
Tout doit être oublié : la plainte aigrit les cœurs ;
Rien ne doit de ce jour altérer les douceurs :
Dans nos embrassemens qu'enfin tout se répare.
(à Polémon.)
Donnez-moi cette coupe.
MÉGARE, *accourant.*
Arrêtez !
ÉROPE.
Ah, Mégare !
Tu reviens sans mon fils !
MÉGARE, *se plaçant près d'Érope.*
De farouches soldats
Ont saisi cet enfant dans mes débiles bras.
ÉROPE.
Quoi ! mon fils malheureux !
MÉGARE.
Interdite et tremblante,
Les dieux que j'attestais m'ont laissée expirante.
Craignez tout.
THYESTE.
Ah, mon frère ! est-ce ainsi que ta foi
Se conserve à nos dieux, à tes sermens, à moi...
Ta main tremble en touchant à la coupe sacrée... **

* L'édition stéréotype porte :

De nos sermens, etc.

** Même édition :

.... *Cette* coupe sacrée...

DES PÉLOPIDES.

ATRÉE.

Tremble encor plus, perfide, et reconnais Atrée.

ÉROPE.

Dieux ! quels maux je ressens ! ô ma mère ! ô mon fils...
Je meurs !

(Elle tombe dans les bras d'Hippodamie et de Thyeste.)

POLÉMON.

Affreux soupçons, vous êtes éclaircis.

ATRÉE*.

Tu meurs, indigne Érope, et tu mourras, Thyeste.
Ton détestable fils est celui de l'inceste ;
Et ce vase contient le sang du malheureux :
J'ai voulu de ce sang vous abreuver tous deux.

(La nuit se répand sur la scène, et on entend le tonnerre; Atrée tire son épée.)

Ce poison m'a vengé ; glaive, achève...

THYESTE.

Ah, barbare !

* La fin de cette pièce est ainsi rendue dans l'édition stéréotype :

POLÉMON.

Affreux soupçons, vous êtes éclaircis.

ATRÉE.

J'ai rempli les destins d'Atrée et de Thyeste ;
J'ai moi-même égorgé ce fruit de votre inceste ;
Et ce vase contient le sang du malheureux.
Vous l'avez bu ce sang, couple ingrat, couple affreux :
Je suis vengé.

THYESTE.

Du moins tu me suivras, barbare !
Tu mourras avec moi... la foudre nous sépare...

(Il tombe auprès d'Érope.)

O ma femme ! ô mon fils !

HIPPODAMIE.

Monstre de cruauté,
Achève ; ouvre ce sein, ces flancs qui t'ont porté !

(On entend le tonnerre, et les ténèbres couvrent la terre.)

Le soleil fuit... la foudre éclaire tous tes crimes...
Les enfers sous nos pas entr'ouvrent leurs abymes...
Tantale, applaudis-toi ; tes horribles enfans,
Ainsi que tes forfaits, partagent tes tourmens.

(Pendant qu'Hippodamie parle, Atrée s'appuie contre une colonne,
et est abymé dans l'horreur de son désespoir.)

Mon Atrée est ton fils, tu dois le reconnaître,
Et ses derniers neveux l'égaleront peut-être.

Tu mourras avant moi... la foudre nous sépare.
(Les deux frères veulent courir l'un sur l'autre, le poignard à la main ;
Polémon et Idas les désarment.)

ATRÉE.

Crains la foudre et mon bras; tombe, perfide, et meurs!

HIPPODAMIE.

Monstres, sur votre mère épuisez vos fureurs :
Mon sein vous a portés, je suis la plus coupable.
(Elle embrasse Érope, et se laisse tomber auprès d'elle sur une banquette :
les éclairs et le tonnerre redoublent.)

THYESTE.

Je ne puis t'arracher ta vie abominable :
Va, je finis la mienne.
(Il se tue.)

ATRÉE.

Attends, rival cruel...
Le jour fuit, l'enfer m'ouvre un sépulcre éternel ;
Je porterai ma haine au fond de ses abymes,
Nous y disputerons de malheurs et de crimes.
Le séjour des forfaits, le séjour des tourmens,
O Tantale ! ô mon père ! est fait pour tes enfans ;
Je suis digne de toi ; tu dois me reconnaître,
Et mes derniers neveux m'égaleront peut-être.

FIN DES VARIANTES DES PÉLOPIDES.

NOTE
DE LA TRAGÉDIE DES PÉLOPIDES.

[1] Vers du *Timoléon* de M. de La Harpe. Dans l'édition stéréotype, il est ainsi changé :

Hélas ! c'est bien souvent un malheur d'être mère.

FIN DU SEPTIÈME VOLUME.

TABLE DES MATIÈRES

CONTENUES DANS CE SEPTIÈME VOLUME.

LE DÉPOSITAIRE, comédie de société. Page	1
Avertissement.	3
Préface.	4
Variantes de la comédie du *Dépositaire*.	113
LE BARON D'OTRANTE, opéra buffa.	119
Avertissement des éditeurs de l'édition de Kehl.	120
LES DEUX TONNEAUX, esquisse d'un opéra comique.	145
LES GUÈBRES, ou LA TOLÉRANCE, tragédie.	179
Préface des éditeurs de la première édition.	181
Discours historique et critique à l'occasion de la tragédie des *Guèbres*.	184
Avis des éditeurs de l'édition de Kehl.	198
Variantes des *Guèbres*.	284
Notes.	Id.
SOPHONISBE, tragédie.	285
Avis des éditeurs de l'édition de Lausanne.	286
A monsieur le duc de La Vallière.	287
Variantes de la tragédie de *Sophonisbe*.	350
LES LOIS DE MINOS, tragédie.	361
Épître dédicatoire à monseigneur le duc de Richelieu.	363
Variantes de la tragédie des *Lois de Minos*.	435
Notes de la tragédie des *Lois de Minos*.	438
LES PÉLOPIDES, ou ATRÉE ET THYESTE, tragédie.	459
Avertissement des éditeurs de l'édition de Kehl.	460
Avertissement des éditeurs de l'édition en 41 volumes.	461
Fragment d'une Lettre.	462
Variantes de la tragédie des *Pélopides*.	518
Note de la tragédie des *Pélopides*.	533

FIN DE LA TABLE.

IMPRIMERIE DE RIGNOUX,
rue des Francs-Bourgeois-S.-Michel, n° 8.

www.ingramcontent.com/pod-product-compliance
Lightning Source LLC
Chambersburg PA
CBHW071405230426
43669CB00010B/1457